21 世纪全国高等院校汽车类创新型应用人才培养规划教材

汽车车身计算机辅助设计

主　编　徐家川　　王翠萍

内 容 简 介

本书简单介绍汽车车身的结构和设计要求、现代汽车设计与产品的开发流程，讲述车身设计中常用的三维软件特点、UG 软件的安装启动和常用功能，对 UG 软件的基础建模——基本操作、简单曲线、草图和实体建模进行较为详细的讨论。在此基础上讲述曲线曲面的 Bézier、B 样条表示方法及其性质、升降阶，并结合 UG 软件给出这些曲线曲面的构建和修改。针对汽车车身的特点讲述车身点云的采集与处理、坐标系的对正、曲面的反求建模和评价方法，最后以某轻卡驾驶室等为实例对汽车车身设计进行讨论。

本书可作为高等院校车辆工程专业车身方向的本科生教材，也可作为汽车及其相关行业工程技术人员的参考用书。

图书在版编目(CIP)数据

汽车车身计算机辅助设计/徐家川，王翠萍主编. —北京：北京大学出版社，2012.1
(21 世纪全国高等院校汽车类创新型应用人才培养规划教材)
ISBN 978-7-301-19889-6

Ⅰ. ①汽⋯ Ⅱ. ①徐⋯②王⋯ Ⅲ. ①汽车—车体—计算机辅助设计—高等学校—教材 Ⅳ. ①U463.820.2-39

中国版本图书馆 CIP 数据核字(2011)第 257617 号

书　　　　名：	汽车车身计算机辅助设计
著作责任者：	徐家川　王翠萍　主编
策 划 编 辑：	童君鑫
责 任 编 辑：	宋亚玲
标 准 书 号：	ISBN 978-7-301-19889-6/TH·0275
出　版　者：	北京大学出版社
地　　　　址：	北京市海淀区成府路 205 号　100871
网　　　　址：	http://www.pup.cn　http://www.pup6.cn
电　　　　话：	邮购部 62752015　发行部 62750672　编辑部 62750667　出版部 62754962
电 子 邮 箱：	pup_6@163.com
印　刷　者：	北京虎彩文化传播有限公司
发　行　者：	北京大学出版社
经　销　者：	新华书店
	787 毫米×1092 毫米　16 开本　16.5 印张　381 千字
	2012 年 1 月第 1 版　2022 年 7 月第 3 次印刷
定　　价：	50.00 元

未经许可，不得以任何方式复制或抄袭本书之部分或全部内容。
版权所有，侵权必究　　举报电话：010-62752024
　　　　　　　　　　　电子邮箱：fd@pup.pku.edu.cn

前　言

汽车车身是汽车的主要部件之一，快速地设计高品质车身一直是汽车设计师追求的目标。

本书围绕汽车车身建模设计展开，介绍车身的组成、设计要求、设计流程和计算机辅助设计的发展现状与趋势，并简单介绍各种设计软件的特点。本书的车身计算机辅助设计以 UG NX 6.0 为设计软件，所以详细给出了 UG 软件的安装、草图操作和基本实体的建模方法，并讨论曲线曲面的基本理论及其在车身设计中建立与修改的方法，在此基础上给出车身曲面建模的流程与方法，最后以某轻卡为例讨论其驾驶室覆盖件及其典型零部件建模方法。

本书适合车身工程和车辆工程专业本科生和研究生使用，也可供企业设计工程师参考。通过本书的学习可使读者掌握汽车车身计算机辅助设计的开发程序，学会构建汽车车身 A 级曲面，并在车身外表面的基础上进行结构设计的方法。通过车身设计的训练可使读者学会处理问题的基本方法，为从事汽车车身设计工作打下基础。

本书由山东理工大学交通学院徐家川、王翠萍编写。本书共分 6 章，第 1~3 章由王翠萍编写，第 4~6 章由徐家川编写。山东理工大学交通学院的领导及老师、青岛大学教授王玉林和张鲁邹及同济大学的雷雨成教授为本书的出版提供了很大帮助，研究生高尚鹏及范萍萍也对本书部分章节做过绘图等工作，借此机会对他们的帮助和辛勤付出表示诚挚的感谢！

为方便本书的使用，编者提供本书的点云数字模型等教学资料，有需要的读者可在北京大学出版社第六事业部网站：http://www.pup6.cn 免费下载。

由于汽车车身设计技术发展迅速，而编者水平有限，书中难免有不妥和疏漏之处，欢迎读者批评指正！

编　者
2011.9

目　录

第1章　汽车车身与计算机辅助设计 … 1
1.1　汽车车身结构及设计要求 ………… 2
  1.1.1　汽车车身结构 …………… 3
  1.1.2　汽车车身设计内容和
     要求 …………………… 5
1.2　现代汽车设计技术与产品开发
  流程 ……………………………… 8
  1.2.1　现代汽车车身设计技术 …… 8
  1.2.2　现代汽车产品的正向开发
     流程 …………………… 12
  1.2.3　汽车逆向设计流程 ……… 18
1.3　计算机辅助设计技术概述 ………… 20
  1.3.1　计算机辅助设计的起源与
     发展 …………………… 20
  1.3.2　计算机辅助设计的特点和
     应用 …………………… 21
综合练习 ………………………………… 23

第2章　汽车车身设计基本软件 ……… 24
2.1　常用三维建模软件 ………………… 25
  2.1.1　UG软件介绍 ……………… 26
  2.1.2　CATIA软件介绍 ………… 30
  2.1.3　ALIAS软件介绍 ………… 32
  2.1.4　Imageware软件 ………… 33
  2.1.5　Pro/E介绍 ………………… 35
2.2　UG软件的安装和启动 …………… 37
  2.2.1　证书文件的修改 ………… 37
  2.2.2　软件的正式安装 ………… 37
  2.2.3　软件的启动和退出 ……… 40
2.3　UG主要界面 ……………………… 40
2.4　UG常用功能菜单 ………………… 42
  2.4.1　文件 ……………………… 42
  2.4.2　功能模块的进入 ………… 44
  2.4.3　编辑 ……………………… 44
  2.4.4　视图 ……………………… 47
  2.4.5　格式操作 ………………… 48
  2.4.6　信息操作 ………………… 51
  2.4.7　菜单定制 ………………… 52
  2.4.8　首选项 …………………… 52
综合练习 ………………………………… 54

第3章　UG基础建模 ………………… 55
3.1　UG NX基本操作 ………………… 57
  3.1.1　点构造器 ………………… 57
  3.1.2　创建点集 ………………… 61
  3.1.3　平面工具 ………………… 63
  3.1.4　矢量构造器 ……………… 64
  3.1.5　类选择 …………………… 65
  3.1.6　表达式 …………………… 67
3.2　曲线功能简介 ……………………… 69
  3.2.1　绘制基本曲线 …………… 69
  3.2.2　曲线编辑 ………………… 72
3.3　草图 ………………………………… 75
  3.3.1　【草图工具】对话框 ……… 75
  3.3.2　建立草图 ………………… 76
  3.3.3　镜像曲线 ………………… 82
  3.3.4　草图管理 ………………… 82
3.4　实体建模 …………………………… 84
  3.4.1　建模模块的常用工具条 … 84
  3.4.2　构建基准特征 …………… 85
  3.4.3　特征建模 ………………… 88
  3.4.4　特征操作 ………………… 98
  3.4.5　特征编辑 ………………… 106
综合练习 ………………………………… 116

**第4章　曲线曲面及其在UG软件中的
　　　　构建与修改** ……………… 118
4.1　曲线曲面的表示方法 ……………… 119

4.1.1　Bézier 曲线、Bernstein 基函数及其性质 ………… 119
4.1.2　Bézier 曲线的导矢 …… 122
4.1.3　Bézier 曲线的升阶与降阶 …………………… 122
4.2　Bézier 曲线在 UG 中的构造与修改 …………………… 123
4.2.1　UG 中常用的 Bézier 曲线构造命令 …………… 123
4.2.2　Bézier 曲线的修改 … 125
4.3　张量积 Bézier 曲面 ……… 128
4.3.1　Bézier 曲面的表示 … 129
4.3.2　Bézier 曲面的性质 … 129
4.3.3　Bézier 曲面的偏导矢和法向矢量 ……………… 129
4.3.4　Bézier 曲面的升阶 … 130
4.4　Bézier 曲面在 UG 中的构造与升降阶 ………………… 130
4.4.1　Bézier 曲面的构造 … 130
4.4.2　Bézier 曲面的升降阶 …… 136
4.4.3　曲面的修改 ………… 138
4.5　B 样条曲线曲面 ………… 143
4.5.1　B 样条曲线、B 样条的定义及其性质 ………… 143
4.5.2　重结点 …………… 145
4.5.3　B 样条曲线的分类 … 146
4.5.4　B 样条曲面方程及其性质 ………………… 146
4.6　UG 软件中 B 样条曲线曲面的构建与修改 …………… 148
4.6.1　B 样条曲线的产生与修改 ………………… 148
4.6.2　B 样条曲面的产生与修改 ………………… 152
综合练习 ………………… 156

第5章　汽车车身覆盖件反求建模与评价方法 ………… 157

5.1　汽车车身点云的采集与处理 …………………… 158

5.1.1　点云数据的采集 …… 158
5.1.2　汽车车身点云的预处理 ………………… 161
5.2　汽车坐标系及其对正方法 … 165
5.2.1　车身坐标系 ……… 165
5.2.2　点云坐标的对正 …… 166
5.2.3　补拍点云的对正 …… 169
5.3　车身曲面的反求 ………… 170
5.3.1　汽车车身曲面分类、要求及 A 级曲面的光顺流程 …… 171
5.3.2　特征分解与 A 级曲面中基本曲面的光顺 …… 175
5.3.3　A 级曲面中过渡曲面与局部特征的光顺 …… 177
5.3.4　汽车车身零部件边界的划分 ………………… 184
5.3.5　特殊曲面的处理技术 …… 185
5.4　曲线曲面的连续性 ……… 191
5.4.1　Bézier 曲线的连续性条件 ………………… 191
5.4.2　曲面的连续性 …… 195
5.5　汽车车身曲面的评价方法 … 200
5.5.1　利用控制顶点评价汽车车身 A 级曲面 ……… 200
5.5.2　利用曲率梳对 A 级曲面进行评价 ………… 202
5.5.3　利用斑马线(反射线)评价 A 级曲面 ………… 204
5.5.4　利用曲率颜色图评价 A 级曲面 ……………… 205
5.5.5　曲面拼接连续性精度的评价 ………………… 207
5.5.6　A 级曲面质量综合评价标准及权重 ………… 207
5.6　汽车车身零部件的划分 … 212
综合练习 ………………… 213

第6章　汽车车身反求设计实例 …… 215

6.1　汽车车身覆盖件冲压成形技术简介 ……………… 216
6.1.1　汽车覆盖件质量要求 …… 216

  6.1.2 汽车覆盖件的结构
     特征 ·················· 217
  6.1.3 汽车覆盖件冲压成形的
     变形特点 ············ 220
  6.1.4 车身覆盖件拉深方向的
     设计原则 ············ 221
 6.2 汽车车身表面反求与零部件
   划分 ······················· 223

  6.2.1 驾驶室外表面的反求 ······ 223
  6.2.2 驾驶室零部件的划分 ······ 227
 6.3 汽车车身零部件的结构设计 ······ 230
  6.3.1 汽车车门设计 ············ 230
  6.3.2 仪表板设计 ·············· 241
综合练习 ···························· 251

参考文献 ·························· 253

第1章
汽车车身与计算机辅助设计

本章学习目标

★ 掌握汽车车身组成部分、设计内容与设计要求；
★ 了解现代汽车车身设计技术；
★ 掌握汽车车身正逆向设计流程；
★ 了解计算机辅助设计技术。

本章教学要点

知识要点	能力要求	相关知识
汽车车身组成、设计内容与设计要求	掌握汽车车身结构组成、设计内容和设计要求	白车身焊接总成、开闭件与车身附件，车身的外形设计、内饰设计，车身的设计要求
现代汽车车身设计技术	了解现代汽车车身设计技术	车身计算机辅助造型技术、虚拟现实技术、空气动力学技术、人机工程技术、数字样机技术等
汽车车身正逆向设计流程	掌握汽车车身正向、逆向设计流程	汽车车身正向设计、车身逆向设计方法和正逆向结合的设计方法
计算机辅助设计技术	了解计算机辅助设计技术	计算机辅助设计技术的起源与发展、特点与应用

本章学习方法

　　本章学习时，应首先掌握车身的组成部分，各个部分的特点和设计要求。在此基础上，通过了解现代汽车车身设计技术，掌握汽车车身正逆向设计流程和方法。最后，简单了解计算机辅助设计技术的起源、发展、特点和应用。

汽车车身计算机辅助设计

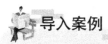 导入案例

在汽车工业的起步时期，汽车车身采用人类使用已久的马车车厢的形式，外形制作工艺粗糙，各曲面的拼接随意性很大，既不美观又不坚固。第一次世界大战和第二次世界大战后，汽车车身外形设计得到了汽车工程师的重视，开始考虑空气阻力、审美学等，并将人体工程学、风洞实验应用到车身设计中，使汽车真正成为科学和艺术的结合。此阶段车身设计过程以手工为主，设计人员一般是首先制作1∶5的油泥模型，经过反复评审和修改后再制作全尺寸的立体模型，美工、造型等设计人员需一同参与此过程，然后手工绘制车身图纸和模具加工图纸，生产样车后进行各种风洞、碰撞等试验，改进后再批量投产。典型的产品有1934年美国克莱斯勒生产的气流牌轿车，它最先采用流线型的车身设计；德国大众1949年开始批量生产的甲壳虫型汽车；1968年凯迪拉克的高级轿车埃尔多等。

20世纪70年代末，随着计算机软硬件技术的迅速发展，出现了专门的二维/三维辅助设计/工程软件，汽车设计进入数字化时代。其核心是在设计过程中使用计算机辅助设计软件（CATIA、PRO/E、UG等）建立车身的数字模型，并在计算机上进行结构设计、结构分析、有限元分析、外观设计、内饰件设计、虚拟碰撞检测、虚拟装配等工作。设计完成后，计算机辅助系统可自动生成NC代码输入数控机床进行加工生产。但是，为了获得真实的车身内饰效果布局，提高整车外形的直观性，并在多个造型设计方案中进行评估和挑选，还需要手工绘制效果图和制作各种油泥模型，尤其在全新车型的开发中，效果图和缩比例模型（如1∶5油泥模型）更是必不可少。油泥模型建立后会被扫描到计算机中以建立其对应的数字模型，再完成车身数字模型进一步的处理，此过程涉及逆向工程的一些问题。值得一提的是，以CAGD理论为基础，各计算机辅助设计/制造软件广泛提供高质量的CLASS-A曲面建模功能，生成的车身内外曲面既精确又光顺美观，曲面间拼接圆滑自然，整车外形飘逸俊朗，富有视觉冲击力并可有效降低行驶时的风阻系数。设计师借助三维计算机辅助设计/制造软件，使车身的概念设计、零件设计、模具设计，包括零件的设计验证等都可在计算机上的虚拟环境中实现，而且各厂商和专业设计公司可形成自己的一套应用规范，比如整车设计的流程、从概念设计开始的造型设计的全部流程及一些实现的方法，从而可构建大型数据库系统，便于后继车型的设计和改进。这样大大降低了车身设计周期（可缩短至1.5～2年），提高了设计质量，并大幅降低了新车型开发成本。随着CAD/CAE/CAM软件性能的提高将提供更完善的产品寿命分析、损耗分析，更精确逼真的虚拟风洞试验、碰撞试验和基于知识的自动协作设计等功能，帮助设计人员进一步提高设计效率。

资料来源：田波，方逵．汽车车身外形设计方法综述．湖南工业大学学报，2007.5

1.1　汽车车身结构及设计要求

车身主要用来载运乘客或货物，相当于临时住所或流动仓库，受到质量和空间限制。它不仅影响到汽车造型的外观质量，而且也会影响汽车车身的选材、结构、加工工艺、生

产技术等。车身是汽车的大总成,随着客户需求日益多样化和个性化,车身设计在汽车设计中越来越显示出主导地位。据统计,客车、轿车和多数专用汽车的车身质量约占整车质量的40%～60%;货车车身质量约占整车质量的16%～30%;而各车型车身的制造成本占整车的百分比甚至还略高于上述给出的上限值。

1.1.1 汽车车身结构

车身包括车身焊接总成(白车身)及其附件。为了保证车身的强度和刚度,白车身一般由车身骨架和覆盖件焊接或铆接在一起形成一个完整的壳体。车身焊接总成一般分为地板、顶盖、前围板、后围板、左右侧围板等几个部分。

图1.1给出了某轿车的各个组成部分,图1.2为某货车驾驶室的各个组成部分。

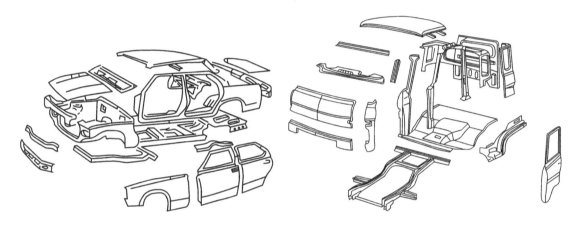

图1.1　轿车车身组成　　　　　　　图1.2　货车驾驶室组成

下面简要介绍其各个部分。

(1) 发动机罩。发动机罩是车身上覆盖发动机舱的盖板,为了查看发动机方便,发动机罩可开启,可以向后翻转、向前翻转或向侧边翻转。翻转方向取决于发动机罩尺寸的大小,以及与发动机接近的方便性,发动机罩要求隔热隔音、自身质轻、刚性强。

(2) 顶盖。顶盖是车身客厢顶部盖板,为减少高速行驶时的空气阻力,顶盖造型应力求与前窗形状平顺连续。为阻止阳光辐射热的传导和行驶时因颤振而产生的噪声,在顶盖内层敷设防振绝热材料。为了安全,尤其为了防止翻车事故情况下的严重伤亡,要求顶盖有一定强度与刚度,一般在顶盖下增加一定数量的加强梁。货车驾驶室顶盖大部分有冲压凸出的加强筋,而某些旅游轿车顶盖上有可滑动启闭的天窗,通常用有色透明塑料制成。有的轿车顶盖上还装有为某些运动器材而设置的特殊支架或行李厢。

(3) 行李厢及盖。行李厢是乘客放置随身行李的场所。前置发动机车身的行李厢布置于车后部,而后置发动机行李厢则置于车前部。行李厢的要求是防尘、防潮、隔热,以保护置于其中的物品。行李厢盖需要有良好的刚性、一般有内衬板,内衬板上有加强筋。行李厢内要布置占最少空间的存放备胎的位置,并应有简便的紧固,防止行驶时松动;还需考虑放置随车工具的部位,但这些部位不能影响行李厢内的有效使用空间。

(4) 前、后翼子板。翼子板是遮盖车轮的车身外板。近代车身前、后翼子板与车身本体已基本融为一体。前翼子板必须保证能提供车轮转动与跳动时的最大极限空间,设计时需用"车轮跳动图"进行验证。后翼子板无车轮转动碰擦问题。前轮口须保证在最大车轮转角时的最高跳动位置,以使轮口不会影响车轮运动。有些大型轿车为外观华丽,会在后轮附近加盖板,维修车轮时可将盖板取下。

(5) 车窗。车窗的基本功能是用来保证视野和采光。为了保证安全,所有车窗都要求安装安全玻璃,前风窗装夹层玻璃,侧窗装钢化玻璃,目的在于一旦发生撞车事故,车窗玻璃不会飞落碎片伤人。前窗设计时,首先要保证视野,造型要与整车形体协调。

(6) 挡泥板。挡泥板亦称车轮内挡板,和翼子板设计一样,要求保持车轮运动的极限空间。后轮挡泥板是后底板的一部分。前挡泥板在发动机舱内的部分有时为排除舱内废气而开通气孔,并在其上部经常安置发动机附件或蓄电池等装置,所以要求有一定的强度和刚度。

(7) 底板。车身底板与后行李厢底板是一个整体零件。底板不仅上面要承受乘客和载货,而且其下方要承受悬架和传动轴带来的冲击振动,所以底板需要有抗弯和抗扭转的能力,在结构上要保证足够的强度与刚度。承载式车身底板多呈盆形结构,非承载式车身底板下有车架,在底板和车架连接处有弹性元件隔振,可防止因承受载荷而产生的应力集中。

(8) 仪表板。仪表板位于发动机挡板后侧,驾驶员前方,用来安装全部仪表,开关锁钮及其他电器装备。仪表板的布置设计要以人机工程学为基础,由于在仪表板上要安装很多装置,所以布置必须紧凑,使其既便于操作,又不影响视野与使用空间。现代汽车的仪表板大多采用钢骨架的软化塑料敷面整体式结构。仪表板除有仪表照明灯光外不应有发光或反光的表面,以免干扰驾驶员前方视野。

(9) 支柱。轿车车身侧围一般有3根支柱:前柱(A柱)、中柱(B柱)和后柱(C柱)。前柱支承顶盖、安装风窗玻璃与前门密合;中柱支承顶盖或固定后门,顺开式后门的铰链安装在中柱上;后柱支承顶盖,逆开式后门的铰链安装在后柱上。3根支柱都跟顶盖侧梁相连,下端落在底板门槛上,构成一个框架,保证车门所需的空间。支柱一般由内板与外板焊合成盒状封闭断面,局部地方内焊加强板加固。有的轿车没有中柱,大客车的支柱则与门窗及车骨架构成一体。

(10) 车门。车门有旋转门、折叠门、推拉门和外摆式平衡门等各种形式。为了节省停车时的车辆间距面积,还有向上折翻的翼形门。大客车为节省车门开启的旋转空间,大多会采用滑动的推拉门或折叠门。轿车、货车多用旋转门。货车的门多为整体式,结构简单、刚性好。而轿车大多有单独的上窗框,用作玻璃升降的导轨,并装有密封条。车门要求密封性好,能防尘、防水。车门有内板和外板,外板要求质量轻,而内板则要求刚性强。内板装有玻璃升降器、门锁和把手等附件,故局部地方需要加强。内板上必须有预留孔,以便手能伸入以装配车窗玻璃,维修门锁机构和玻璃升降机构。在车门底面的最低位置应开出水口,以备流入车门内的水可以自动流出,防止腐蚀门板和机构。

除轿车和客车有前、后门之外,旅行车还有背门,可用于客、货的出入。大客车还应有应急安全门、行李厢门和驾驶员专用门。

(11) 保险杠。保险杠用以保护车身车体不首先与障碍物接触,同时也起装饰作用。保险杠通过支架直接固定到车架上,任何冲击都可以通过支架缓冲。近代的"吸能式"保险杠在支架上装有液压阻尼装置,从而使撞击能量被阻尼器吸收,以减轻整个车身的振动。

保险杠上有时需要开进气口,以使更多气流经由进气口流过散热器;还应有安装牌照的位置,后保险杠有时还装有牌照照明灯。有些国家要求货车也设置后保险杠,这主要是为了防止后车追尾事故所造成的损伤。保险杠支架应用长孔固定,并留有车身装配误差所需保险杠的前、后、左、右的调节余地。

除此以外还有散热器面罩、侧梁、门槛、车灯及外部装饰件，辨识性标志视觉效果装饰件和功能装饰件。

1.1.2 汽车车身设计内容和要求

1. 车身设计内容

新车型的开发首先是车身的设计开发。车身设计一般可分为汽车外形设计和汽车内饰设计两个方面。

1）汽车外形设计

车身外形设计是车身设计中极为重要的部分，车身的外形设计不但要符合结构力学、材料工程学、人机工程学、空气动力学原理，而且还要符合大众的审美。汽车工程师越来越重视汽车车身外形设计，在设计过程中需要考虑空气阻力、审美学等因素，从而将人体工程学、风洞实验等应用到车身设计中，使汽车真正成为科学和艺术的结合体。

阅读材料1-1

汽车设计是科学与艺术之结晶，当代汽车的外形已经融空气动力学、仿生学、心理学、美学等为一体，在市场竞争中发挥着重要作用。早在50多年前，美国通用汽车公司总经理阿尔弗德·斯朗就预言道："未来是外观设计的时代，它的最大作用莫过于能刺激消费。"

汽车外形设计的历史也是一种技术美学的历程。1885年，德国人戴姆勒首次将内燃机装上汽车，其设计师的精力主要集中在传动装置和机械操纵方面，外形设计只沿用原来的马车外形。到1906年，美国开始生产汽车时才开始设计汽车独特的外形。

从一定意义上说，汽车外形的发展史就是空气动力学的发展史。随着车速的不断提高，车身的气动阻力变成了行驶阻力的主要组成部分，并影响到燃料的消耗。车身的空气动力性能对汽车在侧风时的行驶稳定性也产生了重大影响，从而直接关系到行驶安全，所以流线型的车型应运而生。1934年，美国人卡尔·布里尔按照空气动力学原理，并模仿道格拉斯公司飞机的形状，设计出克莱斯勒气流牌小汽车。该车成功的外形设计对以后的流线型汽车影响深远。流线型车身的大量生产始于德国大众。1933年，独裁者希特勒责成波尔舍博士设计一种大众化的汽车，波尔舍即推出大众甲壳虫。该车最大限度地发挥了甲壳虫形体阻力小的优点，使其在同类车中脱颖而出。虽然在使用中发现甲壳虫车有遇横风不稳定的缺点，但它既是迎风阻力最小的车型之一，且结构紧凑、轻便省油、经济实用，因此，经过改造的甲壳虫车近年又卷土重来，为人们所钟爱。

到了20世纪60年代末期开始应用计算机技术进行汽车虚拟设计。美国通用汽车公司采用虚拟设计技术后，使推出一辆新车的时间比传统的设计缩短了一半。由于20世纪70年代的能源危机，美国豪华宽大的汽车因油耗大、污染严重而导致市场日渐萎缩。为此，减小和改善车身空气阻力系数业已真正成为汽车外形设计的重要内容，日本生产的小型、轻量、紧凑式车身设计风格于是大行其道。时至20世纪90年代，汽车设计呈现高技术与多样化的风格，层出不穷的新车型令人眼花缭乱、目不暇接。各种新车型无不再现了人们追求情感化、日益求新和张扬个性的要求。

汽车车身计算机辅助设计

由于历史和社会原因,汽车外形设计分为欧、美、日3种主要风格,在欧洲内部也存在明显差异。例如,法国是典型的罗马天主教国家,着重线条形象。雪铁龙轿车在设计上一直以符合空气动力学原理为宗旨,其"楔型流线型"造型奇特。法国在20世纪80年代中期已使汽车设计步入国际先进行列,充当了20世纪90年代汽车设计新思潮的急先锋。1990年在巴黎汽车展览会上,雷诺Laguna一鸣惊人,其造型宛若一座富有浪漫气息的雕塑。意大利同样是罗马天主教国家,但它的汽车设计却极具鲜明的民族特征与文化特色。如法拉利跑车折射出典型意大利人的热情奔放和风情万般。德国汽车亦带有浓厚的德意志民族气质,外形整体感强,气质大度,风格雄浑。如奔驰的造型坚实流畅,高科技特性十足,似一个紧随时代的现代大企业经理;宝马的外观高雅端庄,别具神韵,犹如一个保守持重的绅士。而沃尔沃则是北欧风格的典范,该车功能性好,车内充满了高科技,但又不显山露水,其典雅端庄的传统风格和现代流线型集于一身。美国汽车制造商得天独厚,他们有辽阔的国内市场,几乎不用理会国际市场要求,因而一味推崇"大就是美"。石油危机打击了这种风格,但近年来美国汽车大型化的趋势又有抬头,如体型巨大的皮卡、全尺寸的SUV、克莱斯勒的LH系列轿车和凯迪拉克converj概念车等。尽管美国的设计风格常受到人们的批评,但美国人个性张扬,豪放的情怀在这类风格中尽显无遗。日本汽车设计的成功之处是将国际先进技术与本国造型艺术结合起来。日本汽车设计缺乏风格脉络,各种设计五花八门。日本丰田、日产等公司的小型、轻量、紧凑式车身设计曾经风行一时。日本汽车和美国汽车在造型上各有特点,两国不同民族的性格和心理一望而知,在风格上前者趋向于同一和含蓄,而后者趋向于多样化、豪华和宽大。

进入新世纪,国内汽车市场各车型鏖战正酣,让人眼花缭乱。透过车战硝烟,人们清楚地看到,好看的车型无一例外地都是出自国外汽车设计师的手笔。不能否认,近来来我国汽车厂家也在进行自主开发设计的探索,但这些车型却总能让人看出原型车的痕迹,例如赛欧的原型是欧宝。夏利2000是从丰田PLATZ改进的,羚羊世纪星则是铃木swift的改良品种,从"红旗"身上很难抹掉奥迪的影子,吉利也只是在夏利的基础上改了一番。即便是畅销的爱丽舍,从侧后头望去仍有浓厚的"富康988"遗风。而我国唯一拥有自主知识产权的中华轿车也是委托意大利设计师完成的。至于桑塔纳、捷达、本田等无一不是改进外方合资伙伴的成熟车型和技术。

中国自主的汽车设计难道真是"遥不可及"?其实,我国的汽车企业已经具备了一定的设计开发能力,一些大的汽车厂家基本上完成了制造技术和实际开发经验的积累,为实现自主开发设计奠定了基础。我国在数学、力学方面人才济济。在计算机硬件和软件上,与国内外的汽车设计界也是基本同步的。相信在不久,我国自己设计的新车型将会投放市场,并走出国门。

▶ 资料来源:唐黎标.科学与美学的结晶——漫话汽车外形设计.科学24小时,2004.

车身外形设计中各曲面片要求质量很高,一般要求达到A级曲面。A级曲面是既满足几何光滑要求,又满足审美要求的曲面,必须满足相邻曲面之间的间隙在0.005mm以下,切矢改变在0.05°以下,曲率改变在0.5mm^{-1}以下。曲面片之间要求光滑拼接、圆滑过渡,遵从光顺原理。外形曲面的设计、制造工艺水平直接影响汽车的运动性能和经济、环保性能。

2) 汽车内饰设计

汽车内饰主要包括仪表台、门内装饰板、内吸音车顶饰板、音响仪表台、方向盘、座椅、操纵按键、空调出口、拨挡头、车门内饰、门把手等汽车内部的所有装饰物。从造型设计的角度来看，在整车设计中，内饰设计所占比率约一半以上。因为相对于外形而言，内饰设计所涉及的组成部分相对繁多。相对于车上其他部件而言，它们对车辆的运行性能没有什么影响，但其面目一览无遗，代表了整部车子的形象，决定着轿车的声誉和档次，决定着人们选择轿车的意向。另外，对于轿车来讲，虽然内饰件只是一些辅助性的零配件，但要承担起减振、隔热、吸声和遮光等功能，对轿车舒适性起到十分重要的作用。

从近几年的发展趋势来看，内饰设计国际流行的趋势是越来越趋向于数字化和高科技，造型方面趋于简洁、工整，更加注重多种材质的应用、搭配。数码时代的来临具有高科技成分的数字产品广泛应用，极大地影响了汽车设计趋势，产品设计的风格开始引导并影响汽车整车的设计风格。许多概念车的内饰设计元素（如按钮/按键、显示部分、背光设计等）会与一些家电产品、电脑产品和通信产品类似。

2. 汽车车身设计的要求

汽车设计要考虑到汽车的使用性、人机工程学、节能及空气动力学等方面，所以对于汽车设计会提出下面几点要求。

1) 舒适性

车身设计首先要满足人的要求。舒适性是评价在规定条件下，合理乘用时乘员感觉良好与否的标准。影响舒适性的有关因素是：坐椅尺寸、形状及其空间与人体接触处的材质软硬度和质感、振动频率、视野，以及内饰对乘员心理的影响效果和乘坐的安全感。

2) 安全性

车身设计时安全性的考虑有两个方面，即正常行驶时的防护措施与发生意外事故时的补救措施。正常行驶时，乘员或运载的行李、货物不会由于车辆加、减速和急转向导致移动碰撞；内饰件的软化结构，无反射的材料表面，防止失效的门锁机构；坐椅安全带、靠枕、扶手、脚蹬等的设置可在发生意外事故时对乘员、行李、货物减轻损伤。事故后救护手段的设置是安全性的进一步要求，国家的有关法规对汽车安全性有一系列的标准，例如安全槽的配置与使用、方向盘的防撞击软化结构、车身客厢部位的骨架加强、吸能保险杠等都是基于此的。

3) 可靠性

车身设计的可靠性是指车身设计既要保证在常规负荷下的车身结构及其附件的耐用性和有效性，又要考虑到在超负荷下的安全性。可靠性不是允许无限制地超过合理负荷去提高安全性，而是指在可能发生的非正常情况下，结构与机构仍可保证使用性能。车身的可靠性保证中有些是通过附加装置使原来机构发生故障时仍可在一段时间内保持功能的措施，如车门的安全锁、门、窗框及局部骨架的加强设施，以及发动机罩的安全拉钩等。

4) 视野性

视野性是指驾驶员操作时，在不改变操作姿势的状态下对道路及周围环境观察的可见范围，或乘员在正常乘坐状态下对车外环境的可见范围。驾驶员的视野性必须满足在正常行驶的操作姿势下随时能清楚地看到所有按国家道路法规所设置的一切指示和警告标志。为保证良好的视野和明快的造型效果而加大车窗时，不应使车内人员过分暴露，产生不安全感，而且乘员过多地看见侧、下方移动的物像会增加眩晕、烦躁的感觉。视野性是以使驾驶员"眼椭圆"为起点，画出眼椭圆看到前方道路的距离来评定的，还可以在驾驶员眼椭圆位置旋转摄像机拍摄全景照片，用以比较从座位处可看到前方的最近距离，也可以在驾驶员眼椭圆位置放一个光源，在夜间从这个光源向前、侧或后方的照影可显示驾驶员的实际有效视野。

5）耐用性

车身的耐用性以整车的设计寿命为极限。实际耐用性主要是针对经常使用的机构而言的，要求它们在整车寿命限期内保证正常使用；要求车身结构保持原设计要求的状态；要求装饰不失去原设计的表面品质效果。由于车身机件或附件的使用率远非均等，所以对每部分结构或附件的耐用性要求也应根据使用情况而定。片面追求某个局部零件或附件的单项耐用性是没有意义的。

6）乘用方便性

乘用方便性是乘员、驾驶员进出车厢及行李、货物装卸方便与否的评价标准。由于各种类型汽车的动力、传动、操纵等机构和车身本身结构的需要，车身布置对乘员、驾驶员进出和行李、货物的装卸可能产生妨碍和不便。例如：方向盘与车门和坐椅的相对位置影响驾驶员的进出，车门高度、底盘与纵底梁的形状影响乘员的进出。近代轿车的门窗采用曲面玻璃，其主要原因之一是使车门上方开度增大，以改善乘员进出车厢的方便性。

1.2 现代汽车设计技术与产品开发流程

1.2.1 现代汽车车身设计技术

现代汽车车身设计技术主要有计算机辅助造型技术（Computer Aided Styling，CAS）、虚拟现实技术（Virtual Reality，VR）、空气动力学模拟、人机工程技术、数字样机技术、CAE 分析技术等。

1. 车身计算机辅助造型技术

在进行车身计算机辅助造型时，模型的建立是最基本、最主要的工作。在该阶段，造型师将构思的三维线框表现出来，以描述产品的各种数据：形状、尺寸及细节结构，并输入计算机生成三维模型。建模时要保证数字模型和构思的特征或物理模型特征尽可能一致。

根据造型的零部件不同可以采用不同的软件处理。通常曲面比较简单的零部件采用 UG、CATIA、ICEM-surf、Imageware、Rhino 等软件即可完成，如果造型比较复杂则采用 Alias 更合适。

阅读材料1-2

Rhino 软件兼有工程类软件的精密严谨和艺术类软件的自由灵活,它提供了丰富的辅助工具,如定位、实时渲染、层的控制、对象的显示状态等,极大地方便了用户的操作。Rhino 使用现在流行的 NURBS 建模方式,提供所有 NURBS 功能。相对于 POLYGON(多边形),NURBS 是较高阶的数学运算,以用极少的控制点来创建复杂的曲线并建立曲面模型,精确度高,曲面光滑,而且可以交互进行修改。在 Rhino 中可以定制自己的命令集,将常用的一些命令集做成指令按钮,使用时可自动执行一系列的命令,减少了重复操作。它还提供命令行的输入方法,用户可以输入命令的名称和参数,以得到非常准确的模型。Rhino 3D 是一套专为工业产品及场景设计所开发的概念设计与模型建构工具,是 NURBS(曲线曲面的非均匀有理 B 样条)曲线造型的巨匠。它是国际上第一套将完整的 NURBS 算法引进 Windows 操作系统的软件,它将传统 CAD 软件的精确性与以曲线(Spline)为基础的弹性建模技术进行了完美结合,而其所构建出的对象是平顺的 NURBS 曲线及曲面,而不是直线区段或多边形网格面。Rhino 可以十分方便地实现曲面间的连续,包括二阶导数连续。其建模功能非常强大,操作界面简洁,交互性强,易学易用易掌握。

卡车模型平面效果图应用 Rhino 软件可以实现向三维模型的转换。三维模型的制作步骤如下。

(1) 准备 Photoshop 制作出的平面效果图,如图 1.3 所示。

(2) 开始建模,首先从卡车的正面、侧部等几个大面开始做起,如图 1.4 所示。

图 1.3 Photoshop 效果图

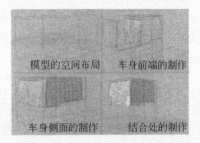

图 1.4 车大面建模

(3) 模型的细化制作:目的是为了制作车门、前挡风玻璃等大面包含的小面,在一些结合处应倒角,得到非常逼真的缝隙,如图 1.5 所示。

图 1.5 小面细化

(4)模型的细节补充:制作如后视镜、转向灯、车轮、导流罩等模型,如图1.6所示。模型制作过程中需要特别注意的问题:曲线控制点多少应该合理地选择。控制点少了,曲面变形,达不到要求。控制点多了,精度太高,计算机硬件条件要求也高。车身曲面的光滑程度很重要,直接关系后面渲染的效果。

为了得到理想的效果图,必须实现Rhino模型向3dsmax的数据输出。Rhino模型转换到3dsmax中的具体方法是先将制作得到的模型精度调好,然后将文件直接保存为.3ds格式即可。利用3dsmax渲染得到卡车效果图,如图1.7所示。到此,实现了平面效果图向三维模型的转换,并可以根据三维模型得到所需要的各个角度的平面效果图。

图1.6 模型细节补充图

图1.7 渲染后的卡车模型图

➡ 资料来源:张德超,胡朝峰,乐玉汉.汽车造型计算机辅助设计.天津汽车,2006年第6期.

与传统的造型方法相比,CAS技术可以减少比例模型的制作,压缩成本,提高模型的制作精度,缩短造型周期。生成的数字模型也可以为后续工程设计和工艺分析提供共享的数字模型,为并行工程的开展提供条件。

2. 虚拟现实技术

虚拟现实技术是现有的设计公司和主机厂家进行评审和展示实力的一种方法,它利用多媒体手段将信息可视化,并能使设计人员、评审专家和用户通过专用设备进入虚拟环境,以进行人机交互,评价和体验产品设计的合理性。

图1.8所示为某汽车的虚拟现实环境示例。

虚拟现实技术可以大大缩短设计环节的时间。传统设计方法完成原始设计后制作一辆汽车的白车身模型大约用时6个月,而采用VR技术后制作一个足以乱真的虚拟现实汽车模型只需要几小时或几天。同时VR具有成本优势,一辆汽车实体模型成本要上百万美金甚至更多,减少实体模型数量就是在节约大量的金钱。VR制作灵活,设计师可以自由地选择成千上万种颜色、形式、风格,并将其应用效果迅速地展现出来,并加以比较。这种选择上的高自由度是在传统模型上根本无法实现的。而且,选择的不仅仅是车的颜色,还包括更多的环境设定、内饰效果、光源效果、运动状态,从而

图1.8 某汽车虚拟现实环境示例

方便地让体验者体会到各种条件下的不同感受。

3. 空气动力学模拟

汽车空气动力学是研究汽车在行驶过程中空气流经汽车时的流动规律及与汽车相互作用的一门科学。汽车空气动力特性是汽车的重要性能之一，它是指汽车行驶时在流场中受到以阻力为主的包括侧向力、升力及其相应的力矩作用而产生的汽车车身外部和内部的气流特性、气动噪声特性、侧风稳定性、刮水器上浮、灰尘的附着和上卷，以及驾驶室内通风、发动机冷却、空气调节等特性。

现在新型汽车开发过程中的空气动力学问题包括动力性能预测及产品性能分析。由于传统的风洞试验需要准备实车或模型，费用高、周期长，而且各种状态的情况在试验中难以观测到，导致试验受到很大限制。因此，在开发前期利用CFD(Computational Fluid Dynamics)进行模拟计算可以节省大量费用，并根据预测情况随时对设计方案进行修改。

4. 人机工程技术

人机工程学是应用人体测量学、人体力学、劳动生理学、劳动心理学等学科的研究方法，对人体结构特征和机能特征进行研究，提供人体各部分的尺寸、重量、体表面积、比重、重心，以及人体各部分在活动时的相互关系和可及范围等人体结构特征参数；还提供人体各部分的出力范围，以及动作时的习惯等人体机能特征参数；分析人的视觉、听觉、触觉及肤觉等感觉器官的机能特性；分析人在各种劳动时的生理变化、能量消耗、疲劳机理，以及人对各种劳动负荷的适应能力；探讨人在工作中影响心理状态的因素，以及心理因素对工作效率的影响等，以优化人—机—环境系统的一门科学。

人机工程技术在车身产品开发过程中的应用主要体现在驾驶员和乘员在驾驶与乘坐状态下的舒适性、视野性、手伸及性和操纵性的各个方面。为了使设计的车身适合于各类驾乘人员，汽车设计师通过人机工程学的研究设计出让不同身高的驾乘人员均能获得操作方便、视野开阔、乘坐舒适的车身产品。

5. 数字样机技术

数字样机(digital mock up)技术也称虚拟样机技术，是20世纪80年代随着计算机技术的发展而迅速发展起来的一项新技术。其核心是对机械产品进行建模、装配、有限元分析、运动仿真等相关技术。数字样机技术能够缩短机械产品的设计开发周期，减少产品开发费用和成本，提高产品质量与性能，获得最优的创新产品，能够很好地匹配企业的发展要求。

数字样机技术在车身产品开发中的应用主要体现在这样几个方面。

(1) 白车身的焊接顺序、焊枪运动空间和焊点分布等的焊接过程模拟。

(2) 车门玻璃装配模拟。车门焊接总成和玻璃都为空间自由曲面，单靠几个断面难以验证其装配的可行性，数字样机技术则提供了动态的模拟功能以直观地仿真整个过程，避免了制作实物模型的高成本，也消除了设计隐患。

(3) 运动干涉分析。它包括轿车四门两盖及其附件的运动干涉分析、商用车驾驶室的翻转校核等。这可以提早发现干涉现象以采取措施，使干涉数量下降。

6. CAE 分析验证技术

CAE 技术是采用计算机辅助求解复杂工程和产品结构强度、刚度、屈曲稳定性、动力响应、热传导、三维多体接触、弹塑性等力学性能的分析计算，以及结构性能的优化设计等问题的一种近似数值分析方法。

在汽车设计中，产品设计阶段的 CAE 分析和验证技术得到了全面的应用，大到白车身的结构分析，小到密封条的结构材料优化，涵盖了白车身和部件的静态、动态、安全和疲劳分析，空间和管路的 CFD 分析，钣金件的冲压成形可行性分析，塑料件的注塑过程的模拟分析等方面。随着设计的深入和数据的完善，CAE 分析验证有力地支持了结构设计的可行性，保证了设计方案的优化。

中国的商用汽车开发能力具有一定的水平和经验，与世界先进水平有 5~10 年的差距。在产品系列化基础上，中国汽车工业企业已经可以做到每年都推出大量的新产品。中国汽车工业企业已经能够进行某些轿车车身的开发设计，但尚不具有成熟的、较高水平的整体轿车开发能力。中国主要轿车生产企业在新产品开发中主要承担的是将跨国公司的车型本土化的工作，对某些产品具有一定的升级改进能力，并且参加了某些联合设计。由于没有完整的轿车自主开发能力，中国的主要轿车产品没有自己的知识产权。

现在的汽车合资企业虽然股份方面我国占多数，但是核心技术掌握在外国人手里。在合资企业中，合资形式给中国汽车工业带来的绝大部分是外方产品的生产许可权，即根据外方提供的成形设计进行组装，中方企业很难对引进的产品进行任何修改和创新。在中国企业与外方合资过程中，原企业的研发力量被解散的情况多次发生。

在汽车零部件的技术开发方面，中国汽车工业企业在某些中低附加值产品方面具有相当的开发能力；在汽车关键零部件的技术开发方面具有一定能力，但是与国际先进水平差距甚大。许多关键零部件仅仅是外国产品的仿制。

1.2.2 现代汽车产品的正向开发流程

新车型的研发是一个非常复杂的系统工程，它需要多个部门协同，几百号人花费上 3~4 年左右的时间才能完成。不同的汽车企业其车身的研发流程有所不同，下面讲述的是正向开发的量产汽车一般的研发流程。

研发流程包括管理、设计、组织等方方面面的辅助流程，这里主要介绍车身研发中的核心流程，也就是专业的车身开发流程，这一流程的起点为项目立项，终点为量产启动，主要包括 5 个阶段。

1. 方案策划

全新车型的开发需要大量资金投入，投资风险很大，必须经过周密调查研究与论证，否则会造成产品先天不足，投产后问题成堆，甚至造成产品不符合消费者需求，没有市场竞争力等问题。因此市场调研和项目可行性分析就成为新项目至关重要的部分。

通过市场调研对相关的市场信息进行收集、整理、记录和分析，了解和掌握消费者的汽车消费趋势、消费偏好和消费要求的变化，确定顾客对新的汽车产品是否有需求，或者是否有潜在需求，然后根据调研数据进行分析研究，总结出科学可靠的市场调研报告，为企业决策者的新车型研发项目计划提供科学合理的参考与建议。汽车市场调研包括市场细分、目标市场选择、产品定位等几个方面。

项目可行性分析是在市场调研的基础上进行的,根据市场调研报告生成项目建议书,进一步明确汽车形式(也就是车型确定是微型车还是中高级车)及市场目标。可行性分析包括外部政策法规分析、内部自身资源和研发能力分析,包括设计、工艺、生产及成本等方面的内容。在完成可行性分析后就可以对新车型的设计目标进行初步的设定,设定的内容包括车辆形式、动力参数、底盘各个总成要求、车身形式及强度要求等。

将初步设定的要求发放给相应的设计部门,各部门确认各个总成部件要求的可行性以后确认项目设计目标,编制最初版本的产品技术描述说明书,将新车型的一些重要参数和使用性能确定下来。在方案策划阶段还要确定新车型是否开发相应的变形车,确定变形车的形式及种类。

项目策划阶段的最终成果是一份符合市场要求,开发可行性能够保证得到研发各个部门确认的新车型设计目标大纲。该大纲明确了新车型的形式、功能及技术特点,描述了产品车型的最终定位,是后续研发各个过程的依据和要求,是一份指导性文件。图1.9所示为方案策划阶段示意图。

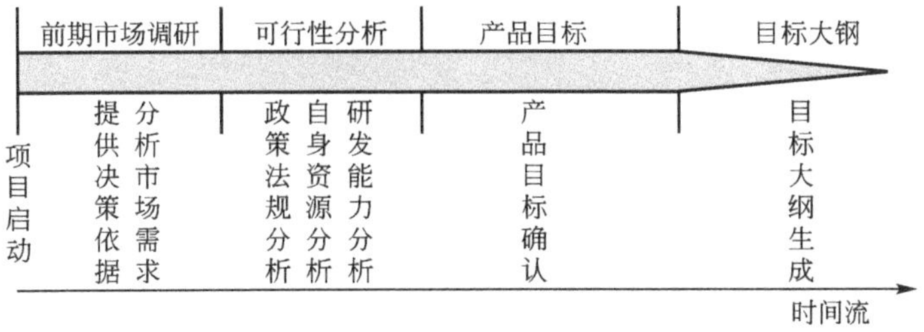

图1.9 方案策划阶段

2. 概念设计阶段

概念设计阶段要制订详细的研发计划,确定各个设计阶段的时间结点;评估研发工作量,合理分配工作任务;进行成本预算,及时控制开发成本;制作零部件清单表格,以便进行后续开发工作,因此概念设计在新产品开发中有着重要地位。同时新产品概念设计流程是新产品开发流程再造成败的关键所在。一个全新的汽车创意造型设计分为以下几部分。

(1) 总体布置草图设计。绘制产品设计工程的总布置图(图1.10),一方面是汽车造型的依据;另一方面是详细总布置图确认的基础,在此基础上将产品的结构具体化,直至完成所有产品零部件的设计。

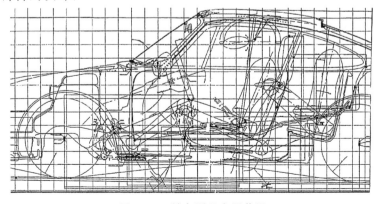

图1.10 某车型总布置草图

(2) 造型设计。在进行了总体布置草图设计以后就可以在其确定的基本尺寸的基础上进行造型设计了。汽车的造型设计现在已经成为汽车研发中至关重要的环节，包括外形和内饰设计两部分。而造型设计过程也分为设计和模型制作两个阶段。汽车造型设计师根据要设计的车型，首先收集同类车型的图片资料，对同类车型进行造型上的比较，根据这些车型在市场上的受欢迎程度总结出目前流行的一些设计趋势及时尚元素作为设计的主题或关键。比如简洁、复古、前卫等词语。设计阶段包括设计草图和设计效果图两个阶段，设计草图是设计师快速捕捉创意灵感的最好方法，最初的设计草图都比较简单，它也许只有几根线条，但是能够勾勒出设计造型的神韵，设计师通过设计大量的草图来尽可能多地提出新的创意。每个设计师都会对少数几个自己认为比较好的草图进行完善，包括绘制多个角度的草图，进一步推敲车身的形体，突出造型特征，等等。图1.11所示为某款汽车造型设计草图。

图1.11 某款汽车的造型设计草图

当草图绘制到了一定阶段后，设计工作室内部会进行一次讨论，设计室负责人将从设计师的设计草图中挑出几个相对较好的创意进行深入的设计。接下来就是绘制被选中的草图的精细设计效果图，随着计算机辅助设计的发展及其所带来的方便和快捷，越来越多的设计师开始使用各种绘图软件进行效果图的绘制。主要的绘图软件有Photoshop、Painter，以及Alias Skethbookd等。设计师绘制精细效果图的目的是为了让油泥模型师或者数字模型师(其使用3D软件将设计师的设计由效果图变为三维的电脑数据模型，这种模型能够直接将数据输入5轴铣削机，铣削出油泥模型)看到更加清晰的设计表现效果，以便保证以后的模型能够更好地与设计师的设计意图相一致。设计效果图绘制完毕以后要进行一次评审，这次评审会决定让其中的几个方案进行1∶5的油泥模型制作。

在对设计方案效果图进行评审以后开始制作模型，一般有3～5个甚至更多方案会被选中以进行1∶5的小比例模型制作，制作小比例模型主要是为了节约成本及节省时间，一般的汽车厂家都会使用油泥作为材料来制作小比例模型，主要是因为它容易修改，便于在模型制作阶段不断完善。油泥模型的制作也有两种方法，一种是油泥模型师直接完全人工雕刻模型，另外一种是由数字模型师先根据设计效果图在Alias等软件里建造出三维数字模型，由铣削机铣削出油泥模型，然后经油泥模型师进行细节调整。当然在油泥制作过程中设计师必须全程跟踪指导，以确保油泥模型能够符合自己的设计意图。

在完成小比例油泥模型制作之后，公司高层将会对模型进行评审，这是第一次实物模型的评审，他们将综合考虑影响到生产的各个因素，包括：美学、工艺、结构等。不过主要还是对模型外观美学的评判，通过评审挑选出其中的2～3个方案进行1∶1的全尺寸油泥模型制作。图1.12所示为宝马车型的1∶1油泥模型图。

传统的全尺寸油泥模型都是完全由人工雕刻出来的，这种方法费时费力而且模型质量不能得到很好的保证，制作一个整车模型大约要花上3个月左右的时间。随着技术的进步，各大汽车厂家的全尺寸整车模型基本上都是由5轴铣削机铣削出来的，油泥模型师只需要根据设计师的要求对铣削出来的模型进行局部的修改就可以了，这种方法制作一个模型只需要一个月甚至更少的时间。油泥模型制作完毕后，根据需要将进行风洞试验以测定其空气动力学性能;为了更直观地观察模型通常进行贴膜处理,以便检查表面质量和产生逼真的实车效果。这时要进行一次全尺寸模型的评审会,从中选出最终的设计方案,并对其提出一些修改意见。油泥模型师根据修改意见调整油泥模型,修改完毕后再次进行评审,并最终确定造型方案,冻结油泥模型。图1.13所示为一半喷漆的宝马车型油泥模型。至此造型阶段全部完成,项目进入工程设计阶段。

图1.12 宝马车型的1:1油泥模型图

图1.13 一半喷漆的宝马车型油泥模型

3. 工程设计阶段

完成造型设计以后,项目进入工程设计阶段,工程设计阶段的主要任务就是完成整车各个总成及零部件的设计,协调总成与整车和总成与总成之间出现的各种矛盾,保证整车性能满足目标大纲要求。工程设计是一个对整车进行细化设计的过程,各个总成分发到相关部门分别进行设计开发,各部门按照开发计划规定的时间结点分批提交零部件的设计方案。

工程设计阶段主要包括以下几个方面。

1) 总布置设计

在前面总布置草图的基础上深入细化总布置设计,精确地描述各部件的尺寸和位置,为各总成和部件分配准确的布置空间,确定各个部件的详细结构形式、特征参数、质量要求等条件。其主要的工作包括完成发动机舱详细布置图、底盘详细布置图,内饰布置图、外饰布置图及电器布置图。

2) 车身造型数据生成

车身或造型部门在油泥模型完成后,使用专门的三维测量仪器对油泥模型进行测量,如ATOS非接触式扫描系统等。测量的数据包括外形和内饰两部分。测量生成的数据称为点云,工程师根据点云使用汽车A面制作软件,比如Unigraphic、Imageware、Alias、Icem-surface、CATIA等来构建汽车的外形和内饰模型。导入Imageware的点云图如图1.14所示。在车身造型数据完成以后,通常要使用这些数据来重新铣削一个模型,目的是验证车身数据是否有错误。这个模型通常使用

图1.14 导入Imageware的点云图

代木或者高密度塑料来进行加工，以便日后保存。

3）发动机工程设计

一般新车型的开发都会选用原有成熟的发动机动力总成，发动机部门的主要工作是针对新车型的特点及要求对发动机进行布置，并进行发动机匹配，这一过程一直持续到样车试验阶段，与底盘工程设计同步进行。

4）白车身工程设计

所谓白车身指的是车身结构件及覆盖件的焊接总成，包括发动机罩、翼子板、侧围、车门、以及行李厢盖在内的未经过涂装的车身本体。白车身是保证整车强度的封闭结构。白车身由车身覆盖件、梁、支柱及结构加强件组成，因此该阶段的主要工作任务就是确定车身结构方案，对各个组成部分进行详细设计，使用工程软件（比如：UG、CATIA等）完成三维数模构建，并进行工艺性分析完成装配关系图及车身焊点图。

5）内外饰工程设计

汽车内外饰包括汽车外装件及内饰件，因其安装在车身本体上也称为车身附属设备。外装件的主要设计包括前后保险杠、玻璃、车门防撞装饰条、进气格栅、行李架、天窗、后视镜、车门机构及附件，以及密封条。内饰件主要设计包括仪表板、方向盘、座椅、安全带、安全气囊、地毯、侧壁内饰件、遮阳板、扶手、车内后视镜等。

6）底盘工程设计

底盘工程设计的内容就是对底盘的四大系统进行详细的设计，包括：传动系统设计、行驶系统设计、转向系统设计及制动系统设计，主要工作包括：①对各个系统零部件进行包括尺寸、结构、工艺、功能及参数等方面的定义；②根据定义进行结构设计及计算，完成三维数模；③零部件样件试验；④完成设计图和装配图。其中传动系统的主要设计内容为离合器、变速器、驱动桥，行驶系统的主要设计内容为悬架设计，转向系统的主要设计内容为转向器及转向传动机构的设计，制动系统的设计内容包括制动器及ABS的设计。

7）电器工程设计

电器工程负责全车的所有电器设计，包括雨刮系统、空调系统、各种仪表、整车开关、前后灯光及车内照明系统。经过以上各个总成系统的设计，工程设计阶段完成，最终确认整车设计方案。此时可以开始编制详细的产品技术说明书及详细的零部件清单列表，验证法规。确定整车性能后，将各个总成的生产技术进行整理合成。

4. 样车试验阶段

工程设计阶段完成以后进入样车试制和试验阶段，样车的试制由试制部门负责，他们根据工程设计的数据和试验需要制作各种试验样车。样车的试验包括两个方面：性能试验和可靠性试验。性能试验的目的是验证设计阶段各个总成及零部件经过装配后能否达到设计要求，及时发现问题，做出设计修改，完善设计方案。可靠性试验的目的是验证汽车的强度及耐久性。试验应根据国家制定的有关标准逐项进行，不同车型有不同的试验标准。根据试制、试验的结果进行分析总结，对出现的各种问题进行改进设计，再进行第二轮试制和试验，直至产品定型。

汽车的试验形式主要有试验场测试、道路测试、风洞试验、碰撞试验等。各个汽车企业都有自己的试验场，试验场的不同路段分别模拟不同路况，有沙石路、雨水路、搓板路、爬坡路等。

阅读材料1-3

通用风动实验室

空气动力学设计方面的实验最早可追溯至20世纪20年代和20世纪30年代，但直到20世纪70年代汽车厂商才改变了之前轻视的态度，对这种实验严肃起来。如今，大多数汽车厂商都选择在风洞中开发新产品。美国通用汽车公司拥有业界最大的风洞，它每天24小时、每周7天不停运转。图1.15所示为环保型概念车雪佛兰Volt在风洞中的模样，轿车上面漂浮的气体不是烟，而是一股丙二醇气体。工程师利用这种材料去研究汽车在风洞中上面及周围的气流。

通用汽车公司的风洞在1980年上线，现在该公司设计的几乎一切产品都要在里面接受测试。20世纪90年代初，当通用电动汽车EV1在风洞实验室中测试完的时候，它被业界人士赞誉为"历史上最符合空气动力学的汽车"，而且至今仍是。

在任务控制室中工程师可以监控和记录流速和压力及其对汽车拉力、升力等的影响，如图1.16所示。负责雪佛兰Volt风洞开发工作的工程师尼娜·托尔托萨（Nina Tortosa）说："我们尝试复制汽车穿过空气的全过程。拉力因其对节能的影响，获得了最多的关注。但我们40%的工作集中于风的噪声，即如何使车厢内部更安静。"

图1.15 环保型概念车雪佛兰Volt在风洞中

图1.16 任务控制室

位于测试室的平台，如图1.17所示，是对实物模型（通常是粘土模型）进行试验的地方。平台上的转盘可以让工程师移动模型，测试它们在侧风情况下的行为。最初对1∶3的模型进行测试，并不时作出改变，以分析它们对汽车剩余部分的影响。托尔托萨说："这是一种动态系统。对后面每作出一次微小的改变都会彻底改变前面的一切。"一旦设计在1∶3的模型下得到完善，测试工作将转向与实物相同大小的模型，并且测试重新开始。

图1.17 测试室平台

风动室内壁如图1.18所示，经过声音处理，厚度最低为18in（1in=2.54cm，约0.5m），建造这个风洞用了约2万立方码（约1.5万立方米）的混凝土。风洞建在桩基之上，桩基向地下扩展了80ft（1ft=30.48cm，约24m）。风洞最高处达48ft，将位于风洞4个角的叶片打开会使气流流经风洞。叶片用声吸收材料制成，用于减少巨型风扇旋转产生的噪声。巨型风扇的转速可达 270r/min。处于风洞口的气流作用筛(flow-conditioning screen)有助于空气在流入半消声测试室之前对其进行处理。就在筛子的前面，由 175 个铝制叶片组成的热传导装置可以将空气温度保持在 72°F。

风洞的心脏是 4500hp(1hp=746W)的变速 DC 电动机,可使 6 个叶片的风扇的转速达到 270r/min,如图 1.19 所示,这台风扇有 6 个叶片,每个叶片重 1t,高 12ft,用西加云杉(Sitka spruce)薄片制成。西加云杉薄片全都是根据高比刚度精选出来的。当电动机的转速达到最大的时候,叶片最高速度达到每小时 415mile(1mile=1.61km)。

图 1.18 风动室内壁　　　　　　　图 1.19 风动室心脏

资料来源：http://www.qudong.com/news/other/20080919/21515_3.html。

5. 投产启动阶段

投产启动阶段的主要任务是进行投产前的准备工作，包括制定生产流程链，各种生产设备到位、生产线铺设等。在试验阶段就同步进行的投产准备工作包括模具的开发和各种检具的制造。投产启动阶段大约需要半年左右的时间，在此期间要反复地完善冲压、焊装、涂装及总装生产线，在确保生产流程和样车性能的条件下开始小批量生产以进一步验证产品的可靠性，确保小批量生产 3 个月产品无重大问题的情况下正式启动量产。

1.2.3　汽车逆向设计流程

由于车身的开发过程需要大量资金的积累、技术的积累、人才的积累，而目前许多汽车生产厂家还没有形成很高的研发能力，如果完全依靠正向开发的话，设计过程进展慢，设计能力在短时间内也不会有明显提高，并且产品品质跟国外现有的汽车品质会有较大差别，没有市场竞争力，但是如果完全靠国外技术的话就永远不可能形成自己的研发能力，所以现在各汽车企业提升自主开发能力，赶上世界先进水平唯一的办法是站在巨人的肩膀上，对国际上的新技术进行消化、吸收、改进，进而实现创新。

逆向设计流程，顾名思义与正向设计流程不同，其过程是依靠已经存在的零件或是产品原型的表面所得到的资料来建立三维 CAD 模型，而不是通过设计图。逆向设计流程主要由三部分组成：产品实物几何外形的数字化、CAD 模型重建、产品或模具制造。逆向工程中的关键技术是数据采集、数据处理和模型的重建。

1. 样车准备

首先购买设计所需的样车两部，一部用来测绘，另一部用来做比对。图 1.20 所示为某两厢轿车车型，对样车的车身缝隙、段差、外表面圆角等部位进行测量，熟悉样车的整车结构，给出样车车身缝隙、段差、外表面圆角测量分布图。确定出对样车车身分解的方案和进行点云测量方案。

对整车的测量要在3种状态下进行，即空载、设计载荷、满载3种状态，测量的具体内容包括：测量3种状态下的整车内外尺寸参数，测量底盘上的定位参数，测量汽车整车前后轴荷等。

图 1.20　某两厢轿车车型

2. 总布置设计

1）总布置设计第一阶段

在进行总布置设计时需要编写完成设计任务书，设计任务书方面要包括国家汽车发展型谱或上级相关指令、工厂产品发展规划、概念设计等内容。本阶段还需要完成整车总布置设计或总布置图，初步确定好设计硬点。所谓设计硬点是将底盘、车身及其他零部件之间的协调关系通过基本的线、面和基准点，以及控制结构和参数来表达。在主要设计硬点确立以后，造型、车身、底盘等设计就有了共同参照的依据和遵循的规范，各个子项目分头展开。一般由项目设计者提出，设计硬点是汽车零部件设计和选型、内外饰附件及车身钣金设计的最重要的设计原则，也是各项目组公共认可的尺度和设计原则，同时也是使项目组分而不乱，并行设计的重要方法，一般确定后设计硬点不轻易调整。设计硬点包括：轮距、轴距、总长、总宽、人体模型尺寸、人机工程校核控制要求、底盘与车身相关零部件对车身控制点线面及控制结构、门锁、玻璃升降器等内饰件、车身附件与车身安装的点线面等。确定好设计硬点之后进行总体设计，实现人机工程设计，这主要包括风窗视野校核、脚踏板布置校核、后视野校核、风窗雨刮器校核、上下车方便性校核、人体坐姿校核等。

熟悉参考样车，在样车准备阶段拍摄相关照片，测量内、外表面各种装配间隙和段差，结构造型圆角，操纵件行程等。然后进行车身外表面测量，整车状态下底盘点云测量；进行门洞、开闭件开度、门内饰、座椅位置、发动机舱测量（右侧内饰测量轮廓、缝隙、非对称部位）；拆开闭件，测量门内饰；测量座椅、方向盘、驾驶操纵机构、踏板；拆门内饰，拆座椅，拆前风窗玻璃，测量门内板；测量仪表板及车身其他内饰；拆内饰、仪表板，测量装配状态下的车身附件、空调、电气件；拆车内空调系统件、车身附件、电气件；上固定架，拆前后车轮，测量前后挡泥板护板、前后保险杠；拆前后挡泥板护板，前后保险杠、前大灯，拆底盘件、发动机舱内空调系统件、电气件，测量配合；测量底盘和空调的管路系统，拆卸底盘和空调的管路系统，各种涂胶、阻尼垫拍照测量及铲胶；白车身(包括开闭件)孔位编号、拍照，人工测量焊接标准件及所有孔径，白车身所有安装孔的孔位、孔径用测量设备测量，拆解白车身，测量配合，零部件测量及零部件拆解和散件测量。

将点云调整到车身坐标系下，对整车点云进行分块，对整车点云外表面、内饰件表面及外饰件表面进行划分，生成总布置控制面。

2) 总布置设计第二阶段

对运动部件进行运动学校核和相关部件设计，包括：车轮运动校核和轮罩设计、踏板总成运动校核、传动轴跳动校核、转向运动校核、悬架运动校核、转动车身件运动校核等；发动机厢盖、行李厢盖运动学校核，车门、摇机、天窗运动学校核，雨刮器运动学校核等。另外还要进行轴荷分配计算与转弯半径调整校核，最终确定设计硬点。

对发动机、悬置支架、附件进行逆向建模，对底盘系统零部件进行逆向建模，进行管路、管夹设计。还需要对底盘系统进行悬架设计计算、制动设计计算、转向设计计算，以及冷却系统设计等。进行电器系统逆向设计，包括电器件建模、原理图设计，以及电气系统匹配与计算等，然后进行样车功能分析。

对车身及附件进行逆向建模，进行车身主断面设计。车身逆向建模设计包括白车身逆向建模、开闭件逆向建模、仪表台逆向建模、内饰件逆向建模、外饰件逆向建模、空调系统附件逆向建模等。然后对运动件运动干涉校核，以及对相应问题进行修改。

对整车进行总体设计，总体设计方案细化和调整，对运动部件进行运动学细化校核。检查设计硬点，对整车三维数模进行装配，包括白车身三维数模装配、开闭件三维数模装配、仪表台三维数模装配、内饰三维数模装配、外饰件三维数模装配、空调系统附件三维数模装配，检查装配间隙及干涉情况，完善总布置设计图。对底盘系统进行计算、细化设计，以及管路设计。车身涂胶图设计，车身隔热、阻尼垫分布图设计，白车身三维焊点图设计，白车身爆炸图设计，白车身焊接流程图设计，车身附件、空调系统装置图设计。

1.3　计算机辅助设计技术概述

1.3.1　计算机辅助设计的起源与发展

现在计算机辅助设计在众多领域中得到了广泛应用，在一定意义上可以说它是机械与计算机技术发展融合的产物。

1943年底，英国人为了破译德国的密码系统建造了一台叫做"Colossus"的电子计算机。与此同时，在美国的康恩(Corn)及几个大学和研究所为了进行高速度的数值计算也在研制计算机。到1946年，具有真正意义的第一代计算机"ENIAC"诞生了，这台计算机重30t，占地170m^2。

1952年，麻省理工学院(MIT)的伺服机构实验室完成了数控铣床的研究，首次将计算机用于机械制造。随后H.J.Gerber根据数控加工的原理为波音公司生产了世界上第一台绘图仪。1962年，D.T.Ross和S.A.Coons合作，开始在机械设计方面探索计算机辅助的可能。Coons在题为"计算机辅助设计需求纲要"的报告中对计算机辅助设计作了如下的描绘：设计者坐在显示器前用光笔操作，从概念设计、生产设计直到制造都可通过人机对话方式获得计算机的协助。描述中的场景在当时只是科学家的梦想，但后来这个梦想逐步变成了现实。同时，另一个具有划时代意义的工作由MIT的林肯研究所完成，I.E.Sutherland提出了Sketch-pad系统，可用光笔在显示器上选取、定位图形要素。使用该系统，设计者可以在控制台上对问题及问题的解决直接通信，实现了人机对话式的交互作业。通常要花几周时间才能完成的一些工作在此只要10～15min就能完成，他还提出了用不同的层来表示某一工程图的轮廓、剖面线和尺寸，这个系统为交互式图形学和计算机辅助绘图技术奠定了基础。

计算机辅助设计技术的发明首先在汽车工业中进行了应用。美国通用汽车公司和 IBM 公司率先开发了 DAC-1(Design Augmented by Computer)系统来设计汽车外形与结构。美国洛克希德公司和 IBM 公司联合开发了基于大型计算机的图形增强设计与制造软件包 CADAM，以用于设计与绘图，并具有三维结构分析能力。随后计算机辅助绘图、设计、制造、分析技术在英、日、意等国的汽车公司也都获得了广泛的应用，并逐渐扩展到其他部门。

到 20 世纪 70 年代开始出现"交钥匙系统"（Turn-Key System），它将硬件与软件配套交付用户使用，这种系统在小型机和超级小型机的基础上增加了图形处理功能，按分时处理的原则一台主机可以带几个到几十个终端。这个时期计算机在机械行业得到了广泛的应用。中小企业开始采用计算机辅助绘图、设计、制造、分析技术。

20 世纪 80 年代初期，随着计算机制造技术的发展，所有配套的软硬件都可以集成到一台工作站上。再加上计算机网络的迅速发展，工作站很快取代了"交钥匙系统"。工作站系统可以作为一个独立的单用户系统，到 20 世纪 80 年代中后期就成为计算机辅助绘图、设计、制造、分析的主流系统。

进入 20 世纪 90 年代后，随着个人计算机(PC)的飞速发展，其性能迅速赶上了 10 年前高档工作站的性能。由于个人计算机的价格低、使用方便，故以个人计算机为硬件平台的计算机辅助绘图、设计、制造、分析系统迅速崛起，市场逐步扩大，如今个人计算机成为计算机辅助设计的主流机型。多种辅助设计软件，如 CATIA、UG 等迅速发展起来。

计算机辅助设计的发展为机械工业带来了革命性的变革，反过来计算机在机械工业中的应用也推动了计算机技术的迅速发展。新的设备、新的操作系统、新的软件、新的数据交换标准正在迅速扩大计算机在工业中的应用范围，掀起了一场新技术革命的浪潮，成为 20 世纪全球最杰出的工程技术成果。

1.3.2　计算机辅助设计的特点和应用

计算机辅助设计是一种用计算机硬、软件系统辅助人们对产品或工程进行设计的方法和技术，是一门多学科综合应用的新技术。计算机在很多方面都可以协助人来更好地完成工作，从而进一步实现设计自动化。

到目前为止，计算机应用已经渗透到了机械产品生产的各个环节。利用计算机可以进行产品的计算机辅助设计（Computer Aided Design）、计算机辅助绘图（Computer Aided Drawing）、计算机辅助制造（CAM）、计算机辅助工程分析（CAE）、计算机辅助工艺规划（CAPP）、产品数据管理（PDM）、企业资源计划（ERP）等。这些技术一开始是相互独立、平行开发应用的，因而被称为孤岛技术。由于在技术上和应用上都有密切的相关性，后来在工程实践中这些技术逐渐结合到一起，这种结合给企业带来了更大的经济效益。

CAD 系统准确地讲是指计算机辅助设计系统，其内容涵盖产品设计的各个方面。将计算机辅助设计和计算机辅助制造集成在一起，称为 CAD/CAM 系统。由于机械设计、制造和分析的密切相关，很多 CAD 系统逐渐添加 CAM 和 CAE 的功能，所以习惯上工程界将 CAD/CAM 系统或者 CAD/CAM/CAE 系统仍然叫做 CAD 系统，这样就扩大了 CAD 系统的内涵。企业资源计划 ERP 在制订生产计划、销售计划和采购计划时需要从 CAD 系统获得产品结构,从计算机辅助工艺规划 CAPP 系统获得制造每个零件的工时和材料定额等基础数据,同时需要产品数据管理 PDM 系统作为集成的桥梁。因此出现了 CAD/CAM/CAPP/ERP/PDM 的集成。这些技术不同程度的集成可以满足从构建中小规模 CAD/CAM 系统到建立企业级 CIMS,实施并行工程等各个层次的需求。

1. CAD 技术的特点

CAD 技术是一项综合性的,集计算机图形学、数据库、网络通信等计算机及其他领域知识于一体的高新技术;是先进制造技术的重要组成部分;也是提高设计水平、缩短产品开发周期、增强行业竞争能力的一项关键技术。

CAD 的应用能够提高产品的设计质量,缩短科研和新产品开发周期,降低消耗,提高新产品的可信度,并且大幅度提高劳动生产率,实现脑力劳动自动化。

总体来讲,CAD 系统具有以下优点。

(1) 缩短产品开发周期。由于计算机运算速度及数据查询速度极快,用户根据设计目标向计算机发出指令,计算机能根据人的意图做出反应。由于计算机能够直观地将设计结果展示出来,设计者根据计算机的显示可以做出快速的反应。在计算机上对设计进行修改比在图纸上修改要容易得多,而且计算机能提供复制、查询等功能。因此采用 CAD 系统能够极大地提高设计效率。

(2) 提高产品设计质量。由于计算精度高,便于优化设计,设计人员在具备专业知识的基础上利用 CAD 手段可以完成更高质量的设计。设计人员利用实体造型可以直观地在计算机上将产品制作出来。采用先进的参数化设计、全相关数据库技术可以最大限度地避免设计上的疏忽。

(3) 降低生产成本。由于 CAD 能够缩短设计、加工和装配的时间,降低废品率,减少库存,所以将大大降低企业的生产成本。

(4) 提高管理水平。CAD 系统所生成的设计结果主要是计算机数据,保存和检索都比较容易。在已经建立企业内部网的前提下,采用产品数据管理技术易于实现全局性的管理,提高企业的管理水平。

尽管 CAD 系统功能非常强大,但是如果缺少了操作人员的正确操作和使用,CAD 系统根本不可能产生经济效益。CAD 系统对操作者的专业知识、外语能力和计算机水平要求较高。技术人员一般需要较长的时间熟悉 CAD,了解其功能和用法。因此适当的 CAD 系统重要,培养优秀的 CAD 系统使用人员更重要。

2. 计算机辅助设计的应用

计算机辅助设计开始用于机械行业,到现在 CAD 已是一个包括范围很广的概念。概括来说,CAD 的设计对象有两大类:一类是机械、电气、电子、轻工和纺织产品;另一类是工程建筑。现如今,CAD 技术的应用范围已经延伸到艺术、电影、动画、广告和娱乐等领域,产生了巨大的经济及社会效益,有着广泛的应用前景。

CAD 在机械制造行业的应用最早,也最为广泛。采用 CAD 技术进行产品设计不但可以使设计人员"甩掉图板",更新传统的设计思想,实现设计自动化,降低产品的成本,提高企业及其产品在市场上的竞争能力;还可以使企业由原来的串行式作业转变为并行作业,建立一种全新的设计和生产技术管理体制,缩短产品的开发周期,提高劳动生产率。如今世界各大航空、航天及汽车等制造业巨头不但广泛采用 CAD/CAM 技术进行产品设计，而且投入大量的人力物力及资金进行 CAD/CAM 软件的开发，以保持自己技术上的领先地位和国际市场上的优势。

如今，CAD 技术已进入到人们的日常生活中，在电影、动画、广告和娱乐等领域大显身手。电影拍摄中利用 CAD 技术已有 10 余年历史。动画和广告制作中也充分利用了计算机造型技术，实质上它也是一种虚拟现实技术。虚拟现实技术还被用于各种模拟器及景物的实时漫游、娱乐游戏中。

近 10 年来，在 CIMS 工程和 CAD 应用工程的推动下，我国计算机辅助设计技术应用越来越普遍，越来越多的设计单位和企业采用这一技术来提高设计效率、产品质量和改善劳动条件。目前，我国从国外引进的 CAD 软件有好几十种，国内的一些科研机构、高校和软件公司也都立足于国内，开发出了自己的 CAD 软件，并投放市场，使我国的 CAD 技术应用呈现出一片欣欣向荣的景象。

3. CAD 展望

CAD 是 20 世纪全球最杰出的工程技术成果之一，是跨世纪的国家关键技术。因此 CAD 技术的发展与应用水平已成为衡量一个国家工业现代化的重要标志，在一定程度上反映出一个国家的综合实力。

CAD 技术涉及面广而复杂、技术变化快，新的理论、技术和方法的研究从未停止过。到目前从总体上讲，CAD 技术的发展趋势是集成化、智能化和海量数据技术。

集成化：以 CAD 技术为基础，将 CAE、CAPP、CAQ（Computer Aided Quality）、RP（Rapid Prototype）及管理信息系统集成为一个大系统。

智能化：软件不仅要替代原来烦琐的操作，而且将工程数据集成到数据模型中，使得设计、分析、修改和数据共享等更加智能化。

海量数据技术：随着 CAD 技术的深入，所涉及的各种信息越来越多，传统的管理系统难以适应日益增长的数据管理要求，如何快速有效地对海量信息进行存储、管理和检索成为人们关注的焦点。

综合练习

1. 思考题

（1）车身结构主要包括哪几个部分？
（2）车身设计过程一般包括哪几个方面？
（3）现代汽车产品设计过程中主要应用哪些辅助技术？
（4）对比汽车产品正向设计过程和逆向设计过程，说明各自的特点。
（5）试述计算机辅助设计在汽车产品开发中的应用。

第 2 章
汽车车身设计基本软件

本章学习目标

★ 了解常用的三维建模软件；
★ 掌握 UG 软件的安装方法；
★ 掌握 UG 的主要界面；
★ 掌握 UG 的常用菜单功能。

本章教学要点

知识要点	能力要求	相关知识
常用建模软件	了解常用的三维建模软件	UG 及其模块、CATIA 及其模块、ALIAS 及其模块、Imageware 及其模块、Pro/E 及其模块等的介绍
UG 软件的安装	掌握 UG 软件的安装方法	许可证书文件的修改、UG 的安装，UG 的启动与退出
UG 的主要界面	掌握 UG 的主要界面	标题栏、菜单栏、工具栏、提示栏、绘图工作区、状态栏和资源导航器
UG 常用菜单功能	掌握 UG 常用菜单功能	文件、功能模块的进入、编辑、视图、格式操作、信息操作、菜单定制和首选项设置等

本章学习方法

　　本章学习时，简单了解常用的三维建模软件及其模块，以便日后根据工作需要选用合适的软件。掌握 UG 软件的安装方法、主要界面和常用功能菜单，学会 UG 文件的操作、各个模块的进入，学会查看对象信息、菜单定制及对首选项进行设置，为后续车身计算机辅助设计打下基础。

导入案例

现在三维建模软件在工业上的应用越来越广泛，小到小家电的设计，大到飞机的设计无一不应用某一三维建模软件进行辅助设计，三维建模软件的应用会大大提高产品的设计质量和设计速度。这其中的 UG、CATIA 软件是集 CAD/CAM/CAE 于一体的大型三维参数化设计软件，广泛应用在飞机、汽车等大型设备的生产上。

用 UG 做一辆奥迪跑车后再采用 V-Ray 做图形效果后处理渲染，发动机：4.2L 420hp，车体结构：2 门 2 座跑车，最高车速（km/h）：301，官方 0～100km/h 加速（s）：4.6，如图 2.1 所示。

应用 UG NX 设计的飞机模型如图 2.2 所示，发动机模型如图 2.3 所示。

图 2.1 奥迪跑车模型渲染图

图 2.2 用 UG NX 设计的飞机模型

图 2.3 用 UG NX 设计的发动机模型

通过上面设计实例可以看出，三维建模软件的建模功能强大，可以迅速地建立起产品的三维模型，除此之外还可以全面模拟产品的分析、装配、制造等过程，这样在计算机上进行的产品开发可以大大缩短所需时间，并且易于检查出产品的干涉处或有缺陷的地方以进行改进。

➡ 资料来源：http://model.3ddl.net

2.1 常用三维建模软件

目前在汽车车身计算机辅助设计中常用到的三维软件包括 Unigraphics(UG)、CATIA、alias、Icem-surface、Imageware、Pro/E 等。这几种软件相比各有特点，这里分别对其进行简要介绍。

2.1.1 UG 软件介绍

UG NX 是 Siemens PLM Software 公司推出的集 CAD/CAM/CAE 于一体的三维参数化设计软件，在汽车、交通、航空航天、日用消费品、通用机械及电子工业等工程设计领域应用广泛。图 2.4 所示为应用 UG 软件建立的汽车模型图，图 2.5 所示为利用 UG 进行的 F1 方程式赛车正逆混合设计。多年来，UG 一直在支持美国通用汽车公司实施目前全球最大的虚拟产品开发项目，同时 UG 也是日本著名汽车零部件制造商 DENSO 公司的计算机应用标准，并在全球汽车行业得到了很大的应用，如 Navistar、底特律柴油机厂、Winnebago 和 Robert Bosch AG 等。另外，UG 软件在航空领域也有很好的表现：在美国的航空业安装了超过 10000 套 UG 软件；在俄罗斯航空业，UG 软件具有 90% 以上的市场；在北美汽轮机市场，UG 软件占 80% 份额。航空业的其他客户还有：B/E 航空公司、波音公司、以色列飞机公司、英国航空公司、Northrop Grumman、伊尔飞机和 Antonov。UG 软件在喷气发动机行业也占有领先地位，拥有如 Pratt & Whitney 和 GE 喷气发动机公司这样的知名客户。

图 2.4 利用 UG 软件建立的汽车模型　　图 2.5 利用 UG 进行 F1 方程式赛车正逆混合设计

UG 进入中国以后，在中国的业务有了很大的发展，中国已成为其远东区业务增长最快的国家。

尽管现在应用的三维实体建模系统很多，但大多数系统主要定位于产品的设计和绘图领域，并更多地关注提高设计师的工作效率，然而在产品的整个开发周期中的生产能力不仅要在绘图设计阶段提高效率，还应在从概念设计直到生产设计过程的每个阶段都要提高其效率。UG 软件正是充分考虑到整体设计环境的协同性，应用很多现代设计方法和理论，实现了整体协同设计的理念。UG 的综合能力强大，从产品设计到模具设计再到加工、分析、渲染，几乎无所不包。

就设计阶段来说，UG 软件与其他软件相比有其明显的应用优势和特点：UG 软件布局合理，应用方便，对于使用者来说很容易入门；UG 软件曲面建模功能强大，不仅提供丰富的曲面构造工具，而且可以通过一些参数来控制曲面的精度、形状；另外，UG 的曲面分析工具也极其丰富，适合于大型的汽车、飞机厂建立复杂的数模；UG 可以进行混合建模，在一个模型中允许存在无相关性的特征等。

UG 由多个模块组成，主要包括 CAD、CAM、CAE、注塑模、钣金件、Web、管路应用、质量工程应用、逆向工程等应用模块，其中每个功能模块都以 Gateway 环境为基础，它们之间既有联系又相互独立。下面就设计过程中的相关模块进行简要介绍。

1. UG/Gateway

UG/Gateway 为所有 UG NX 产品提供了一个基于 Motif 的进入捷径，是用户打开 NX 进入的第一个应用模块。Gateway 是执行其他交互应用模块的先决条件，该模块为 UG 其他模块的运行提供了底层统一的数据库支持和一个图形交互环境。它支持打开已保存的部件文件，建立新的部件文件，绘制工程图，以及输入输出不同格式的文件等操作，也提供图层控制、视图定义和屏幕布局、表达式和特征查询、对象信息和分析、显示控制和隐藏/再现对象等操作。

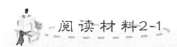
阅读材料 2-1

UG 与其他软件之间的数据交换

为了提高不同系统 CAD 软件数据的可移植性，国际标准化组织及其他相关机构制定了一系列的标准数据文件格式，如 STEP、CGM、IGES 等。这些标准原则上提出了解决不同 CAD 系统之间的文件格式转换的可能性。

1) CAD 文件格式的转换方法

CAD 文件格式的转换一般采用两种方式。第一种是直接开发转换程序。当采用标准转换方式不能解决问题，或者没有找到合适的文件转换工具时，可以用编程软件直接进行格式转换程序的开发。这种方式专业性强，比较复杂，因此目前很少采用。第二种是应用标准的中性模式文件作为"中转站"实现。这些标准格式如 STEP、CGM、IGES 等，独立于任何 CAD 系统。现有的 CAD/CAM 集成系统都具有相应的前处理和后处理程序。

2) 常用的标准格式文件

(1) DXF 格式文件。AutoCAD 的图形文件（DWG）是一种专用格式的图形数据文件，采用了压缩的二进制码存储形式，与其他软件的兼容性不太好。为此，AutoCAD 开发了 DXF 文件格式，以便在不同的 CAD 应用软件之间进行数据交换。DXF 文件为 ASCII 码文件，由于 AutoCAD 在市场上的优势，它目前已成为一种事实上的工业标准，被大多数 CAD 系统所接受。DXF 格式文件的扩展名为 DXF。

(2) STL 格式文件。STL 格式是目前快速成形系统所采用的主要数据文件格式之一，这种文件格式类似于有限元的网格划分，它将物体表面划分成很多个小三角形，划分密度取决于用户所要求的精度。该文件有二进制和文本格式两种，其中二进制格式文件结构比较紧凑。大多数三维 CAD 造型软件及快速原型制造系统都支持 STL 文件。STL 格式文件的扩展名为 STL。

(3) IGES 格式文件。IGES 即基本图形转换规范。20 世纪 80 年代初，由美国国家标准局组织包括政府和工业部门在内的联合委员会制定。IGES 标准规定了文件结构的格式、语言格式，以及按这些格式所表示的几何的、拓扑的、非几何的产品定义数据。1981 年 ANSI 将其接收为国家标准。此后，IGES 不断地完善和扩充，版本不断更新。目前已引入了完整和成熟的实体造型技术。IGES 格式的文件扩展名为 IGS。

(4) STEP 格式文件。STEP 即产品模型数据转换标准。STEP 是为了适应数据交换国际化标准的需要而产生的。STEP 标准的正式代号为 ISO—10303,它提供一种不依赖于具体系统的中性机制,并能描述产品整个生命周期的产品数据。产品生命周期包括产品的设计、分析、制造、测试、使用、检验和维护等。STEP 标准中产品数据的交换包括信息的存储、传输、存档、获取等,并要求这些产品数据在各 CAD/CAM 系统之间交换时保持一致和完整。STEP 格式文件扩展名为 STP。

3) 数据交换实例

UG 各版本之间的数据格式一般是向下兼容的,如 UGNX 可调用 UG18 的数据,但反之则不然,此时必须使用标准格式文件进行数据转换。操作方法是:在 UG 系统下打开一个已有的模型文件,然后选择 File 菜单下的 Export 项,选择 STP203 数据转换器,输出类型为 STEP 格式;在较低版本的 UG 系统输入文件时选择 File 菜单下的 Import 项,同样使用 STP203 数据转换器,确定输入文件为先前产生的 STP 格式文件即可。

UG 与 AutoCAD 之间进行的是二维图形数据交换,交换方式是通过 DXF、CGS 格式文件进行中转。步骤如下:在 UG 系统中打开一个已有的模型文件,选择 File 菜单下的 Export 项,确定输出的类型为 DXF 或 CGS 格式文件。如果用 DXF 格式,则在 AutoCAD 系统下直接输入就行。如果用 CGS 格式,由于 AutoCAD 系统不能识别 CGS 格式文件,所以必须再次利用 UG 的前置和后置处理器将 CGS 格式转换为 DXF 格式。通过实践研究可以发现,对复杂的装配工程图用 CGS 格式文件进行转换其结果更理想一些,而用 DXF 格式文件进行转换常常丢失数据。

UG 与 PRO/E 进行的是三维图形数据交换,交换方式可以通过 DXF、IGS、STP 格式文件进行中转,操作方法与上述方法一样。通过实践研究可以发现,用 STEP214 格式进行转换其结果比较理想。不仅可以保持几何数据的完整性,而且辅助信息(颜色、线型、注解等)也没有丢失。

由于 CAD 软件格式之间的互异性,每一次转换都会有一定的信息损失,因此转换次数不宜太多,一般转换应不超过 3 次。通过 CAD 文件格式转换可以实现异构 CAD/CAM 系统之间的数据交换,这样才能共享各企业的产品信息并为推广集成制造系统奠定必要的基础,因此具有很重要的现实意义。

资料来源:刘湘晨等. UG 与其他应用软件的数据交换. 中国制造业信息化,2004 年 6 月.

2. CAD 模块

1) 实体建模

实体建模集成了基于约束的特征建模和显性几何建模两种方法,提供符合建模的方案,使用户能够方便地建立二维和三维线框模型、扫描和旋转实体、布尔运算及其表达式。实体建模是特征建模和自由形状建模的必要基础。

2) 特征建模

UG 特征建模模块提供了对建立和编辑标准设计特征的支持,常用的特征建模方法包括圆柱、圆锥、球、圆台、凸垫及孔、键槽、腔体、倒圆角、倒角等,具有基于尺寸和位置的驱动编辑、参数化定义特征,所建特征可以相对于任何其他特征或对象定位,也可以被引用复制以建立特征的相关集。

3）自由形状建模

UG自由形状建模拥有设计高级的自由形状外形，支持复杂曲面和实体模型的创建。它是实体建模和曲面建模技术功能的合并，包括沿曲线的扫描，用一般二次曲线创建二次曲面体，在两个或更多的实体间用桥接的方法建立光滑曲面，还可以采用逆向工程，通过曲线/点网格定义曲面，通过点拟合建立模型；也可以通过修改曲线参数，或通过引入数学方程控制、编辑模型。

4）工程制图

UG工程制图模块是以实体模型自动生成平面工程图的，也可以利用曲线功能绘制平面工程图。模型改变时工程图将被自动更新。制图模块提供自动的视图布局（包括基本视图、剖视图、向视图和细节视图等），可以自动、手动尺寸标注，自动绘制剖面线、形位公差和表面粗糙度标注等。利用装配模块创建的装配信息可以方便地建立装配图，包括快速地建立装配图剖视、爆炸图等。

5）装配建模

UG装配建模用于产品的模拟装配，支持"由底向上"和"由顶向下"的装配方法。装配建模的主模型可以在总装配的上下文中设计和编辑，组件以逻辑对齐、贴合和偏移等方式灵活地配对或定位，改进了性能和减少了存储的需求。参数化的装配建模可描述组件间配对关系，使产品开发并行工作。

3. MoldWizard模块

MoldWizard是运行在Unigraphics NX软件基础上的一个智能化、参数化的注塑模具设计模块。MoldWizard为产品的分型、型腔、型芯、滑块、嵌件、推杆、镶块、复杂型芯或型腔轮廓的创建、电火花加工的电极及模具的模架、浇注系统和冷却系统等提供了方便的设计途径，最终可以生成与产品参数相关的、可用于数控加工的三维模具模型。

4. CAM模块

UG/CAM模块是UG NX的计算机辅助制造模块，该模块提供了对NC加工的CLS-FS建立与编辑方法，提供了包括铣、多轴铣、车、线切割、钣金等加工方法的交互操作，还具有图形后置处理和机床数据文件生成器的支持，同时又提供了制造资源管理系统、切削仿真、图形刀轨编辑器、机床仿真等加工或辅助加工。

5. 产品分析模块

UG产品分析模块集成了有限元分析的功能，可用于对产品模型进行受力、受热后的变形分析，可以建立有限元模型，对模型进行分析和对分析后的结果进行处理；提供线性静力、线性屈服分析、模拟分析和稳态分析。运动分析模块用于对简化的产品模型进行运动分析，可以进行机构连接设计和机构综合，建立产品的仿真，利用交互式运动模式同时控制5个运动副，设计出包含任意关于注塑模中对熔化的塑料进行的流动分析，以多种格式表达分析结果。注塑模流动分析模块用于注塑模中对熔化的塑料进行流动分析，具有前处理、解算和后处理的能力，提供强大的在线求解器和完整的材料数据库。

2.1.2 CATIA 软件介绍

1. CATIA 概述

CATIA 是法国达索公司开发的高档 CAD/CAM/CAE(计算机辅助设计/制造/工程)软件,它以强大的曲面造型功能在汽车、航空航天、造船、工业设备、高科技、消费品、生命科学、能源、建筑等领域得到了应用广泛。CATIA 迎合几乎所有工业领域中大、中、小型企业需要,大到波音 747 飞机、火箭发动机,小到化妆品的包装盒,几乎涵盖所有的制造业产品,它的用户包括波音、克莱斯勒、宝马、奔驰等一大批知名企业,世界上超过 13000 的用户选择 CATIA。波音飞机公司使用 CATIA 完成整个波音 777 的电子装配,确定了 CATIA 在 CAD/CAE/CAM 行业内的领先地位,图 2.6 所示为在 CATIA 系统中建立的幻影 2000 飞机模型。CATIA 在欧洲汽车业应用广泛,图 2.7 所示为应用 CATIA 软件设计的雪佛兰大黄蜂汽车模型图。

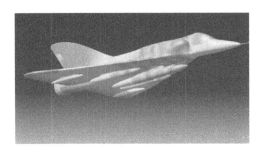
图 2.6 在 CATIA 中建立的幻影 2000 模型

图 2.7 用 CATIA 设计的雪佛兰大黄蜂汽车模型

在中国,CATIA 的应用也很广泛,哈尔滨、沈阳、西安、成都、景德镇、上海、贵阳等航空飞机厂无一例外地都选用 CATIA 作为核心设计软件。包括一汽集团、一汽大众、沈阳金杯、上海大众、北京吉普、武汉神龙在内的许多汽车公司都选用 CATIA 开发新车型。

CATIA 软件的优势在于:操作简便,许多命令都集成在一起,在相应的对话框中右击即可查找需要的命令,使用方便,它的很多操作(如拖曳、粘贴等)与 Office 类似,上手容易;曲面造型功能强大,提供了非常丰富的造型工具来实现用户苛刻的需求,比如"高次 Bézier 曲线曲面编辑"功能可以满足用户对于 A 级曲面(全 G^3 连续)严苛的要求;它的集成解决方案覆盖所有的产品设计与制造领域,其特有的 DMU 电子样机模块功能及混合建模技术更是推动着企业竞争力和生产力的提高;围绕数字化产品和电子商务集成概念进行系统设计可为数字化企业建立一个针对产品整个开发过程的工作环境,在这个环境中可对产品开发过程的各方面进行仿真,并能够实现工程人员和非工程人员之间的联系,可对产品整个开发过程包括概念设计、详细设计、工程分析、成品定义和制造进行维护。

2. CATIA 部分模块功能介绍

1) CATIA 装配设计

CATIA 装配设计可以实现自上而下或自下而上的装配和零件设计。单击产品结构树即可实现零件设计和装配设计之间的切换,并可实现 3D 机械零件和装配件的关联设计。通过简单地移动鼠标或选取图标,用户就能将零件拖动到或快速移动到装配位置。在装配件中可快速进行干涉的检查。

2) CATIA 零件设计

CATIA 零件设计具有零件 3D 实体设计的强大功能，同时还具有关联的基于特征功能和动态草图设计。采用后参数化处理技术，用户可以进行模糊化设计，并在设计的任何阶段进行参数化修改。图形化的造型特征树清晰反映整个设计流程，用户可以对整个特征组进行管理操作，以加快设计更改。

3) CATIA 线架和曲面造型

它具有强大的曲面、线框类元素生成能力，作为 CATIA 零件实体设计能力的补充，可以进行复杂的零件外形设计，是实现混合建模的重要手段，丰富了 CATIA 的实体造型能力。

4) CATIA 创成式工程绘图

它可以将 3D 机械零件和装配中的关联关系生成二维工程图，同时可以自动生成 3D 尺寸标注，可以快速生成相关的剖视图、局部放大视图、向视图等相关视图，还可以进行标准的信息标注和注释。3D 模型与二维图纸的关联性保证了设计更改的一致性，但它同时还提供有可以输出 DXF、DWG 等常用的二维数据格式。

5) CATIA 交互式工程绘图

它提供高效的交互式绘图工具以进行产品的 2D 设计。其集成化的 2D 交互功能、高效的制图和注释功能进一步丰富了 CATIA 创成式工程绘图。它将使用户能够平稳、顺畅地从 2D 设计过渡到 3D 设计。

6) CATIA 钣金设计

它提供基于钣金特征的工具进行钣金零件的设计。该产品可以结合其他 CATIA V5 应用产品进行综合应用，并进行零件设计、装配设计和二维工程图纸绘制。

7) CATIA 结构设计

它可通过调用标准型材或用户自定义型材截面简单而快速地进行框架结构设计。通过优化的用户界面，利用完善的上下文相关的设计功能，用户可方便地建立和修改框架结构。另外，系统还提供了由表格驱动的参数化结构库，并可以方便地生成可客户化的材料明细表。它与 CATIA 其他产品综合应用，进一步完成框架结构的设计。这一产品可以满足相关行业，如机械及设备、工装、船舶制造、厂房基础等设计中的初步设计、详细设计等方面的需求。

8) CATIA 外形设计与风格造型

CATIA 自由风格造型功能提供生成曲面的工具，允许用户快速生成具有特定风格的外形及曲面。用户通过曲线或曲面的控制点可以任意地对曲面的外形进行修改，并可对曲线、曲面进行修剪和光顺处理，同时提供大量曲线、曲面检查工具，可以实时检查曲线曲面的质量，支持 NURBS 和 Bézier 曲面造型方法，因而用户可直接地处理修剪后的曲面，同时保持同其基础外形的相关性。

9) CATIA 自由风格草图设计

该产品可以将设计师的风格设计，如 2D 草图，表现在 3D 视图之中。它提供丰富的工具，使用户实现将 2D 数据转为 3D 数据；用户可以先将图片在 3D 中定位，然后利用 CATIA 丰富的三维设计产品（如 PD1&PDG、FSS、GSD 等）在草图基础上绘制三维几何元素。因此，FSK 产品提高了从最初 2D 草图的设计构想到最终 3D 模型生成这一过程的效率，特别适用于家电行业和汽车工业。

10) CATIA 汽车 A 级曲面造型

CATIA 的 A 级曲面造型工具采用独有的逼真造型、自由曲面相关性造型和设计意图捕捉等曲面造型技术可生成美观、理想的汽车外形。基于这些新型的造型技术，与已有的造型系统相比，A级曲面造型产品可大幅度提高工作效率，并方便使用。该系统开创了A级曲面处理的新方法，并将A级曲面整个开发过程提高到一个新的层次。

2.1.3 ALIAS软件介绍

1. ALIAS软件概述

Autodesk Alias Studiotools软件是目前世界上最先进的工业造型设计软件，是全球汽车、消费品造型设计的行业标准设计工具。应用Alias软件可以进行上至飞机、卫星，下至汽车、日用化工产品、口红等各种产品的造型开发设计，在欧美国家也广泛用于先进的军需品的造型设计。ALIAS软件用户包括通用、本田、福特、丰田、BMW、法拉利等在内的全球所有的汽车生产厂商，索尼、夏普、松下、三星、联想、诺基亚、海尔等全球主要家电厂商，波音、空中客车、美国航空航天局等全球主要航空航天行业厂商，还有其他世界军工生产厂商，耐克、阿迪达斯、可口可乐、雀巢咖啡等消费品厂商等。

现今的工业产品造型日趋复杂，讲求流线型和美感，产品设计师对CAD软件的要求也越来越高，一般传统的CAD软件提供给设计师曲线和曲面处理的工具有限，不能满足造型设计师的需要。ALIAS软件从本质上区别于CAD类软件，位于产品设计的前端，对外形设计有很高的自由度及效率。ALIAS软件巧妙地将设计与工程，艺术和科学连接起来，成为全球工业设计师最理想的设计工具。ALIAS软件具有强劲而众多的曲线及曲面控制功能，比照片更漂亮的渲染效果，NURBS曲面输出不但可作快速成形及模具制造用途，更可直接输送至其他CAD系统；使用ALIAS软件设计产品的高效率足以游刃有余地规划今后5年的设计。

2. 软件基本功能

ALIAS软件包括Studio/paint、Design Studio、Studio、Surface Studio和Auto Studio等5个部分，提供了从早期的草图绘制、造型，一直到制作可供加工的最终模型的设计工具，下面对每部分功能做简单介绍。

1) Design Studio 产品设计系统

Design Studio系统可以帮助设计师将概念设计快速呈现。其功能模块有：交互式草图及喷绘、自由曲面、NURBS建模、二维至三维数字模型的转化、设计动画、逼真的渲染效果与CAD系统的数据转化等。如图2.8所示为ALIAS软件的草绘功能所实现的设计图，图2.9所示为ALIAS软件的渲染功能所实现的渲染效果图。

图 2.8　应用草绘功能实现的草绘效果图

图 2.9　逼真实时渲染效果图

2）Surface Studio A 级曲面系统

Surface Studio 是一个可创建 A 级曲面的专业曲面生成系统。其功能模块包括：直接建模、曲线建模、实时评估、诊断上色、动态曲面评估、点云数据的处理、与 CAD 系统的数据转换等。

3）Studio 高端产品设计系统

Studio 提供了更完美、更直观的环境来创建自由模型和精确的可加工曲面，具备 Surface Studio 的所有功能，外加曲率连续、曲面评估、高阶的曲线和曲面功能。

4）Auto Studio 汽车设计系统

Auto Studio 设计系统经由很多汽车生产厂商使用，已经成为汽车设计和造型的工业标准，可建立 A 级（Class-A）曲面，具备 Studio 的所有功能，外加全局变形（Global Deformation）、点云数据处理（Point Cloud）等高端模块、高级评估工具、Eval Viewer 点云数据处理（IRIX，Solaris，HP-UX）、Spider 点云数据处理（Windows platforms）等功能。图 2.10 所示为应用 ALIAS 软件设计的概念车模型。

图 2.10　应用 ALIAS 软件设计的概念车模型

5）逆向工程系统

除了典型的曲面设计外，Studio Tools 还可用于逆向工程，可以输入从扫描或 CMM 数据得到的交叉截面。通过特殊工具，截面可以控制用于曲面设计的有用曲线，有了偏差和曲度诊断的帮助就能完全控制曲线；还可以获得封闭的数字化截面，大大减少需要的直接造型工作量。

2.1.4　Imageware 软件

1. Imageware 概述

Imageware 软件由美国 EDS 公司出品，后被德国 Siemens PLM Software 所收购，现在并入旗下的 NX 产品线广泛应用于汽车、航空、航天、消费家电、模具、计算机零部件等设计与制造领域。Imageware 拥有广大的用户群，国外有 BMW、Boeing、GM、Chrysler、Ford、raytheon、Toyota 等著名国际大公司，国内则有上海大众、上海交大、上海 DELPHI、成都飞机制造公司等大企业。

该软件与其他三维设计软件相比其优势在于强大的点云处理能力、曲面编辑能力和 A 级曲面的构建能力。

2. 模块功能

1）Imageware 基础模块

它的基础模块（Imageware Base）包含诸如文件存取、显示控制及数据结构等。

2) Imageware 点处理模块

Imageware 点处理模块(Imageware Point Processing)包含操作由扫描仪获得点云数据的工具。Imageware 可对由三坐标测量仪或非接触式扫描仪读取的点云数据进行点云剖面、点云的全方位模型(粗糙转换)处理,增加点云处理,切割/修剪点云处理等,Imageware 优化的处理方法可以非常好地处理大数据量问题。操作点数据,特别是逆向工程或检验的首项任务中,这些对用户非常重要。用户可以拥有完全的自由度而在大量的工具中进行选择,以完成清理、稀疏及检查点云的工作。

3) Imageware 评估模块

Imageware 评估模块(Imageware Evaluation)包含定性和定量地评定模型总体质量的工具。

定量评估:这些工具提供关于实物与模型精确的数据反馈,包括对相邻曲线和曲面位置、相切及曲率连续的检查工具,还有偏差检查工具以检查不同实物之间的精确差别。

定性评估:这里强调评价部件模型的美学质量。有效的评估类型包括环境映像工具——将图像包裹到零件表面以获得实际效果。软件中包含了大量预先输入的环境样本。用这种方法可以在模拟的实际环境中观察模型,以取代昂贵的物理模型。除了环境映像外,还可以预先显示整个模型的光顺情况。这种方法同样可以有助于发现曲面片构造中细微的误差。

4) Imageware 曲面模块

Imageware 曲面模块(Imageware Surfacing)提供完整的曲线与曲面建立和修改的工具,包括扫掠、放样及局部操作用到的圆角、翻边及偏置等曲面建立命令。Imageware 曲面模块也提供功能强大的曲面匹配能力,这将允许将临近的曲面片在边界线或内部点上进行曲面位置、相切及曲率连续的处理;同时提供丰富的匹配选项以进行精确的控制。自由形状产品设计、快速曲面、高质量曲面、逆向工程、计算机辅助校验、多边形建模、快速原型等使用户能够在很短的时间内精确地设计建立和全面检验高质量的自由形状模型。图 2.11 所示为应用 Imageware 软件设计的运动沙龙概念车模型,数字曲面初始设计用时 1.5 天。

图 2.11 用 Imageware 软件设计的运动沙龙概念车模型

5) Imageware 多边形造型模块

Imageware 多边形造型(Imageware Polygonal Modelling)模块完美地适合棋格及三角形数据的处理,其中 STL 数据、有限元数据、VRML 数据都可以进行处理。

功能性方面包括:由密集的点云建立多边形;修补多边形网格;偏置多边形用于包装;切割多边形数据剖面;通过布尔操作增加或减少多边形数据;快速加工应用;多边形雕刻及编辑;多边形可视化;快速物理样机准备及实验。作为单独运行的模块,它提供了处理任何大小的多边形模型的能力。举例来说,由扫描数据处理快速包装分析——与当前过程相比节约大量时间(如从逆向工程到生成 NURBS 曲面);与点处理和曲面模块结合将形成极具竞争力的概念造型工具。

6) Imageware 检验模块

Imageware 检验(Imageware Inspection)模块是针对检测的,尤其是复杂形状的三维模型的检验。密集的点云由不同类型的扫描测量设备获得,用于与 CAD 数模进行比较。检验模块提供了大量的工具以输入 CAD 数据及点云数据,并将这些数据进行对齐。对齐后,主算法可以用于比较零件与扫描数据之间定性及数量上的差别,并可提供对点云注释和存档报告。

2.1.5 Pro/E 介绍

1. Pro/E 概述

Pro/E 软件是美国参数技术公司(PTC)旗下的 CAD/CAM/CAE 一体化的三维软件。Pro/E 软件以参数化著称,是参数化技术的最早应用者,在目前的三维造型软件领域中占有重要地位,是现今主流的 CAD/CAM/CAE 软件之一,特别是在国内产品设计领域占据重要位置。

Pro/E 第一个提出了参数化设计的概念,并且采用了单一数据库来解决特征的相关性问题。另外,它采用模块化方式,用户可以根据自身的需要进行选择,而不必安装所有模块。Pro/E 的基于特征方式能够将设计至生产全过程集成到一起,实现并行工程设计。

Pro/E 与其他软件相比其优势很明显,它的应用尤其是在中小家电及工业品设计领域极其广泛。其优势在于:基于特征的(Feature‐Based)实体模型建模工具利用每次个别建构区块的方式构建模型,设计者根据每个加工过程在模型上构建一个单独特征,特征是最小的建构区块,若以简单的特征建构模型,在修改模型时更有弹性;通过创建零件、装配、绘图等方式可利用 Proe/E 验证模型,由于各功能模块之间是相互关联的,如果改变装配中的某一零件,系统将会自动地在该装配中的其他零件与绘图上反映该变化;Pro/E 为一参数化系统,即特征之间存在相互关系,使得某一特征的修改会同时牵动其他特征的变更,以满足设计者的要求,如果某一特征参考到其他特征时,特征之间即产生父/子(parent/child)关系;根据已建好的实体模型,在装配(component)中利用其特征(平面、曲面或轴线)为基准直接构建(Create)新的实体模型,这样建立的模型便于装配,可在系统默认(default)状态下完成装配,如图 2.12 所示。虽有这么多优势及特点,但是它的弱点在于曲面建模功能略有逊色。

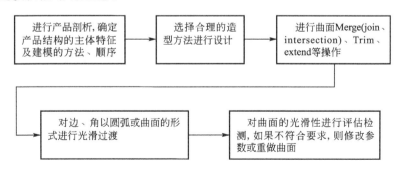

图 2.12 Pro/E 产品设计流程图

2. Pro/E 功能

Pro/E 采用了模块方式,可以分别进行草图绘制、零件制作、装配设计、钣金设计、加工处理等,保证用户可以按照自己的需要进行选择使用。

1) 工业设计(CAID)模块

工业设计模块主要用于对产品进行三维数模外观设计,用 Pro/E 生成的实体建模不仅直观,而且在 Pro/E 后阶段的各个工作数据的产生都要依赖于实体建模所生成的数据。这包括:Pro/3D PAINT(3D 建模)、Pro/ANIMATE(动画模拟)、Pro/DESIGNER(概念设计)、Pro/NETWORKANIMATOR(网络动画合成)、Pro/PERSPECTA - SKETCH(图片转三维模型)、Pro/PHOTORENDER(图片渲染)几个子模块。

2) 机械设计(CAD)模块

机械设计模块是一个高效的三维机械设计工具,它可绘制任意复杂形状的零件。Pro/E 有许多生成曲面的方法:拉伸、旋转、放样、扫掠、网格、点阵等可以迅速建立任何复杂曲面。它既能作为高性能系统独立使用,又能与其他实体建模模块结合起来使用,它支持 GB、ANSI、ISO 和 JIS 等标准,包括:Pro/ASSEMBLY(实体装配)、Pro/CABLING(电路设计)、Pro/PIPING(弯管铺设)、Pro/REPORT(应用数据图形显示)、Pro/SCAN - TOOLS(物理模型数字化)、Pro/SURFACE(曲面设计)、Pro/WELDING(焊接设计)。

3) 功能仿真(CAE)模块

功能仿真模块主要进行有限元分析。机械零件的内部变化情况是难以预知的。有限元仿真可使设计者能"看到"零件内部的受力状态。利用该功能,在满足零件受力要求的基础上可充分优化零件的设计。此模块包括:Pro/FEM-POST(有限元分析)、Pro/MECHANICA CUSTOMLOADS(自定义载荷输入)、Pro/MECHANICA EQUATIONS(第三方仿真程序连接)、Pro/MECHANICA MOTION(指定环境下的装配体运动分析)、Pro/MECHANICA THERMAL(热分析)、Pro/MECHANICA TIRE MODEL(车轮动力仿真)、Pro/MECHANICA VIBRATION(振动分析)、Pro/MESH(有限元网格划分)。

4) 制造(CAM)模块

在机械行业中用到的 CAM 制造模块中的功能是 NC Machining(数控加工)。Pro/E 的数控模块包括:Pro/CASTING(铸造模具设计)、Pro/MFG(电加工)、Pro/MOLDESIGN(塑料模具设计)、Pro/NC - CHECK(NC 仿真)、Pro/NCPOST(CNC 程序生成)、Pro/SHEETMETAL(钣金设计)。

5) 数据交换(Geometry Translator)模块

Pro/E 中几何数据交换模块有好几个,如:Pro/CAT(Pro/E 和 CATIA 的数据交换)、Pro/CDT(二维工程图接口)、Pro/DATA FOR PDGS(Pro/E 和福特汽车设计软件的接口)、Pro/DEVELOP(Pro/E 软件开发)、Pro/DRAW(二维数据库数据输入)、Pro/INTERFACE(工业标准数据交换格式扩充)、Pro/INTERFACE FOR STEP(STEP/ISO 10303 数据和 Pro/E 交换)、Pro/LEGACY(线架/曲面维护)、Pro/LIBRARYACCESS(Pro/E 模型数据库进入)、Pro/POLT(HPGL/POSTSCRIPTA 数据输出)。

应用 Pro/E 软件可以实现多种工业产品的设计,如图 2.13 所示为应用 Pro/E 软件建立的鼠标汽车设计模型,图 2.14 所示为应用 Pro/E 软件建立的宝马汽车模型。

图 2.13　应用 Pro/E 设计的鼠标模型

图 2.14　应用 Pro/E 软件建立的宝马汽车模型

2.2　UG 软件的安装和启动

UG 在安装过程中需要注意，通过防火墙的步骤全都选择"允许"，并且安装路径必须全为英文。

2.2.1　证书文件的修改

首先，修改 NX6.0 的许可证文件 nx6.lic，证书文件在文件夹 NX6.0/MAGNITUDE 目录下。找到许可证文件，选择打开方式，使用记事本打开该文件。

打开后对该文件进行修改，将图 2.15 中边框标出部分替换为要安装 UG 软件的计算机名称，然后保存该文件。

图 2.15　ugnx6.lic 文件的修改

注意：如果计算机名称为中文，则将其改为英文名称并重启才可安装。

修改好后的证书文件放在任意一个方便找到的目录里即可，但必须注意路径中没有中文，如"C：/nx6.lic"。

2.2.2　软件的正式安装

打开电脑或光盘上的 NX6.0 文件夹，找到 launch.exe 文件，双击运行。出现如图 2.16 所示的安装界面。

选择第二项：Install License Server

按照安装提示一步一步安装，直到提示浏览证书文件，此时可浏览已经修改好的证书文件（nx6.lic），假若修改后的证书文件的放置路径是 C：/nx6.lic，则可按照图 2.17 所示单击【浏览】按钮，找到证书文件的放置路径。

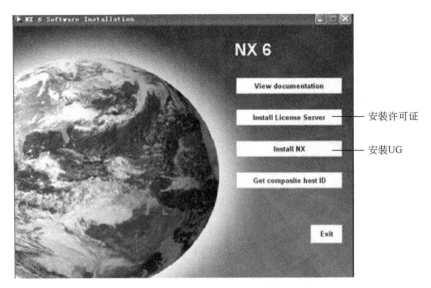

图 2.16　UG NX 安装界面

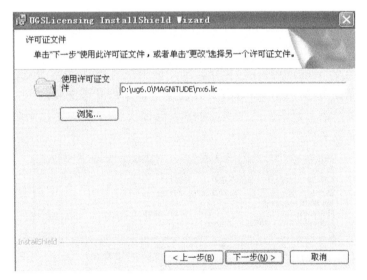

图 2.17　找到修改后的许可证文件

然后再单击【下一步】按钮，如果是 XP 的系统，这里便不会有问题，可以顺利安装下去。

选择第三项：Install NX

按照提示一步步安装下去即可。

打开 MAGNiTUDE 文件夹，进入 MAGNiTUDE 文件夹，将 UGS\NX6.0 文件夹的几个子文件夹复制到安装 NX6.0 主程序相应的目录下，覆盖。假如安装到 D：\Program Files\UGS\NX 6.0，则将 NX6.0 文件夹内的所有文件夹复制到 D:\Program Files\UGS\NX 6.0 文件夹相应的文件进行覆盖就可以。

执行【开始】|【程序】|UGS NX6.0|NX6.0 命令打开 6.0 程序。

要在 Win7 上安装，则要按照下面的步骤。

(1) 查找计算机的"网络标识"（计算机名称）。方法是，在桌面上单击【我的电脑】图标，右击执行【属性】|【高级系统设置】|【计算机名】|【完整的计算机名称】命令，将名称抄下备用，不要最后那个"点"。

(2) 进入安装包内的 MAGNiTUDE 文件夹，用记事本打开 nx6.lic 文件，将第一行中的 this_host 用计算机名替换，例如完整的计算机名称的 NET 则改为 SERVER NET ID=20080618 28000（原来为 SERVER this_host ID=20080618 28000），改好后存盘备用。

(3) 双击打开 Launch.exe 文件，选择第三项"Install License Server"安装，或者进入光盘 ugslicensing020 目录，运行 setup，在安装过程中会提示寻找 license 文件，单击 NEXT 按钮会出错，这时使用浏览（Browse）来找到硬盘上第（2）步修改好的 ugnx6.lic 文件就可以了。继续安装直到结束，目录路径不要改变，机器默认就行（建议默认，也可放在其他的盘里）。

(4) 双击打开 Launch.exe 文件，选择第二项"Install NX"安装，或者进入 nx060 文件夹，运行 setup 开始安装，并选择典型方式安装，单击【下一步】按钮会出现图 2.18 所示的对话框。

图 2.18 输入服务器名对话框

(5) 单击【浏览】按钮，找到刚才安装的"Install License Server"所在的文件夹 如：D:\Program Files\UGS\UGSLicensing，选择里面的 ugslicensing 这个文件，然后单击【确定】按钮，单击【下一步】按钮。接着出现语言选择界面，选择"Simplified Chinese（简体中文版）"，按提示一步一步安装直到结束。

(6) 设置环境变量。在【我的电脑】图标上右击执行【属性】|【高级系统设置】|【高级】|【环境变量】命令，并在【系统变量】列表框里单击【新建】按钮添加 patch 变量变量值为 bin 所在的目录，如：D:\Program Files\UGS\NX 6.0\NX-PLOT\bin，如图 2.19 所示。

图 2.19 编辑系统变量

(7) 重启，双击打开桌面上的 NX6.0，即可以工作。

需要注意以下几点。

(1) 如果重启遇到问题，可到 D:\ProgramFiles\UGS\License Servers\UGNXFLEX-lm\下右击 lmtools.exe，以管理员身份运行，再选择 START\STOP\REREAD 选项，单击 STOP SERVER，再单击 START SERVER(即重复上述的第三步内容)，提示"SERVER START SUCCESSFUL"后再运行 NX6.0。

(2) 安装过程中防火墙一直单击【允许】按钮。

(3) 安装路径为英文。

(4) lmtools.exe 一定要以管理员身份运行。

2.2.3 软件的启动和退出

1. UG 的启动

用鼠标依次选择【开始】|【所有程序】|UG NX 6.0|NX 6.0，启动 UG 软件。或者直接在桌面创建快捷方式，双击快捷方式图标即可启动。

2. UG 的退出

单击软件界面右上角的关闭按钮，或者选择菜单上【文件】|【退出】选项，或者按 Alt+F4 键。

2.3 UG 主要界面

UG NX6.0 中文版的界面主要包括：工作图形区、窗口标题栏，菜单栏、提示栏、状态栏、工具栏、资源导航栏、工作坐标系等。

图 2.20 所示为 UG NX6.0 的初始界面。

在初始界面上的可以找到新建和打开命令，可以分别新建一个文件，或是打开已有的文件。需要注意的是，新建或打开文件的路径中必须是没有中文的。图 2.21 所示为新建一个文件时的 UG 建模主界面图。

1. 标题栏

显示当前的软件版本、当前使用模块、工作区的显示零件和工作零件。

2. 菜单栏

菜单栏包含了软件的所有功能菜单命令，能够使用 UG 的各个模块，各种命令，以及进行参数设置。它们分别是文件、编辑、视图、插入、格式、工具、

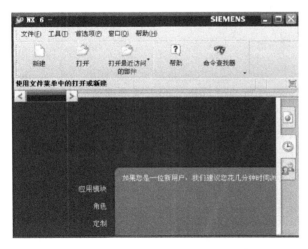

图 2.20 UG NX6.0 的初始界面

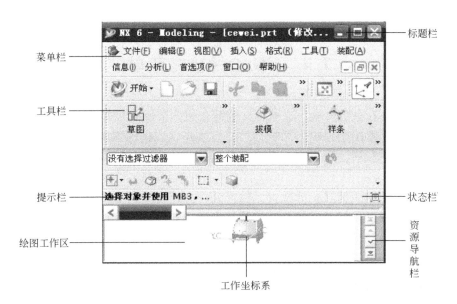

图 2.21　UG 主界面图

装配、信息、分析、首选项、窗口和帮助。其中的很多命令可以用工具栏图标替代。

3. 工具栏

UG 将各种功能进行分类，不同功能的命令分布在不同的工具栏内，不同的菜单命令对应不同的工具按钮可以使命令操作更加便捷。在工具栏的空白处右击会弹出工具栏设置的快捷菜单，用户可根据需要进行设置。

4. 绘图工作区

绘图工作区是用户的主要操作区域，用户在此区域内根据自己的设计意图，使用相应的命令完成图形不同特征的操作。

5. 提示栏

提示栏在绘图工作区左上方，主要用于提示用户如何操作，是用户与计算机信息交互的主要窗口之一。在执行每个命令时系统都会在提示栏中显示用户必须执行的动作，或者提示用户的下一个动作。

6. 状态栏

状态栏在绘图工作区的右上方，用来显示系统及图形的状态。

7. 工作坐标系

UG 的坐标系分为工作坐标系 WCS 和绝对坐标系 ACS，在进行建模的时候使用的是工作坐标系。

8. 资源导航栏

资源导航栏在绘图工作区的右侧，其中包含了装配导航器、部件导航器、internet explore、培训导航器、帮助导航器、操作文件历史导航器、系统材料导航器、制造导航器和角色导航器等导航工具。

2.4 UG 常用功能菜单

UG 中有很多常用功能菜单，这里对其进行介绍。需要说明的是，许多命令都有对应的快捷方式，在实际使用中建议采用快捷键进行操作，以提高速度。

2.4.1 文件

文件的操作主要包括建立新的文件、打开文件、保存文件、关闭文件、导入、导出的操作等，这些操作可以通过【文件】下拉菜单中的菜单项或者标准工具条来完成。

1. 创建文件

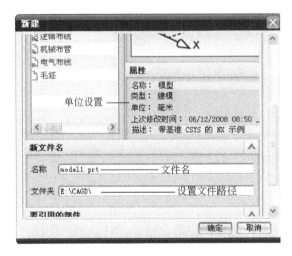

图 2.22 【新建】对话框

单击菜单栏中的【文件】|【新建】选项；或者单击标准工具栏中的 按钮打开如图 2.22 所示的【新建】对话框。需要注意的是，文件路径设置时不能有汉字或汉字状态字符。

2. 打开文件

单击菜单栏中的【文件】|【打开】选项或者单击工具栏中的 按钮，就会打开【打开】对话框。对话框中的文件列表框中列出了当前工作目录下存在的部件文件，可以直接选择要打开的部件文件，也可以在"文件名"文本框中输入要打开的部件名称。

3. 保存文件

保存文件时，既可以保存当前文件，也可以另存文件，还可以保存显示文件或者对文件实体数据进行压缩，当然这之前应该对保存选项进行压缩，执行【文件】|【选项】|【保存选项】命令时会打开图 2.23 所示的【保存选项】对话框，在这里可以对保存的选项进行设置。

如果要保存文件，则可以单击【文件】|【保存】选项，或者单击 图标，以直接对文件进行保存，如果单击【文件】|【另存为】选项则会打开【另存为】对话框，在对话框里选择保存路径、文件名再单击 OK 按钮就可以对文件进行另存。

4. 关闭文件

在完成建模工作以后需要将文件关闭，以保存工作成果。关闭文件可以通过【文件】菜单下的【关闭】子菜单的命令来完成，各命令所执行的结果在图 2.24 中表示了出来。

执行的命令不同，所产生的操作也不同，如果要关闭某个文件，单击关闭选择的【选定的部件】命令就会出现如图 2.25 所示的【关闭部件】对话框。选择完对话框中各功能选项后再选择要关闭的文件，单击【确定】按钮就关闭了所要关闭的文件。

5. 文件导入

文件导入功能允许用户将一个符合 UG 文件格式规定的部件导入到当前打开的工作文件中，或导入 IGS、STEP203、STEP214 与 DXF 等格式的文件到当前工作文件中。被导入的文件可以存放到任何用户可访问的磁盘目录中，只要用户对该文件具有读取权限即可。

在 UG 软件中，文件导入功能的操作可以通过【文件】|【导入】级联菜单中的各菜单命令来实现。比如用户要导入 STL 格式的文件，可通过图 2.26 所示命令来实现。

图 2.23 【保存选项】对话框

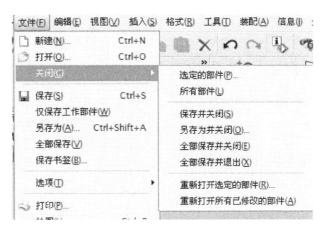

图 2.24 【关闭】子菜单命令

图 2.25 【关闭部件】对话框

图 2.26 【导入】级联菜单

6. 文件导出

文件导出功能允许系统按照用户指定的数据格式输出相应的文件到计算机的指定文件目录中。在 UG 软件中，文件导出功能的操作可以通过【文件】|【导出】级联菜单中的各菜单命令来实现。在级联菜单中列出了系统可以输出的各种文件格式，只要选择所需的菜单命令，根据系统提示进行相关操作即可完成文件导出操作。

2.4.2 功能模块的进入

UG 提供了许多模块，这些模块在 UG 的主界面上集中成几个模块，可以在新建或打开文件后单击如图 2.27 所示起始按钮，选择相应的模块。在选择了相应模块后，对应的操作命令都为可用状态。更多的模块可在【所有应用模块】中打开。

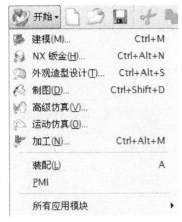

图 2.27　UG 模块起始按钮

2.4.3 编辑

在产品设计过程中，通过分析和检查后，一些零部件的模型有时需要修改，可能是修改模型本身的特征数据，也可能是修改模型的外在特性。本身的数据特征修改需要修改模型本身的定义数据，如相关的特征参数等；外在特性修改是修改如模型显示颜色、是否隐藏和位置变换等外在特性。【编辑】下拉菜单的内容根据用户功能应用的不同而略有不同。

1. 对象隐藏

用户操作过程中，如果绘图工作区中显示对象太多，有时会显得很零乱，并且会使系统反应迟钝，因此可使某些暂时用不到的对象或模型隐藏，在需要的时候可以再将其还原出来。通过【编辑】|【隐藏】级联菜单中的操作命令，用户可以实现对象的相关隐藏和还原操作，主要有如图 2.28 所示的一些可见性控制操作命令。

【显示和隐藏(O)】：分类显示或隐藏对象。

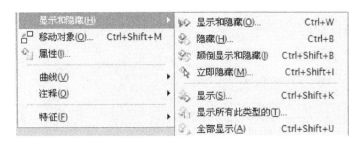

图 2.28　【编辑】|【隐藏】级联菜单中的操作命令

【隐藏(H)】：使用户隐藏所选取的对象。

【显示和隐藏(I)】：可反转所有对象的当前隐藏或显示状态，即隐藏的对象变为显示状态，而显示的对象变为隐藏状态。

【立即隐藏(M)】：一旦选定对象，立即隐藏。

【显示(S)】：可使用户从多个隐藏的对象中选取要恢复可见的对象。
【显示所有此类型(T)】：可使用户恢复所有隐藏的对象的可见性，显示所有对象。
【全部显示】：显示可选图层的所有对象。
建议大家记住快捷键，这样在工作的时候可以加快操作的速度。

2. 对象显示

根据系统的参数预设置可以来决定模型对象如何在绘图工作区中显示。用户在进行参数预设置后，系统的模型就继承了其中为它设定的相关属性，直到用户下次重新进行预设置，比如已经生成的实体颜色将显示为系统预设置中指定的颜色。

如果用户需要改变模型的一些对象显示属性。可以通过【编辑】|【对象显示】菜单命令来完成。执行该命令，并根据提示选取相关的修改特征对象后会出现如图 2.29 所示的【编辑对象显示】对话框，用户可以根据需要进行修改。

【图层】：改变对象所属的图层，将选取的对象从当前层移动到目标层。

【颜色】：改变选取对象的显示颜色。

【线型】和【宽度】：改变选取对象线框模型的线型和宽度。

【线框显示】：线框显示图形时可以改变曲面的显示栅格。

【透明度】：改变物体显示的透明程度。

图 2.29 【编辑对象显示】对话框

3. 移动对象

产品设计过程中，模型有时需要进行移动，这些操作是对模型本身进行移动。执行【编辑】|【移动对象】命令，弹出如图 2.30 所示的【移动对象】对话框，选择需要进行移动的模型特征之后弹出图 2.31 所示的【移动对象】对话框，可通过设置来进行对象的移动或复制。

图 2.30 选择移动对象对话框

图 2.31 移动对象设置

4. 变换对象

在产品设计过程中，有时需要对模型进行变换。执行【编辑】|【变换】命令，单击要变换的对象后，出现图 2.32 所示的【变换】对话框。

该对话框包含刻度尺、通过一直线镜像、矩形阵列、圆形阵列、通过一平面镜像等选项。

【刻度尺】：对所选对象进行比例变换，对变换加上一定的比例，既可以均匀比例缩放，也可以非均匀比例缩放（即 3 个坐标方向上比例因子不同）。

图 2.32 【变换】对话框

【通过一直线镜像】：将所选对象相对于选定的参考线进行镜像。

【矩形阵列】：对所选对象进行矩形阵列变换，选定的对象会按照平行于用户坐标系的 X 轴和 Y 轴的方向进行阵列，根据提示选定参考点和目标点，系统会将第一个对象确定在目标点上，并根据设置的阵列参数来排列其他对象。图 2.33 所示为参数的设置及目标点和参考点的选择。图 2.34 所示为矩形阵列的结果。

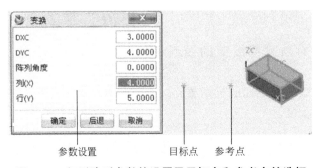
图 2.33 矩形阵列参数的设置及目标点和参考点的选择

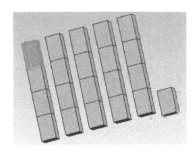
图 2.34 矩形阵列的结果

【圆形阵列】：对所选对象进行圆周阵列变换，用户可按矩形阵列中所示，指定参考点和阵列原点，使系统根据设定的参数进行变换。注意：此处变换所绕的轴线是平行于 Z 轴的线。图 2.35 所示为环形阵列的参数设置，图 2.36 所示为环形阵列的结果。

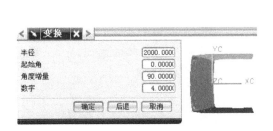
图 2.35 环形阵列参数设置

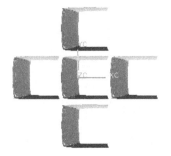
图 2.36 环形阵列结果

【通过一平面镜像】：将所选对象通过选定的平面进行镜像操作。根据用户需要选择合适的平面建造方法进行镜像操作。

【点拟合】：将所选对象由一组参考点变换到相应的一组目标点。要保证变换后对象不变形，且两组点必须按照比例一一对应。如果比例发生变化，可以实现对所选对象的比例变换或修剪。该方法可用于车身坐标对正的情况,这在第 5 章将详细介绍。

2.4.4 视图

用户在产品设计过程中经常需要通过不同的角度进行视图观察。常用的与绘图工作区视图操作相关的菜单命令在【视图】下拉菜单中,包含有视图操作、方位、布局、可视化等相关命令。

1. 刷新

用于更新绘图工作区内的图形显示效果,或用于在对象修改后清除一些遗留在工作区内的残留图形或辅助对象痕迹。

2. 操作

操作级联菜单下的常用命令有适合窗口、缩放、原点、旋转、保存等。

【适合窗口】:可使当前工作区内的对象充满整个显示画面,用于显示操作过程中的所有对象。

【缩放】:可以对工作区内的对象进行缩放显示,以便观察其局部细节。选择此菜单命令后,系统会弹出【缩放视图】对话框,用户可以在该对话框中设置缩放的比例,或直接利用光标在绘图工作区中进行图形缩放。系统在【缩放视图】对话框中提供了 4 种缩放方式,可根据需要进行选取设置。

【原点】:用于以原点来定义视图显示效果,即以光标位置作为视图显示的原点。选择该命令后,系统会自动以光标位置作为视图显示的中心点来重新显示图形。

【旋转】:用于改变用户对绘图对象的观察角度。选择该命令后,系统会弹出如图 2.37 所示的【旋转视图】对话框,并且光标会变成旋转控制的光标形式,用户按住鼠标左键即可对视图进行旋转操作。在该对话框中包含了以下一些常用的旋转控制参数。

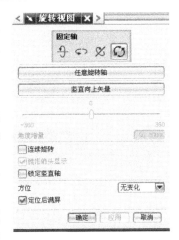

图 2.37 【旋转视图】对话框

【固定轴】:该选项中有 4 种固定轴方式,用于限定旋转轴的旋转,其方式由左至右分别是"x 轴"、"y 轴"、"z 轴"和"xy 轴"。

【任意旋转轴】:可使用户用【矢量构造器】对话框指定旋转基准轴。

【竖直向上矢量】:可使用户用【矢量构造器】对话框指定旋转基准轴,并使该轴方向向上,强制对象绕该轴旋转。

【连续旋转】:用于控制系统是否连续旋转,选中该选项时,系统会记录用户旋转的方式,并依其规律自动连续旋转,旋转的角度可由【角度增量】文本框来进行设置。

【删除】、【保存】【另存为】:可以删除用户自定义的视图,也可以将当前视图保存或另存为一个新的名称。

3. 方位

单击方位命令可以打开如图 2.38 所示的 CSYS 构造器对话框。

图 2.38 【CSYS 构造器】对话框

用 CSYS 构造器可以构造新的临时坐标系 xyz，但是工作坐标系并不改变，构造好了临时坐标系后，单击确定绘图工作区就以新的临时坐标系 xy 面作为主视图显示，此时可以执行【操作】|【保存】或【另存为】命令将此视图进行保存，以备工作过程中使用，使工作部件的查看更加清晰便捷。

4．布局

视图布局级联菜单下有多个命令，如【新建】、【打开】、【保存】、【另存为】等，可使视图按照用户自定义的方式排列在绘图工作区内。视图可以是系统自定的，也可以是由用户命名的，视图布局最多可以允许在屏幕上排列 9 个视图。

选择【新建】命令，弹出如图 2.39 所示的【新建布局】对话框，则可按照需要设置不同的显示视图，图 2.39 中所示的是 9 视图方式，除此之外还有单视图方式、2 视图方式、3 视图方式、4 视图方式和 6 视图方式。

选择【打开】命令会弹出如图 2.40 所示的【打开布局】对话框，选择列表上的某个布局可对当前文件的进行视图布置。

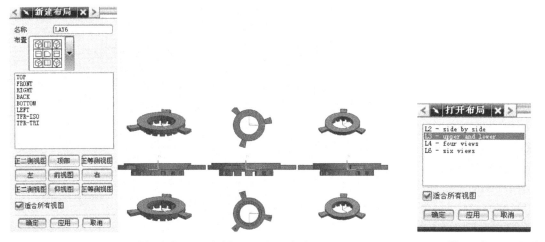

图 2.39 【新建布局】对话框及 9 视图方式　　　　图 2.40 【打开布局】对话框

选择【保存】命令，系统会用当前的视图布局名称保存修改后的视图布局。

选择【另存为】命令时，系统会允许用户在当前布局文件列表中选择欲更换名称的某个布局，或在名称文本框中输入新的布局名称，这样在打开图 2.40 时列表中就会出现用新的名称保存修改过的当前布局。

2.4.5　格式操作

【格式】下拉菜单提供了各种操作命令可让用户对工作图层和坐标系进行设置，以使工作过程变得高效便捷。

1. 图层的设置

选择【图层设置】选项后弹出如图 2.41 所示【图层设置】对话框，用户可以通过此对话框来完成图层的分配使用。UG 系统提供了 256 个图层，这些图层的合理使用对用户的绘图工作带来很大帮助。利用图层设置功能，用户可以设置图层的名称、分类、属性、状态等，还可以对图层进行一些编辑操作，也可以进行层信息查询。

在所有图层中，只有一个图层是工作层，所有工作只能在工作层上进行，其他图层可以为选择、仅可见或不可见状态。

【工作图层】：用于输入需要设置为当前工作层的图层号，在此文本框输入一个图层号后，系统就将该图层设置为当前的工作层。

【类别显示】：用于对输入范围或图层种类的名称进行筛选操作，在要操作的图层上右击可以出现图 2.41 所示的图层操作，如图层的可见性、类别的添加与移除等。

图 2.41　【图层设置】对话框

类别过滤器：此选项包含了过滤器文本框和列表框两个选项，在过滤器文本框中系统缺省为"*"，表示所有图层都被接受，如果输入先前建立了的类别 A 就只有类别 A 中的图层被选中。列表框用于显示已存在的图层种类或筛选后的图层种类。

【显示】：控制显示哪些类别，按类别显示，包含：所有图层、可见图层、可选图层等。

【图层控制】：有工作层（图素可选、可被编辑，新建对象在该层，仅一个）、可选图层（图素可见、可选、可被编辑，可有多个可选层）、仅可见（仅可见，不能选择与操作）和不可见（图层上的对象不可见）。

2. 类别

图层的类别除了在上述的图层设置中可以操作以外，UG6.0 还专门设置了图层类别操作。单击该命令可以出现图 2.42 所示的对话框。

在类别文本框中输入类别名称可以根据对象的种类进行命名，比如"modeling"、"datum"、"sketch"等，或输入字母来区分。输入类别名称后，单击【创建/编辑】按钮，弹出如图 2.43 所示的【图层类别】对话框，将要划分到该类别的层选中，确定后就可以完成划分。

图 2.42　【图层类别】对话框操作　　图 2.43　【图层类别】对话框

3. 视图中的可见层

选择该命令后会弹出如图 2.44 所示的【视图中的可见图层】对话框。单击【确定】按钮后会弹出如图 2.45 所示的【视图中的可见图层】对话框,可以通过设置来控制某些视图在所在层的显示状态。

图 2.44 【视图中的可见图层】对话框

图 2.45 【视图中的可见图层】对话框

4. 移动至图层和复制至图层

移动至图层操作可以使用户将选定的对象从一个层移动到另一个层中。复制至图层操作可以使用户将选定的对象从一个层复制到另一个层中。

5. WCS

UG 系统中包含 3 种坐标系,绝对坐标系 ACS、工作坐标系 WCS、机械坐标系 MCS,这 3 种坐标系都符合右手法则。在 UG 中最常用的是 WCS。在 WCS 级联菜单中有几种关于坐标系的操作,下面一一进行介绍。

(1) 坐标系的变换:选择级联菜单【格式】|【WCS】下的【原点】、【动态】和【旋转】菜单命令可以进行坐标系变换,产生新的坐标系。

【原点】:该命令通过定义当前 WCS 的原点来移动坐标系的位置,该操作仅仅用来移动 WCS 的位置,不改变各坐标轴的方向。

【动态】:该命令的操作如图 2.46 所示,能通过单击坐标轴或单击旋转球弹出文本框设置步进参数的方式来移动或旋转当前的 WCS。用户可以在绘图工作区中拖动坐标系或转动坐标系到指定的位置。

【旋转】:该命令通过将当前的 WCS 绕某一坐标轴旋转一个角度来定义一个新的 WCS。选择该命令后,系统弹出如图 2.47 所示的【旋转 WCS 绕】对话框。由对话框可知,坐标系可绕 6 个确定的轴线方向进行旋转,【角度】文本框可用于输入旋转的角度值。

图 2.46 动态变换坐标系

图 2.47 【旋转 WCS 绕】对话框

(2) 坐标系创建。选择【方位】菜单，系统会弹出图 2.38 所示的【CSYS 构造器】对话框。用户可以根据作图需求，选择相应的命令建立新的使用方便的坐标系。在建立新坐标系时，确定了两个坐标轴后，第三个坐标轴可以用右手法则确定。

可通过选择的对象或通过输入沿 x、y、z 坐标轴方向的偏置值来定义一个坐标系。单击此命令，双击 WCS 坐标系可进行相应的数值输入，获得新的坐标系。

利用创建好的 3 个点来定义坐标系，第一点为原点，第一点指向第二点的方向为 x 轴正向，第三点给出 y 轴方向，3 个点确定的平面为 xoy 平面，用右手法则确定 z 轴正向。

用定义好的两个矢量来定义坐标系，坐标系的原点为两个矢量的交点，两个矢量确定的平面为 xoy 平面，第一矢量方向为 x 轴正向，从第一矢量到第二矢量用右手法则确定 z 轴方向。

利用创建的点作为坐标系原点，利用创建的两个矢量创建新的坐标系，第一矢量方向为 x 轴正向，第一矢量与第二矢量确定的平面为 xoy 平面，再利用右手法则确定 z 轴正向。

利用矢量创建功能选择或定义一个矢量，再利用点创建功能指定一个点来建立新坐标系。定义的矢量方向为 z 轴的正向，x 轴正向处于指定的点和指定的矢量确定的平面上，并且垂直于定义的矢量，指向所定义的点的方向。y 轴正向则为由 z 轴旋向 x 轴方向，由右手法则确定。

选择平面曲线、平面工程图中的坐标系来定义新的坐标系。xoy 平面为选择的对象所处的平面。

利用所选曲线的切线和一个指定的点来创建新的坐标系，曲线切线的方向为 z 轴正向，x 轴方向为切线的垂线并且指向指定点的方向，y 轴方向由 z 轴旋向 x 轴的右手法则确定。

通过选择一个平面设定一个矢量来确定新坐标系，x 轴为平面的法线方向，y 轴为指定矢量在平面上的投影，原点为指定矢量与平面的交点，由右手法则确定 z 轴方向。

通过先后选择 3 个平面来确定新的坐标系，3 个平面的交点为坐标原点，第一个平面的法线方向为 x 轴，第一平面与第二平面的交线为 z 轴。

恢复到绝对坐标系。

用当前视图定义新坐标系，xoy 平面就是当前视图所在的平面。

将当前坐标系移动或旋转，双击当前 WCS 即可输入相应的参数。

(3) 坐标系的保存。选择【WCS】|【保存】选项，系统会保存当前设置的工作坐标系，以备以后调用。

(4) 坐标系的显示。选择【WCS】|【显示】选项，系统会显示或隐藏当前的工作坐标系图标。

2.4.6 信息操作

UG 系统提供了信息查询功能，可通过【信息】下拉菜单下的命令来实现，这可用于列出用户所指定的项目或零件的信息，并以文本文件的形式显示。

选择【信息】/【对象】选项，可以查询指定对象的相关信息。如对象的名称、拥有的部件、所属的层、类型、颜色、字体、宽度、创建版本、修改版本单位信息和面属性等内容。而常选择的对象包括点、线段、圆或圆弧、样条曲线、圆锥曲线等。如选择如图 2.48

所示的高亮显示的结构外端圆面时,给出的信息如图中信息框所示。

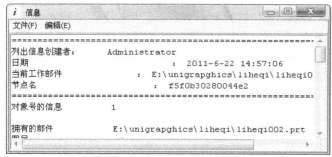
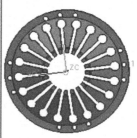

图 2.48　查询指定对象相关信息

若选择点、样条、B 曲面、特征、表达式、部件、装配等均会给出相应的信息提示,用户可根据需求选择相应的命令进行信息的查询。

2.4.7　菜单定制

在一些功能模块下,在默认方式下系统只会显示一些常用的基本操作工具栏和此工具栏中的一些常用命令,而用户可以根据自定义功能进行 UG 工具栏的定制。

选择【工具】|【定制】选项后,系统会弹出如图 2.49 所示【定制】对话框。或者在工具栏的任意一处右击即可弹出自定义对话框。

自定义对话框中有 5 个功能选项卡:【工具条】、【命令】、【选项】、【排样】、【角色】,用户可以通过选择不同的选项卡进行相关的参数设置。

图 2.49　【定制】对话框

【工具条】:此选项卡可以设置显示或隐藏某些工具栏,也可以新建或导入某工具栏定义文件,或按工具栏定义文件中的初始定义来重置工具栏。用户可以建立自己的工具栏定义文件(*.tbr),并导入系统中。

【命令】:用于显示或隐藏工具栏中的某些图标按钮,系统在对话框中根据类别显示所有的工具栏图标按钮,用户可以选中某个图标按钮,将其拖到相应的工具栏上,则系统就会显示这个图标按钮。

【选项】:可以设置工具栏和菜单中图标按钮的尺寸。

【排样】:可以设置提示栏/状态栏的位置和工具栏的显示方法,还可以保存当前的布局形式。

【角色】:可以加载或创建界面设置(*.Mtx)文件,其中包括自定义界面和快捷键。

2.4.8　首选项

UG 系统的默认对象显示及控制参数可以通过首选项下拉菜单的命令进行重新设置,比如对象、可视化等。

1. 对象

选择【首选项】|【对象】选项后,系统弹出如图 2.50 所示的【对象首选项】对话框。用

于设置新产生对象的属性,如工作层、线型、颜色、宽度等。工作层对话框设置后可以使新生成的对象存储于该层,线型、颜色、宽度等可以通过各下拉选项按照需求进行设置。

2. 可视化设置

选择【首选项】|【可视化】选项后,系统弹出如图 2.51 所示【可视化首选项】对话框。对话框中的各项设置主要用于设置绘图工作区显示效果参数。此对话框共提供了 9 个选项卡。

图 2.50 【对象首选项】对话框

图 2.51 【可视化首选项】对话框

可视化选项卡用于设置视图的视觉效果,用户从视图列表框选择要设置的视图后可以逐一对各参数进行设置。

3. 选择

选择【首选项】|【选择】选项后,系统会弹出如图 2.52 所示的【选择首选项】对话框。可以用此对话框来设置光标预选对象,如设置系统的颜色,选择球大小和确认选取设置等。

多选:鼠标手势有套型和矩形两种;选择规则有 5 种方式,包括内部、外部、交叉、内部/交叉、外部/交叉(详见 3.1.5 节)。

高亮显示:可以设置预选显示的参数。当系统提示选取对象时,如果选择球接触到对象系统就会高亮显示该对象。

快速拾取:预览延迟滑块用于设置预选对象时高亮度显示的时间。

光标:用于设置选择球的大小,分为"小"、"中"、

图 2.52 【选择首选项】对话框

"大"3种模式。

成链：设置链接曲线时彼此相邻的曲线端点间允许的最大公差。

1. 思考题

（1）分析常用三维建模软件各自的应用范围及优缺点。

（2）如何在计算机上安装并运行常用三维建模软件？

（3）掌握图层的设置，要求建立名称为"modeling"、"sketches"、"datum"的图层类别，并且这些类别分别包括第1～10图层，第15～30图层，第40～50图层。

（4）菜单定制的方法有哪些？

（5）如何使一实体的显示状态变成是红色半透明状态？

（6）创建坐标系的方法有哪些？试分析各自的应用。

第 3 章
UG 基础建模

本章学习目标

- ★ 掌握 UG 软件的一些基本操作；
- ★ 掌握 UG 的曲线功能；
- ★ 掌握 UG 的草图；
- ★ 掌握 UG 的实体建模。

本章教学要点

知识要点	能力要求	相关知识
UG 基本操作	掌握 UG 的基本操作	点构造器、点集的创建、平面工具、矢量构造器、表达式
UG 曲线功能	掌握 UG 的曲线功能	基本曲线、曲线编辑
UG 的草图	掌握 UG 的草图功能	建立草图、镜像、草图管理、利用草图建立实体
UG 实体建模	掌握 UG 的实体建模	基准的构建、特征建模、特征操作与特征的编辑

本章学习方法

本章学习时，首先掌握 UG 的基本操作和简单的曲线功能，学会草图的构建方法、约束方法、草图镜像、草图管理，学会基本的实体建模方法。

在上述基本曲线、草图和实体建模的基础上，学会将草图、基本曲线应用到复杂的汽车零部件设计中去，并寻求最优的设计方法。

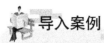 导入案例

Unigraphics 具有产品概念设计、零部件模型设计、工业造型设计和二维工程图的绘制及出图等基本设计功能，还能对所建立的模型进行结构有限元分析、疲劳分析、机构运动仿真分析和动力学分析等，使得产品的开发流程更加顺畅。同时，可采用建立的三维模型直接生成数控代码用于产品的加工。

汽车主减速器壳体是一个比较复杂的零件，可采用协同设计的方法，通过 UG 软件进行子实体造型，通过布尔运算得到整个壳体的实体模型。该方法建立的模型精度高，数据准确，使用方便，减轻了设计者的劳动强度，提高了工作效率。

主减速器壳体建模介绍如下。

(1) UG 的建模技术完全支持自顶向下的设计方法，即先总体设计后详细设计，局部设计决策服从总体设计决策。不管多么复杂的零件都是由一些特征组成的。对零件进行建模时首先要充分理解设计意图，确定建模的先后顺序，然后根据需要设计出零件的总体结构，再进行细化设计。根据壳体的设计图纸确定建模时需确定的全部基准信息有：坐标系、基准面、基准轴、基准点，如图 3.1 所示。

(2) 草绘：分析零件结构形状特点，确定所要建立的基本特征，选择绘图基准面，简单、合理、有效地建立草图特征。要尽量以原点为参考尺寸基准点（即遵从机械设计的基准重合原则），这样才能完全约束草图，保证设计意图。由于 UG 支持参数化设计，因此草绘时不需要正确画出草图。可先大致画出草图，然后标注尺寸，最后通过修改尺寸即可。采用草绘画图时（尤其是在建模的中后期），由于受先前所画零件外轮廓和曲线等的干扰，画图困难，这时可以利用 UG 菜单栏编辑项下的隐藏命令将先前所画的零件外轮廓和曲线等隐藏，这样界面整洁，草绘作图时就方便清楚多了。现以壳体端面为例，其草绘图如图 3.2 所示。该草绘图经过拉伸后获得端面，然后可在此端面基础上进行其他部分的建模。

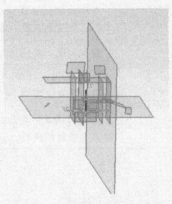 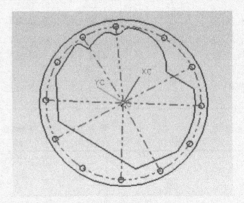

图 3.1　建立模型的基准特征　　　　图 3.2　绘制壳体端面草图

(3) 以端面模型作为父特征，分别建立其他子零件的骨架模型，建立轴承安装孔、主动锥齿轮轴孔、直孔、螺孔、倒直角、倒圆角等特征。在此要注意工作层的设置，将绘制各子零件的骨架模型和主骨架模型的原始线条按顺序分别放在不同的工作层上，并用易读易记忆的语言给各层取形象的层名，将用各层的原始线条制作出的各实体模块也

分别存放到不同的工作层上,并取对应的层名。这样就可以在最后组装(布尔运算)数字模型时方便地调用、编辑各个组成部分。

(4) 对需要进行加减的子零件进行三维实体建模,这项工作可以由几个人协同进行,每个人做一个子零件,如图3.3所示。这样大大提高了工作效率,还适应了在计算机集成制造系统(CIMS)下实施先进制造模式。由于子骨架模型具有非常丰富的特征信息和准确的定位信息,无论子零件后续的实体特征在何时何地完成都可以正常进行,在时间和空间上变得更加灵活。

(5) 建模精度的设定。在组成数字模型的各个子零件模块中间既有特征造型模块,又有自由曲面(非特征)造型模块。如果在建模时不有针对性地设置建模精度,往往会导致特征造型的模块与自由曲面造型的模块进行布尔运算时出错,致使建模失败。为此应使自由曲面建模精度高于特征建模精度1~2个数量级。

(6) 进行最后的布尔运算,完成缸体的三维实体模型。各个子零件的模型建好后,再将它们放回到主骨架模型中。当每个零件都生成了实体并回到自己确定的位置后就可以进行合并与切除操作,实施的顺序一般是先合并再切除。这些操作完成以后再进行倒圆角(倒圆角一般放在建模的最后)。经过上述操作后最终得到的壳体零件三维实体模型如图3.4所示。

 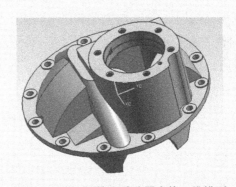

图3.3 子部件模型　　图3.4 建立好的主减速器壳体三维模型

采用UG的协同设计方法解决复杂零件的三维实体建模问题给设计者带来方便。建立的模型精度高,数据准确,使用方便,减轻了设计者的劳动强度,提高了工作效率,能大大缩短新产品的开发周期,提高产品的设计效率,极大地提高企业的市场竞争力。

> 资料参考:周恕毅,王杰,王玫. 基于UG的汽车发动机缸体三维建模的研究.
> 机械制造与自动化,2008(5)

3.1 UG NX 基本操作

3.1.1 点构造器

点构造器,顾名思义即构造点的对话框。在实体建模的很多情况下都需要用到点构造

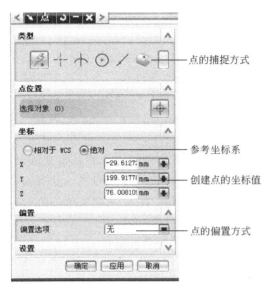

图 3.5　点构造器对话框

器来确定点的位置。

执行【插入】|【基准】|【点】命令可以打开点构造器对话框，在曲线曲面建模过程中，只要涉及点特征都会打开点构造器对话框，不管以何种方式启动点构造器，其对话框和功能都是一样的。图 3.5 给出的是点构造器对话框。

1. 输入创建点的坐标值

在点构造器对话框中的基点选项中有创建点坐标的 X、Y、Z 3 个文本框。用户可以直接在文本框中输入点的坐标值然后单击【确定】按钮，系统即会自动按输入的坐标值生成并定位点。同时，对话框中提供了坐标系选择项，当用户选择了【相对于 WCS】单选按钮时，在文本框中输入的坐标值是相对于用户坐标系的，当用户选择了【绝对】按钮时，坐标文本框的标识变为了"X、Y、Z"，此时输入的坐标值为绝对坐标值，它是相对于绝对坐标系的。

2. 捕捉点方式生成

捕捉点是另外一种构造点坐标的方式，文本框中共列出了 11 种点捕捉方式，各方式的具体含义如表 3-1 所示。

表 3-1　点构造器捕捉方式

按钮	说　明
推断点	系统根据光标点所取的位置自动判断捕捉点
光标位置	定位光标在绘图工作区上的位置，光标位置称为操作点，单击即可在工作平面上捕捉一个点
已存在点	用该命令可以捕捉已经存在的点
端点	该选项可以在绘图区中已经存在的线段、圆弧、二次曲线及其他的端点处捕捉点
控制点	可以在已存在的曲线的控制点处捕捉点，该点可以是存在的点，线段的中点或端点，开口圆弧的端点、中点或圆心点，二次曲线的端点，样条曲线的定义点或控制点
交点	在两条曲线的交点处，或者一条曲线与一个曲面或平面的交点处捕捉点
中心点	可以在圆弧、椭圆或球的中心点捕捉点
定角度圆弧点	在与坐标轴 XC 正向成一定角度的圆弧、椭圆弧上捕捉一个点
象限点	可以在圆弧或椭圆弧的象限点即四分点处捕捉点，所捕捉的是离光标选择球最近的那个点
点在曲线/边上	在曲线或者线上捕捉一个点
点在曲面上	在曲面上捕捉一个点

3. 利用偏置生成

通过指定偏置参数的方式来确定点的位置。用户先利用捕点方式确定偏移的参考点，再输入相对于参考点的偏移参数（其参数类型和数量取决于选择的偏移方式）来创建点。

在点构造器对话框中的偏置选项组可以设置偏置的方式，系统提供了5种偏移方式。

1）矩形偏置

利用直角坐标系进行偏移，偏置点的位置相对于所选参考点的偏置值由直角坐标值确定。在捕捉参考点后，对话框中的基点选项组变成了输入绝对偏置值对话框，如图3.6所示，在对话框中输入相对的偏移量，然后单击【确定】按钮即可，直角坐标的参数设置方法如图3.7所示。

图3.6 矩形偏置生成点

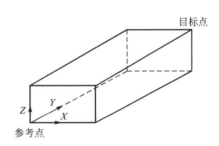
图3.7 矩形偏置参数含义

2）圆柱偏置

圆柱偏置是利用圆柱坐标系进行偏置的，偏置点的位置相对于所选参考点的偏置量由柱面坐标值确定。在捕捉参考点后，对话框中的基点选项组变成了输入圆柱偏置选项组，如图3.8所示。在选项组的文本框中输入偏移点在半径、角度、z增量，即zc方向上相对于参考点的偏移值，就确定了偏移点的位置，偏置参数含义如图3.9所示。

图3.8 圆柱偏置生成点

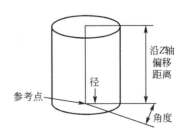
图3.9 圆柱偏置的参数含义

3）球偏置

球偏置是利用球坐标系进行偏置的，偏置点的位置相对于所选参考点的偏移值由球坐标值确定。在捕捉参考点后，对话框中的基点选项组变成了输入球形偏置选项组，如图 3.10 所示。在选项组的文本框中输入偏移点在半径、角度 1、角度 2 方向上相对于参考点的偏移值就确定了偏移点的位置，偏置参数含义如图 3.11 所示。

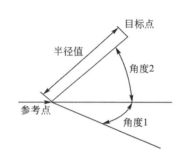

图 3.10　球偏置生成点　　　　　　图 3.11　球偏置参数含义

4）向量偏置

向量偏置是利用向量法则进行偏置的，偏移点相对于所选参考点的偏置由向量方向和偏移距离确定。在捕捉参考点后，选择一条存在的直线作为参考向量，单击直线以后，对话框中的基点选项组变成了指定偏置距离选项组，如图 3.12 所示。在选项组的距离文本框中输入偏移点在向量方向上相对于参考点的偏移距离就确定了偏移点的位置，偏置参数含义如图 3.13 所示。

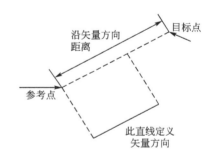

图 3.12　向量偏置生成点　　　　　　图 3.13　向量偏置参数含义

5）沿曲线偏置

沿曲线偏置是沿所选取的曲线进行偏移的，偏置点相对于所选参考点的偏置值由偏置弧长或曲线总长的百分比来确定。在选取参考点后，选择一条存在的曲线作为参考曲线，单击曲线以后，对话框中的基点选项组变成了指定偏置距离选项组，如图 3.14 所示，这时系统提供了两种方式来确定偏移距离。当选择了【圆弧长】单选按钮时，用户可以在文本框中输入偏置点沿曲线的偏置弧长。当选择了【百分比】单选按钮时，用户可以在文本框中输入偏置点的偏置弧长占曲线总长的百分比。

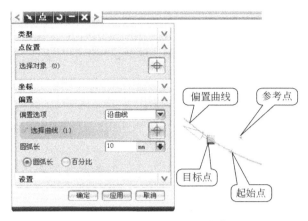

图 3.14 沿曲线偏置生成点

3.1.2 创建点集

单击工具栏上的 命令就会出现如图 3.15 所示的【点集】对话框。点集的生成方式有很多种,在此进行说明。

1. 曲线上的点

选择类型的第一个按钮用于在曲线上创建点群。其在曲线上产生点的方式有等圆弧长、等参数、几何级数、弦公差、递增的圆弧长、投影点和曲线上百分比等 7 种。

等圆弧长方式:在点集的起始点和结束点之间按点间等弧长来创建指定数目的点集。

等参数方式:系统会以曲线等参数大小来分布点群的位置。

几何级数方式:曲线上的点对话框中会多一个比率的文本框。在设置完其他参数的值后还需要指定一个比率值,它用来确定点集中彼此相邻的后两点之间的距离与前两点距离的倍数。

弦公差方式:曲线上的点对话框中只有一个弦公差文本框。用户需要给出弦公差的大小,在创建点群时系统会以该弧弦误差的值来分布点群的位置。弧弦误差值越小,产生的点数越多,反之则越少。

图 3.15 点集对话框

递增的圆弧长方式:曲线上的点对话框中也只有一个圆弧长文本框。用户需要给出弧长的大小,在创建点群时系统会以该弧长大小的值来分布点群的位置,而点数的多少则取决于曲线总长及两点间的弧长。

曲线上百分比方式:这种方法通过曲线上的百分比位置来确定一个点。在【曲线百分比】对话框中设置曲线的百分比,选择曲线即可。

投影点方式:用一个或多个指定方向选定的曲线做垂直投影,在曲线上生成点。

对话框中其他选项的说明如下。

【点数】:该文本框用于设置点的数量。

【起始百分比】：以曲线的百分比来设置创建点群的起始位置。
【终止百分比】：以曲线的百分比来设置创建点群的终止位置。
【选择曲线或边】：单击该按钮可在不退出当前对话框的情况下选取曲线或边来创建点群。

2. 样条点

在曲线上产生样条点包括定义点、结点和极点，如图 3.16 所示。

样条定义点：利用绘制样条曲线时的定义点来创建点集，相当于用这个选项将原来生成样条曲线的点调出来。

样条结点：利用样条曲线的结点（也称节点）来创建点集。用户选取曲线，然后根据该样条曲线的结点来创建点集。

样条极点：利用样条曲线的极点（也称控制点）来创建点集。用户选取曲线，单击曲线以后系统根据该样条曲线的控制点来创建点集。

3. 面的点

这种方式主要用于在曲面上产生点群，其对话框如图 3.17 所示。面上点产生的方式有模式、面百分比和 B 曲面极点 3 种。

图 3.16　样条点产生方法

图 3.17　面上的点对话框

模式定义：其点群分布在曲面的某范围内共 U×V 个，【U 向点数】和【V 向点数】文本框中分别输入在这两个方向上的点数。【图样限制】选项组用于设置点群的边界，其设置方式有对角点和百分比两种。选取【对角点】选项时，系统会提示用户在绘图区中选取一点为对角点的第一点，完成后再选取另一对角点，这样就以这两点为对角点设置了点群的边界；选取【百分比】选项时，用户在图 3.17 中图样限制的起始 U、V 值（终止 U、V 值）文本框中分别输入相应数值来设定点集相对于选定曲面 U、V 方向的分布范围。

面百分比方式：通过设定点在选定曲面的 U、V 方向的百分比位置创建该表面上的点。用户应在 U、V 百分比文本框中分别输入设定的值来创建指定位置的点。

B 曲面极点方式：在 B 曲面的极点（控制顶点）处创建点群。选择该方式后，按系统提示选择相应的 B 曲面就会产生与 B 曲面控制点相应的点集,如图 3.18 所示。

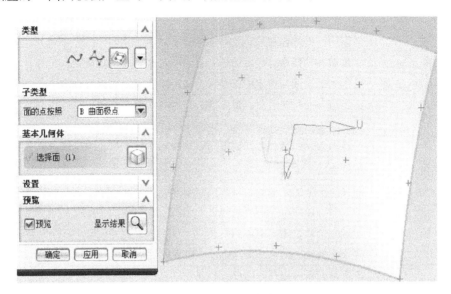

图 3.18 B 面极点点集

3.1.3 平面工具

在 UG 建模过程中经常用到平面,如基准平面、参考平面、切割平面、定位平面,以及建模的时候使用的其他辅助平面。单击工具栏中的按钮,系统会弹出如图 3.19 所示的【平面】对话框。

图 3.19 【平面】对话框

【平面】对话框中共列出了 12 种平面工具的定义方式,对于每一种平面工具的具体含义在表 3-2 中给出了具体说明。

表3-2 平面工具定义方式

按钮	说　　明
自动判断	根据用户的选择对象自动判断生成平面
成一角度	所创建的平面通过指定的轴,且与指定平面成一定角度
按某一距离	所创建的平面与指定的面平行,与指定面的距离由用户确定
曲线和点	子类型:曲线和点、一点、两点、三点、点和曲线/轴、点和平面/面等
两直线	根据所选两直线创建平面。若两直线相交,则所建平面为过两直线的平面;若两直线为异面直线,则过第一条直线,平行于第二条直线
在曲线上	所创建的平面过曲线某点,与曲线垂直
相切	创建一个平面,使之与选择的对象相切。子类型有:一个面、通过点、通过线条、两个面和与平面成一角度
通过对象	创建一个通过指定对象的平面
系数	嵌入系数 A、B、C、D,通过平面方程 $Ax+By+Cz=D$ 创建平面
点和方向	通过指定点和指定方向(法向)建立平面
视图平面	在当前屏幕视图方向定义一个平面
主平面	创建一个与当前工作坐标系的主平面所确定的平面或与主平面有一定偏置距离的平面。偏置距离可以在数值框中输入

3.1.4　矢量构造器

在 UG 建模过程中经常用矢量构造器来构造矢量方向。如在指定拔模方向时会用到矢量构造器,在指定矢量方向时会弹出如图3.20所示的矢量构造器对话框。

图3.20　矢量构造器

矢量构造器中共列出了14种矢量的构造方法,各种构造方法的具体含义在表3-3中给出了具体说明。

表 3-3 矢量构造器

按钮	说　　明
自动判断的矢量	系统根据选择的对象自动推断定义的矢量类型
两点	根据空间中两点来确定一个矢量
与 XC 成一角度	在 XC-YC 平面定义与 XC 轴成一定角度的矢量
曲线/轴矢量	通过用户选取的对象来定义一个矢量。如选圆柱，则为其轴线方向
曲线上矢量	通过选取曲线上某一点的切矢、法矢和面的法矢等向量
面/平面法向	定义一个与平面法线或圆柱面轴线平行的矢量
XC/-XC 轴	定义一与 XC 轴平行或与存在坐标系 X 轴平行的矢量或反向的矢量
YC/-YC 轴	定义一与 YC 轴平行或与存在坐标系 Y 轴平行的矢量或反向的矢量
ZC/-ZC 轴	定义一与 ZC 轴平行或与存在坐标系 Z 轴平行的矢量或反向的矢量
视图方向	指定新的实体方向创建从视图平面派生的矢量
按系数	可通过笛卡尔和球形坐标系两种类型设置矢量的分量确定矢量方向
按表达式	通过表达式建立矢量方向

3.1.5 类选择

在 UG 建模过程中，尤其是一些复杂模型建立的时候，由于几何元素互相有重叠遮挡，鼠标直接选取对象不太容易，所以会有类选择器，比如删除、隐藏、变换、对象显示、属性等的操作中都会有【类选择】对话框弹出，如图 3.21 所示。

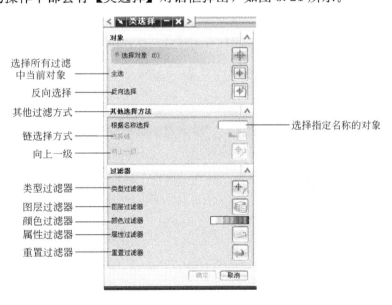

图 3.21 【类选择】对话框

选取对象时可以在名称文本框中输入对象的名字，也可以用鼠标在图形窗口中直接单击，还可以用矩形框或者多边形框来选择，当然这样需要首先设定矩形/多边形方式，分别有如下 5 种方式。

(1) 内部：本方式是选择矩形/多边形框内的对象。
(2) 外部：本方式是选择矩形/多边形框外的对象。
(3) 交叉：本方式是选择与矩形/多边形框交叉的对象。
(4) 内部/交叉：本方式是选择与矩形/多边形框交叉和框内部的对象。
(5) 外部/交叉：本方式是选择与矩形/多边形框交叉和框外部的对象。

用类选择器选择对象的时候，最大的功能是可以使用类型过滤器，在选择对象时可以过滤一部分不相关的对象。【类选择】对话框中一共提供了 5 种过滤功能，它们分别是如下几种。

1. 类型过滤器

类型过滤器通过指定对象的类型来限制对象的选择范围，单击该按钮就会弹出图 3.22 的【根据类型选择】对话框，利用对话框可以对曲线、平面、实体等类型进行限制。有些类型还可以进行进一步的限制，可在图 3.22 中的细节过滤器中实现。

2. 层过滤器

此过滤器通过指定层来限制选择对象。单击该按钮弹出图 3.23 所示的对话框，利用对话框可以设置在对象选择的时候包括或者排除的层。

3. 颜色过滤器

此过滤器是通过设定颜色来限制对象的选取的。设定以后选择，颜色相同的对象被选定。单击【类选择器】对话框中的 ▓▓▓▓▓ 按钮就会出现调色板来选定颜色。

图 3.22 【根据类型选择】对话框

4. 属性过滤器

单击【类选择】对话框中的其他按钮，会出现如图 3.24 的【按属性选择】对话框，在对话框中可以设定其他类型对象的属性。单击对话框中的【用户定义属性】按钮可以打开【属性过滤器】对话框，可以在这里进行用户自定义设定。

图 3.23 【根据图层选择】对话框

图 3.24 【按属性选择】对话框

3.1.6 表达式

表达式是 UG 的一种工具，用户可以通过算数和条件表达式控制部件的特征或者尺寸等，通过表达式还可以控制装配部件之间的尺寸和位置关系。表达式是参数化设计的重要工具，是用于控制模型参数的数学表达式或者条件语句，【表达式】对话框中各文本框的含义如图 3.25 所示。

图 3.25 表达式编辑对话框

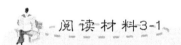

1. 在表达式中设置齿轮的基本参数

一个标准齿轮的几何尺寸和形状取决于齿轮的 6 个基本参数，可利用表达式对基本参数赋予初始值。表 3-4 给出了需要赋值参数的符号、参数定义及参数初值。

利用表达式赋值时，在【名称】文本框中输入参数符号，在【公式】文本框中输入参数值，注意表达式类型名和单位是否符合要求，赋值完成后单击接受符接受参数赋值编辑。

表 3-4 齿轮模型参数

参数符号	参数定义	参数初值
Z	齿数	55
m	模数	3.00
α_k	压力角	20.00
h_a	齿顶高系数	1.00
c	顶隙系数	0.25
h	齿宽	30.00

2. 添加表达式绘制齿轮基准曲线

齿轮的基准曲线包括分度圆曲线、齿顶圆曲线、基圆曲线、齿根圆曲线，分别用 d_a、d_b、d、d_f 表示，具体表达式为

$$d = m \times z \qquad //\text{分度圆直径}$$
$$d_a = d + 2 \times h_a \times m \qquad //\text{齿顶圆直径}$$
$$d_b = d \times \cos a_k \qquad //\text{基圆直径}$$
$$d_f = d - 2 \times m \times (h_a + c) \qquad //\text{齿根圆直径}$$

单击【插入】|【草图】选项进入草绘模式，在 XOY 坐标平面内绘制齿轮的 4 条基本曲线，如图 3.26 所示。选择"尺寸约束"使其直径分别为：d_a、d_b、d、d_f，选择"位置约束"功能使它们的圆心同心。

3. 利用表达式创建渐开线

（1）在表达式窗口中添加渐开线绘制公式。

$a = 0$
$b = 360$
$t = 1$
$s = (1 - t) \times a + t \times b$
$r_b = d_b / 2$
$x_t = r_b \times \cos s \times \text{rad} s \times \sin s$
$y_t = r_b \times \sin s - r_b \times \text{rad} s \times \cos s$
$z_t = 0$

（2）选择【插入】|【曲线】|【规律曲线】选项或单击曲线工具栏按钮，弹出【规律函数】对话框，单击其中的【根据方程选择】按钮，并确定，绘制好的渐开线如图 3.27 所示。

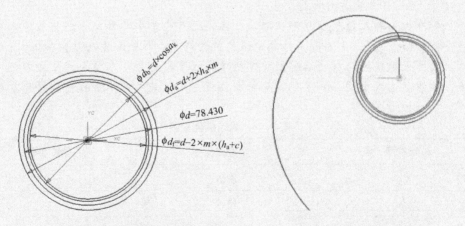

图 3.26　基准曲线示意图　　　　　图 3.27　渐开线示意图

4. 绘制齿槽轮廓曲线

利用曲线修剪命令，在渐开线与齿顶圆和齿根圆的相交处修剪渐开线，裁剪出一条齿廓线。连接圆心与渐开线和分度圆的交点，并选择【插入】|【回转】选项，将此直线以

圆心为中心旋转360/4z。再选择【编辑】|【变换】|【用直线做镜像】选项镜像另一侧齿廓线，再次利用曲线修建命令对齿顶圆和齿根圆裁剪，最终得到齿槽轮廓线。

（1）创建圆柱齿胚：在建模窗口内单击成形特征工具中的【圆柱体】按钮，选择【直径】|【高度】选项，以Z轴方向，在直径文本框中输入齿顶圆直径"d_a"；在高度文本框中输入齿宽"h"，基点选择原点，确定完成操作，并创建中心孔。

（2）利用齿槽轮廓线拉伸切除齿胚。选择【插入】|【设计特征】|【拉伸】选项，以齿槽轮廓线为拉伸截面，拉伸距离为齿宽h，并选择布尔求减操作切除齿胚，得到第一个齿槽，如图 3.28 所示。

（3）利用阵列方式形成轮齿，单击【编辑】|【变换】|【圆形阵列】选项在数字文本框中输入齿数Z，在角度增量中输入选择角度"360/Z"，完成齿轮的阵列，如图 3.29 所示。

图 3.28 切除齿胚示意图

图 3.29 齿轮整体图

资料来源：高尚鹏．山东理工大学设计资料．

3.2 曲线功能简介

UG软件的曲线功能在其CAD模块中的应用非常广泛。有些实体曲面需要通过曲线的拉伸、旋转、扫掠、编织等操作来生成；也可以用曲线创建曲面进行复杂实体造型；在特征建模过程中，曲线也常用作建模的辅助线（如定位线等）；另外，建立的曲线还可添加到草图中进行参数化设计。

一般曲线的功能分两大部分：基本曲线的生成和曲线的编辑，可以通过自定义生成完整的工具条，图 3.30 所示的就是两种操作的工具条。在此就常用的几种命令进行说明。

3.2.1 绘制基本曲线

执行【曲线】|【基本曲线】命令，系统会弹出如图3.31所示对话框。

1．创建直线

【基本曲线】对话框默认情况下就是创建直线功能页面，同时在主窗口的下方弹出如图 3.32 所示的跟踪条，在这个跟踪条中可以输入直线端点的坐标，也可以输入角度和

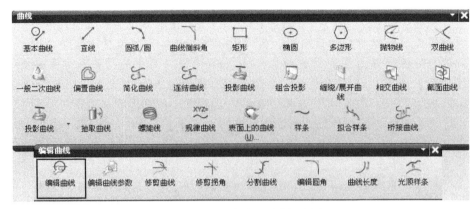

图 3.30 曲线生成和编辑工具条

图 3.31 【基本曲线】对话框

长度。

（1）过两点创建直线。可在跟踪条内输入坐标值来确定直线的起点和终点值，从而生成一条直线。或选择点方式中的任意一种，在绘图工作区生成或拾取点来创建直线。

（2）过一点创建与 XC、YC 或 ZC 轴平行的直线。利用点构造器选取一点或在跟踪条的 XC、YC、ZC 文本框中设定直线的起始点，此时出现不确定的线，然后单击直线对话框中平行于选项组中欲平行的坐标轴选项，再在绘图工作区单击点，或在跟踪条的长度文本框中输入直线的长度再回车，即可创建一条平行于指定坐标轴的直线。

（3）过一个点，创建与 XC 轴成一定角度的直线。在跟踪条的 XC、YC、ZC 文本框设定直线的起始点，如(0，0，0)，接着在跟踪条的斜角、长度文本框中输入角度值及直线的长度，回车即可创建一条与 XC 轴成一定角度的直线。这里的角度是按逆时针方向与 XC 轴成的角度。

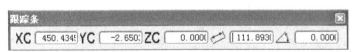

图 3.32 创建直线的跟踪条

（4）过一个点，创建与存在直线成一定角度的直线。利用点构造器或跟踪条设定直线的起始点，再选择要跟它平行、垂直或成一定夹角的参考直线。移动鼠标，系统会交替显示参考直线的平行线、垂直线或与之成一定角度的方向线，然后在跟踪条的角度文本框、长度文本框中输入与参考线的夹角和长度，回车即可创建一条与已有直线成一定角度的直线。

（5）过一个点创建与曲线相切或垂直的直线。首先选择欲与之相切（垂直）的曲线，然后会弹出如图 3.33 所示的与所选曲线相切（垂直）的一条橡皮筋，它的第一点在曲线上，若切点（垂点）方位不对，可移动鼠标至正确的切点（垂点）方位，然后选择正确的第二点就可以了。

(6) 创建夹角的角平分线。先后选取两条交叉的直线,这时出现以两条交线的交点为顶点的两条直线的角平分线,随着鼠标移动会出现 4 条线,移动鼠标确定角平分线的方向,再在跟踪条文本框的长度文本框中输入长度值或设定一个点作为角平分线的终点,则系统以两不平行直线的交点作为角平分线的起始点,以设定的直线长度或终点来创建角平分线。

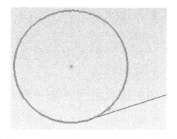

图 3.33　创建与所选曲线相切的直线

(7) 创建两平行直线的中线。先后单击两条平行直线,这时在平行线之间的左端点出现一条直线,这条直线与已有两直线平行,然后再在跟踪条的长度文本框中输入直线的长度,系统则会创建按照给定长度创建的这两条平行线的中线。

(8) 过一点创建表面的法线。利用点构造器或图 3.32 的跟踪条文本框设定直线的起始点后,再单击【点方式】下拉菜单选择方式中的选择面图标,鼠标移动到需要选择的表面,此表面就改变颜色,单击要垂直的表面,则系统会在设定的起始点和直线与选定表面的垂足之间创建表面的法线。

(9) 创建一直线的偏移线。先取消【基本曲线】对话框中的【线串模式】复选项,接着选择要偏置的直线,然后在跟踪条的偏距文本框中输入偏移线与所选直线的距离再回车,系统即可生成原直线的偏移线(等长平行线)。偏移的方向与选择球(即工作窗口中的鼠标)的选择位置有关,即选择球选择直线时偏向哪一边则往哪边偏移。

2. 创建圆弧

在基本曲线对话框中单击圆弧按钮,则对话框出现图 3.34 所示的圆弧功能界面,同时跟踪条也随之改变。

图 3.34　生成圆弧对话框及其跟踪条

1) 整圆

如果选中该复选框,则创建圆弧时系统会以全圆的形式显示该圆弧。该复选框在【线串模式】复选项取消时才激活。

2) 增量

当选择了绘图区中的两点后,单击该选项,则系统会显示与没有单击该选项时创建圆弧互补的那段圆弧。

常用的圆弧创建方法一般有 5 种,下面分别加以说明。

(1) 按起点、终点、弧上之点方式画圆弧。先选定上面基本曲线对话框中的【起点,终点,圆弧上的点】选项,然后在绘图区内单击一点作为圆弧起点,再单击一点作为圆弧的终点,这时圆弧变成一条橡皮筋在鼠标拖动下不断变化自己的曲率,然后再单击一点作为圆弧上的一点完成圆弧。

(2) 按圆心、起点、终点方式绘制圆弧。同样先选定【基本曲线】对话框中的【中心,起点,终点】选项,然后在窗口上单击一点作为圆弧中心点,再单击一点作为圆弧的起始点,此时圆弧为一可变圆弧,再单击一点作为终点完成圆弧绘制。

(3) 与曲线相切圆弧。先将【基本曲线】对话框中的【起点,终点,圆弧上的点】选项选上,然后分别单击两个点作为圆弧的起点和终点,接着用鼠标再单击欲相切的圆弧,这样所生成的圆弧就和原曲线相切。

(4) 与直线相切圆弧。先将【基本曲线】对话框中的【起点,终点,圆弧上的点】选项选上,然后分别单击两个点作为圆弧的起点和终点,接着鼠标再单击欲相切的直线,这样所生成的圆弧就和原直线相切。

(5) 除以上方法外,还可直接在跟踪条的 XC、YC、ZC 文本框中输入圆心坐标,在半径或直径文本框中输入半径或直径值,在起始圆弧角和终止圆弧角文本框中分别输入起始圆弧角和终止圆弧角,则系统也能按给定条件创建圆弧。

图 3.35 基本曲线圆形功能界面

3. 创建圆

在【基本曲线】对话框中单击圆按钮,对话框变为如图 3.35 所示的圆形功能界面。同时跟踪条和创建圆弧的相同。

1) 圆心、圆上一点方式

先用点构造器在屏幕上生成一点作为圆心点,然后拖动鼠标就可出现以刚才点为圆心的不确定的圆,然后用点构造器确定一点作为圆上的点这样就确定一个圆,半径是两点之间的距离。

2) 圆心、半径或直径方式

首先在跟踪条的 XC、YC、ZC 文本框中输入圆心坐标,在半径或直径文本框中输入半径或直径值,然后回车即可。

3.2.2 曲线编辑

1. 倒圆角

单击基本曲线按钮 打开【基本曲线】对话框,单击 按钮,系统就会弹出如图 3.36

所示的【曲线倒圆】对话框。

【曲线倒圆】对话框中共有 3 种倒圆角方式，其他几个选项用法如下。

（1）继承：单击该按钮时继承已有的圆角半径值。选择该选项后，系统会提示用户选取存在的圆角，然后系统会将选定圆角的半径值显示在对话框的半径文本框中。

（2）修剪第一条曲线：选择图 3.36 中第二种或者第三种倒圆角方式时才会激活该复选框。选择该复选项后，倒圆角时系统会修剪选择的第一条曲线。

（3）修剪第二条曲线：当选择第二个倒圆角方式时才会激活该复选框。选择该复选项，则在倒圆角时系统将修剪选择的第二条曲线。如果用户选择了第三个倒圆角方式，则该复选框标识变为删除第二条曲线。选择该复选项，系统在倒圆角时会将选取的第二条曲线删除。

（4）修剪第三条曲线：选择第三个倒圆角方式时该复选框会激活。选择该复选项，在倒圆角时系统会修剪选择的第三条曲线。

图 3.36　【曲线倒圆】对话框

下面具体说明 3 种倒圆角方式。

1）简单圆角

单击 按钮以后系统就进入简单圆角功能，可用于在两共面但不平行的直线间倒圆角，首先应在半径文本框中输入圆角半径或通过继承选项选择，然后将选择球（即鼠标）移至要倒圆角的两条直线交点处单击即可。注意，鼠标的圆心是圆角的圆心，具体如图 3.37 和图 3.38 所示。

图 3.37　简单倒角前　　　　　　图 3.38　简单倒角后

倒圆角的时候选择球的位置不同或半径不同都会使倒圆角的方式有所改变。比如两条交线的 4 个分区，如果鼠标所在的分区不一样，那倒圆的圆心也随之发生变化。

2）2 曲线倒圆角

单击 按钮以后进入两曲线倒角功能。先在半径文本框中输入圆角半径或选择用继承选项来选定一个半径，然后选定修剪文件复选框确定要剪切掉的线。接着就要在窗口中先选择第一条曲线，然后选择第二条曲线，再在相交线的 4 个象限中的其中一个中用鼠标单击一下来设定一个大致的圆心位置。

需要注意的是，利用这种方式倒圆角时，选择曲线的顺序不同，倒圆角的方式也不同。

3）3 曲线倒圆角

单击 按钮以后系统就进入 3 曲线倒圆角功能。在复选框中选择要剪切或删除的曲线，然后依次选择3条曲线，再确定一个倒角圆心的大概位置，系统则会自动地进行倒圆角操作。同样，如果直线选择的顺序不同，倒圆角的方式也会不同。

如果选择的曲线为圆或圆弧时，系统会弹出如图3.39所示的一个确定圆角与圆弧相切方式的对话框。用户选择了相应的圆角与圆弧相切方式后，再根据系统提示选取曲线，最后设定一个大致的倒角圆心位置即可完成倒角操作。

2．倒斜角

单击工具栏中的 按钮，系统会弹出如图3.40所示的【倒斜角】对话框。

图3.39 圆角与圆弧相切方式

图3.40 【倒斜角】对话框

1) 简单倒斜角

用于建立简单倒斜角，一般只用于两共面的直线间倒斜角，其产生的两边偏移值必须相同，且角度值为45°。首先单击该选项后，系统会弹出偏置对话框，在对话框中的文本框中输入倒角尺寸后，确定，系统会接着弹出【倒斜角】对话框，用选择球选择两直线的交点处，图上交点就被倒斜角，同时出现选择对话框，如果对斜角满意就单击【取消】按钮接收，如果不满意则单击【撤销】按钮放弃所作倒角重新开始。

图3.41 倒斜角修剪方式对话框

2) 用户定义倒斜角

用户使用此命令进行自定义倒角，用于两共面的直线或曲线间倒斜角。通过本功能可以定义不同的偏移值和角度值。单击本选项后，系统会弹出如图3.41所示的倒斜角修剪方式对话框。

对话框中提供了3种修剪方式，分别如下。

（1）自动修剪：用此方式建立倒角时，系统会自动根据倒角来修剪两条连接曲线。

（2）手动修剪：用此方式建立倒角后，需要用户自己来完成修剪倒角的两条连接曲线。倒角以后，系统会提示是否修剪倒角的第一条连接曲线，若修剪，则选定第一条连接曲线的修剪端。接着会提示是否修剪倒角的第二条连接曲线，若修剪，则再选定第二条连接曲线的修剪端就可以了。

（3）不修剪：用此方式建立倒角时，则不修剪倒角的两条连接曲线。

3．编辑曲线

单击基本曲线中的参数按钮或者单击【编辑】|【曲线】|【参数】选项，系统会弹出如图3.42所示的对话框，利用对话框及相关的操作可以对已创建的曲线参数进行编辑。

在此对话框状态下对对话框中的相关功能进行设置，选择要编辑的对象并确定就可以对对象进行操作了。对话框中各功能选项说明如下。

（1）点方法：单击下拉箭头可以弹出点构造器下拉菜单，用于在绘图区中捕捉点。

(2) 编辑圆弧/圆，通过：用于设置编辑曲线的方式。它包含两个单选按钮：【参数】方式和【拖动】方式。

(3) 补弧：用于显示某一圆弧的互补圆弧。

(4) 显示原先的样条：如果当前编辑的对象为样条曲线，选取该复选项则可显示原来的样条曲线以便与新的样条曲线进行比较。

(5) 编辑关联曲线：此选项组用于设置编辑关联曲线后曲线间的相关性是否存在。如果选择了【根据参数】单选按钮，原来的相关性仍然会存在；如果选择了【按原先的】单选按钮，原来的相关性将会被破坏。

(6) 更新：单击该按钮可以恢复前一次的编辑操作。

图 3.42 【编辑曲线参数】对话框

设置完相关选项后就可以选择对象进行编辑了，下面介绍几个常用的对象的参数编辑方法。

1) 编辑直线

如果选择的是直线，则可以编辑直线的端点位置和直线参数（长度和角度）单击直线的时候，如果单击位置为直线本身，则图形窗口下出现如图 3.43 所示的跟踪条，可以在里边改变直线的长度和角度。如果单击直线的位置为直线的端点，那么图 3.43 所示的跟踪条中前 3 个坐标栏也变成白色，可以通过它来更改直线端点的位置。

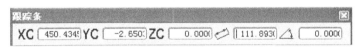

图 3.43 编辑直线跟踪条

2) 编辑圆或圆弧

如果选择的对象是圆或圆弧，则可以修改圆或者圆弧的半径、起始终止圆弧角的参数，如单击圆弧对象的位置为圆弧的端点，则图形窗口下出现如图 3.44 所示的跟踪条，可以通过前 3 个点构造器文本框来中心定位端点位置，并在后面的几个文本框中更改其他参数，如果选择的部位为圆弧的其他位置，将不能改变端点位置，只能更改跟踪条中后面的几个参数。

图 3.44 编辑圆或圆弧跟踪条

3.3 草 图

3.3.1 【草图工具】对话框

草图是与实体模型相关联的二维图形，会作为三维实体模型的基础。在草图模块下，用户能在三维空间中的任何一个平面内建立草图平面，应用草图工具在该平面内绘制所需草图。可以绘制近似的曲线轮廓,在添加精确的约束定义后就可以完整表达设计的意图。草图中的"约束"包括几何约束和尺寸约束,用来控制草图中的图形,以实现与特征建模模块同样的尺寸驱动,并可以方便地实现参数化建模。

建立的草图还可用实体造型工具进行拉伸、旋转等操作,生成与草图相关联的实体模型。修改草图时,关联的实体模型也会自动更新。

在主菜单栏中选择菜单命令【插入】|【草图】或在工具栏单击草图图标,则系统会进入草图功能。同时弹出如图 3.45 所示对话框,提示栏会提示选择草图平面对象或选择要定向的草图轴,根据需要选择好草图平面或要定向的草图轴后,草图功能下的一些操作都为可用状态,如图 3.46 所示。如果有些命令找不到,可以在工具栏处右击,进行人工设置。

图 3.45 创建草图对话框

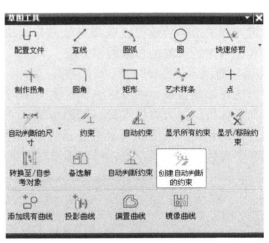

图 3.46 草图功能下的操作命令

3.3.2 建立草图

1. 草图平面的创建

在建模模块下单击,选择草图要放置的平面,系统默认的是草图平面(即 XOY),根据绘图中的实际情况选择所需平面,以 XOY 平面为例,单击确定后,出现如图 3.47 所示的新草图平面,也可以单击草图生成器中完成草图下的草图序号,对草图进行相应的修改。

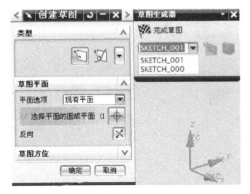

2. 草图对象的创建

草图对象指草图中的曲线和点。建立草图工作平面后,可在草图工作平面上建立草图对象。可以通过如图 3.48 所示的草图曲线工具栏建立草图对象,可以添加绘图工作区存在的曲线或点到草图中,还可以从实体或片体上抽取对象到草图中。首先说明一下在草图中直接绘制草图曲线或点的方法。

图 3.47 新建草图平面

工具栏上各图标的使用方法与前边所提及的曲线部分各对应命令类似，在此不作详述。

在绘制草图曲线的过程中不必考虑尺寸的准确性和各段曲线之间的几何关系，只需绘出近似的曲线轮廓即可。然后应用草图约束和定位，可进一步对这些曲线进行尺寸约束、几何约束和定位操作，使用户可以精确地控制它们

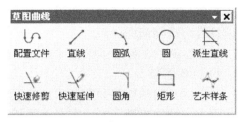

图 3.48　草图曲线工具栏

的尺寸、形状和位置，并可以在需要时随意更改。在绘制草图曲线的过程中，根据几何对象间的关系有时会在几何对象上自动添加某些几何约束（如水平、垂直和相切），下面给出具体说明。

下面创建一个简单草图，如图 3.49 所示，并给出施加约束，完成草图的参数化创建，使得创建后的草图如图 3.50 所示。

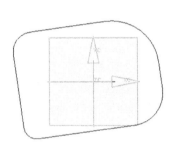 

图 3.49　应用草图曲线功能绘制草图对象　　图 3.50　创建后的草图

3. 草图约束

创建草图对象后添加约束。单击草图约束工具栏中的【约束】图标，查看需要施加的约束，如图 3.51 所示，并进行约束的施加。

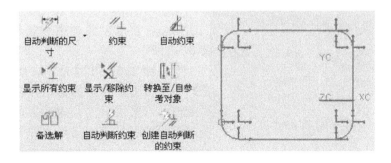

图 3.51　草图约束工具栏

进行约束添加时，各草图对象会显示自由度符号。此时线段或样条在端点处将会出现互相垂直的红色箭头，而在中心处将会出现圆或椭圆，表明当前存在哪些自由度没有被限制，如图 3.51 所示。

如果没有出现箭头，即代表此对象已受约束，此红色箭头在草图操作中代表自由度。

随着几何约束和尺寸约束的添加,自由度符号逐步减少,当草图对象全部被约束以后,自由度符号会全部消失。

UG 提供了 3 种约束供设计者使用:尺寸约束、几何约束、定位约束。

1)几何约束

草图的几何约束限制草图对象的形状,确定草图对象之间的相互位置关系。

根据先前的建模经验,在对草图添加 3 种约束时应当首先添加几何约束,以保持图形之间的几何关系,这样防止在添加尺寸约束时图形之间相对位置的变化。

在 UG 系统中,几何约束的种类很多,根据不同的草图对象可添加不同的几何约束类型。下面对常用约束分别进行说明。

(1)固定:该约束是将草图对象固定在某个位置。不同几何对象有不同的固定方法,点一般固定其所在位置;线一般固定其角度或端点;圆和椭圆一般固定其圆心;圆弧一般固定其圆心或端点。

(2)重合:该约束定义两个或多个点相互重合。

(3)同心:该约束定义两个或多个圆弧或椭圆弧的圆心相互重合。

(4)共线:该约束定义两条或多条直线共线。

(5)点在曲线上:该约束定义所选取的点在某曲线上。

(6)中点:该约束定义点在直线的中点或圆弧的中点上。

(7)水平:该约束定义直线为水平直线(平行于工作坐标的 XC 轴)。

(8)垂直:该约束定义直线为垂直直线(平行于工作坐标的 YC 轴)。

(9)平行:该约束定义两条曲线相互平行。

(10)正交:该约束定义两条曲线彼此垂直。

(11)相切:该约束定义选取的两个对象相互相切。

(12)等长:该约束定义选取的两条或多条曲线等长。

(13)等半径:该约束定义选取的两个或多个圆弧等半径。

(14)恒定长度:该约束定义选取的曲线为固定的长度。

(15)恒定角度:该约束定义选取的直线为固定的角度。

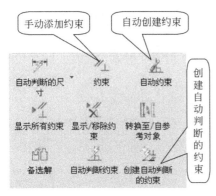

图 3.52 几何约束的三种类型

建立草图的几何约束共有 3 种方法:手动创建约束,自动创建约束和智能约束设置,如图 3.52 所示。

通过图 3.53 可以看出,图形中缺少【重合】和【相切】约束标志符,在草图中缺少的约束较多,采用手动创建约束的方法往往会较慢,因此采用自动创建约束添加,单击【自动约束】图标,将所有的图形曲线选择后,执行【重合】命令,单击【确定】按钮。确定后的信息栏提示草图中还需要 9 个约束,如图 3.54 所示。

采用手动创建约束的方法添加水平约束和垂直约束,单击【约束】图标后,命令会高亮显示,表示此时被选中,如图 3.55 和图 3.56 所示,然后分别添加垂直约束和水平约束。添加约束后,垂直和水平图标变成灰色,表示约束已添加。

UG基础建模 **第3章**

图 3.53 自动判断约束

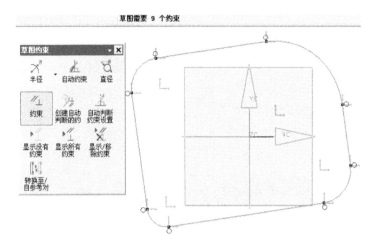

图 3.54 显示没有约束的自由度

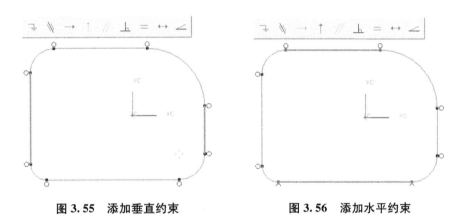

图 3.55 添加垂直约束　　　　　　　　图 3.56 添加水平约束

2) 尺寸约束

建立草图尺寸约束可以限制草图几何对象的大小，也就是在草图上标注草图尺寸，并设置尺寸标注线的形式与尺寸，通过改变所标注的尺寸来改变对象的特征，使其达到设计者所需要的效果。

执行【插入】|【尺寸】|【自动判断的尺寸】命令，出现图 3.57 中左图所示的【尺寸】对话框，单击左边图标(草图尺寸)后弹出如右图所示的草图【尺寸】对话框，在该对话框中可以为草图添加尺寸约束，还可修改尺寸参数值来改变对象的大小。该对话框包含了尺寸标注方式图标、尺寸表达式引出线和尺寸标注位置等选项。也可以在【自动判断的尺寸】下拉菜单下选择各种快捷的标注尺寸的方法。

UG 共提供了 9 种草图尺寸约束方式。

标注几何约束时，设定 4 个圆弧等长，所以尺寸约束只标注其中一个即可，图 3.58 显示了需要标注的 3 个几何尺寸，此时完成了几何尺寸的标注。

注意：在线段的两个端点间标注尺寸即限定了两点的距离约束，也就是限制了该线段的长度。除此之外,对于已经标注完成的尺寸也可以修改其数值或位置,并且同时更新其他相关尺寸;也可以先选择要标注的曲线,再单击【自动判断的尺寸】选项。

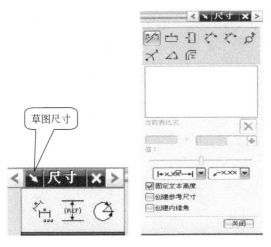

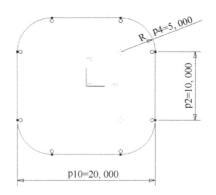

图 3.57　尺寸标注编辑对话框　　　　图 3.58　尺寸约束示意图

3) 定位约束

定位约束确定草图相对于实体边缘或者特征点的位置。

几何约束标注完成后,信息栏会提示草图还需要两个约束,图形中的两个定位尺寸分别以坐标轴为基准添加水平定位和垂直定位。添加完成后,信息栏提示图形被完全约束。此时所有草图曲线在约束状态下以红色显示,如图 3.59 所示。

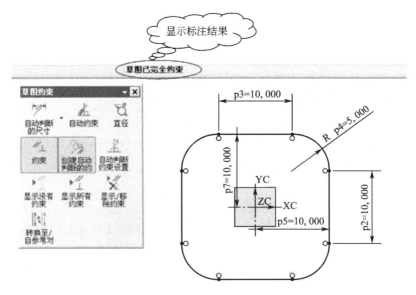

图 3.59　完整约束图

在对草图对象添加完相关约束后,UG 还提供相关的操作对所添加的约束进行编辑,以便进一步修改草图对象。

4. 草图约束方式替换

当用户对一个草图对象进行约束操作时,同一约束条件可能存在多种解决方法,采用替换操作可将约束的一种解法转为另一种解法。单击 图标,系统将弹出【备选解】对话框。系统提示用户选择操作对象,此时可在绘图工作区中选取要进行替换操作的对象。选择对象后,所选对象直接转换为同一约束的另一种约束方式。用户还可继续选择其他操作对象进行约束方式的转换。

5. 显示或移除约束

显示或移除约束用来查看现有的几何约束,设置查看的范围、查看类型和列表方式,以及移去不需要的几何约束。

单击【显示/移除约束】图标,系统将弹出如图 3.60 所示的【显示/移除约束】对话框。其中包含了约束列表、约束类型、显示约束等选项。

图 3.60 【显示/移除约束】对话框

1) 约束列表

该选项用于设置显示在约束列表框中的草图对象的约束范围。

选定的对象(单个):选择该选项,【显示约束】框中显示所选草图对象的几何约束,此时用户只能在绘图工作区中选择一个草图对象(选择一条线段或是圆弧等)。

选定的对象(全部):该选项是系统的默认设置方式,选中该选项后,它允许用户选取多个草图对象。

活动草图中的所有对象:该选项用于在约束列表框中列出当前草图中所有草图对象的几何约束。

2) 约束类型

该选项用于设置要在约束列表框中显示的约束类型。当选择此下拉列表框时,会列出可选的约束类型,可从中选择要显示的约束类型名称。

3) 显示约束

该选项用于设置是在约束列表框中显示指定类型的约束还是显示指定类型以外的所有其他约束,其中包含 2 个选项。

包含:选择该选项,则在约束列表框中显示指定的类型约束。

排除:选择该选项,则在约束列表框中显示指定类型以外的所有其他约束。

4) 约束列表框

该列表框用于显示当前草图所选对象的指定类型的几何约束。当在该列表框中选择某约束时,约束对应的草图对象在绘图工作区中会高亮显示,并在该对象右侧显示草图对象的名称。也可用列表框右边的上下箭头按顺序选择约束,在选中的约束上双击可以将该约束从草图中移去。

5) 移除

该选项可以移去在约束列表框中所选择的一个或多个几何约束。系统提供了两种移除约束的方式:选取【移除高亮显示的】选项,用于移除当前高亮显示的几何约束,也就是用户选中的约束;选取【移除所列的】选项,用于移除约束列表框中所有的几何约束。

6）信息

该选项用于查询约束信息。选择该选项会弹出信息窗口，可用来向用户显示当前所有草图对象之间的几何约束关系。

3.3.3 镜像曲线

镜像曲线操作是将草图几何对象以一条直线为对称中心线，将所选取的对象以该直线为轴进行镜像，复制成新的草图对象。镜像复制的对象与原对象形成一个整体，并且保持相关性。单击【插入】|【来自曲线集的曲线】|【镜像曲线】选项时会弹出如图3.61所示的【镜像曲线】对话框。

在选择步骤选项组中包括两个步骤图标，分别代表选择镜像中心线操作和选择镜像几何对象操作。

1. Mirror Centerline（选择镜像中心线）

该图标用来选择存在的直线作为镜像中心线。选择镜像中心线时，用户只能选择草图中的直线。镜像操作后，镜像中心线会变成参考线，如果要将其转化为正常的草图对象，可用草图管理功能中转换参考对象方法进行转换。

2. Mirror Geometry（选择镜像几何对象）

该图标用于选择一个或多个要镜像的草图对象。在选取镜像中心线后，用户可以在草图中选取要产生镜像的草图对象。

3. 应用

单击【确定】或【应用】按钮，则直接生成对称的草图对象，如图3.62所示。

图3.61 【镜像曲线】对话框

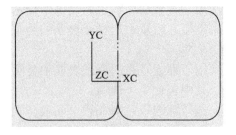

图3.62 镜像后的草图

3.3.4 草图管理

1. 添加现有曲线

添加草图对象用于将存在于绘图区的不属于草图对象的曲线或点添加到当前的草图中。

单击【选择曲线或点】按钮，系统将弹出【类选择】工具，让用户从绘图工作区中直接选取要添加的点或曲线。完成对象选取后，系统会自动将所选的曲线或点添加到当前的草图中，刚添加进草图的对象不具有任何的约束。

2. 投影曲线

添加抽取对象到草图功能能够将抽取的对象按垂直于草图工作平面的方向投影到草图中，使之成为草图对象。

单击相应按钮，系统将弹出如图3.63所示的【投影曲线】对话框。

进行添加抽取对象到草图操作时，按照提示选择要抽取的对象，在公差选项中设置被抽取曲线投影到草图工作平面后的误差，设置关联性，单击【确定】按钮，在绘图工作区中选取欲抽取的对象按垂直草图工作平面的方向被投影到草图中，并与直接建立的草图曲线一样颜色显示，成为当前草图中的对象。

图3.63 投影对象到草图对话框

3. 编辑定义曲线

草图一般用于拉伸、旋转而生成扫描特征，因此大多数草图作为扫描特征的截面曲线，编辑定义线串用来编辑已经作为截面曲线的草图，更改后，由草图生成的扫描特征的截面形状随之改变。

单击 按钮，系统弹出【编辑定义曲线】对话框。它用于将某些曲线、边和表面等几何对象添加到用来形成扫描特征的截面曲线中，或从用来形成扫描特征的截面曲线中移去一些曲线、边和表面等对象。

阅读材料3-2

打开UG，进入草图操作界面，选取xy面为草图平面，打开【草图曲线】选项卡，在绘图区域任意位置开始绘制直线、圆弧，输入大概尺寸，并确定大概的方位，如图3.64所示。

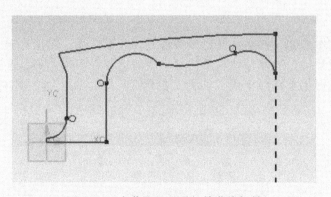

图3.64 在草图平面进行的曲线初绘

进行几何约束和尺寸约束，约束线条间的平行相切关系，约束直线的水平或垂直，约束线条之间的角度、线条的长度及圆弧的中心位置、圆弧半径等，根据提示栏的提示一直将草图全约束，如图3.65所示。

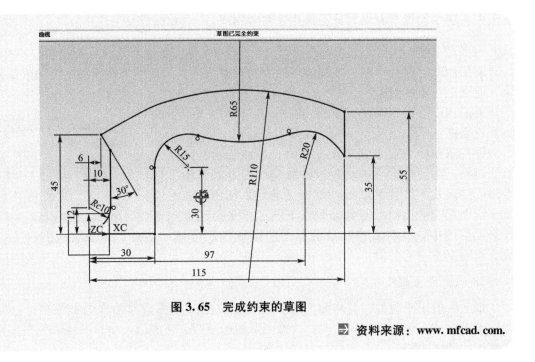

图 3.65　完成约束的草图

资料来源：www.mfcad.com。

3.4　实体建模

UG 系统有建模模块，此模块具有强大的实体造型功能，它是一种基于特征和约束的建模技术，建模功能强大，参数化方便，便于修改及系列化。

3.4.1　建模模块的常用工具条

1. 成形特征工具条

它用于创建基本形体、扫描特征、参考特征、成形特征、用户自定义特征和抽取几何形体，由曲线生成片体，增厚片体与由边界生成的边界平面片体等。这些命令在如图 3.66 所示的工具条中，如果工具条上没有所需要的命令，可以在工具栏处右击，通过【定制】命令将命令调出。

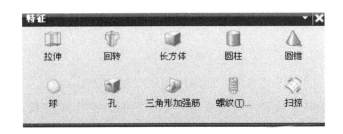

图 3.66　成形特征工具条

2. 特征操作工具条

它用于实体拔锥，边倒角，面倒圆，软倒圆，斜倒角，挖空实体，螺纹，阵列特征，缝合，修补实体，简化实体，包裹，移动表面，放缩实体，修剪实体，分割实体及布尔操作等。命令集中在如图 3.67 所示工具条中。

图 3.67　特征操作工具条

3. 特征编辑工具条

它用于编辑特征参数，编辑特征定位尺寸，移动特征，特征重新排序，删除特征，抑制特征，解除特征抑制，抑制表达式，移去特征参数，编辑实体密度，更新延时，更新特征，重置实体等，如图 3.68 所示工具条。

图 3.68　特征编辑工具条

3.4.2　构建基准特征

基准特征是实体造型的辅助工具，起到参考作用。基准特征包括基准轴、基准面和基准坐标系。在实体造型过程中，利用基准特征可以在所需的方向和位置上绘制草图，生成实体或者直接创建实体。基准特征的位置可以固定，也可以随其关联对象的变化而改变，使实体造型灵活方便。

1. 基准轴

基准轴分为固定基准轴和相对基准轴两种。固定基准轴没有任何参考，是绝对的，不受其他对象约束。相对基准轴与模型中其他对象（例如：曲线、平面或其他基准等）关联，并受其关联对象约束，是相对的。

单击【基准/点】|【基准轴】选项，系统弹出如图 3.69 所示的对话框。利用该对话框可以创建和编辑固定基准轴与相对基准轴。对话框上部的编辑选项提供了 8 种方法创建和编辑基准轴；中部选项的下拉列表与上部选项相对应。

在此对对话框中创建基准轴的常用方法进行说明。

（1）单击【自动判断】选项，生成基准轴，根据用户选择的对象不同由系统自动判断由哪种方式创建基准轴。

（2）单击【点和方向】选项，生成基准轴，根据提示选择点，然后选择矢量，如图 3.70 所示，可以选择默认方向，也可以打开矢量构造器，如图 3.71 所示，生成指定方向。然后单击【确定】按钮即可生成基准轴，这种方式非常灵活。

图 3.69 【基准轴】对话框

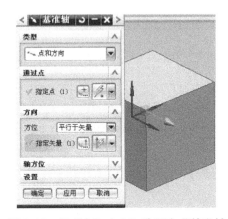

图 3.70 用【点和方向】选项生成基准轴

图 3.71 构建基准轴的矢量构造器

（3）单击【两点】选项来生成基准轴，根据提示选择两个点，或者点与其他对象，如面、线等，生成基准轴，如图 3.72 所示，此时反向按钮激活，可以单击它改变矢量方向。

（4）单击【曲线上矢量】选项来生成基准轴，根据提示选择曲线，对话框中会出现【圆弧长】文本框，在绘图区也会出现相应的对话框，输入长度就可以在指定的弧长处产生基准轴。另外，在此点处产生的基准轴并不唯一，所以【曲线上的方位】下拉列表框一一列出此点处的基准轴，根据需要选取，如图 3.73 所示。

（5）单击【固定基准】选项来生成固定基准轴，按照工作坐标系的指向生成 3 个或选择生成某个方向的基准轴。其中【固定基准】坐标轴选项下拉列表框中有以下 4 个选项。

【WCS 的 3 个轴】：以 WCS 的 3 个坐标轴为确定的基准轴；【XC】：以 WCS 中的 XC 轴为确定的基准轴；【YC】：以 WCS 中的 YC 轴为确定的基准轴；【ZC】：以 WCS 中的 ZC 轴为确定的基准轴。

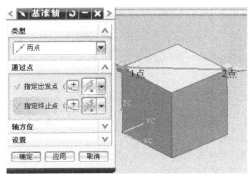

图 3.72　用【两点】选项生成基准轴　　图 3.73　使用【曲线上矢量】选项生成基准轴

2. 基准平面

基准平面是实体造型中常使用的辅助平面,通过使用基准平面可以在非平面上方便地创建特征,或为草图提供草图工作平面位置,其对话框如图 3.74 所示。

基准平面分为相对基准平面和固定基准平面两种。固定基准平面没有关联对象,不受其他对象约束;相对基准平面与模型中其他对象如曲线、面或其他基准等关联,并受其关联对象约束。

1) 固定基准平面

固定基准方法是利用软件坐标系和三平面方式创建而成的基准平面,共有 4 种方法。

【XC-YC 平面】:利用软件坐标系 XOY 平面变换创建的基准平面。

【XC-ZC 平面】:利用软件坐标系 XOZ 平面变换创建的基准平面。

【YC-ZC 平面】:利用软件坐标系 YOZ 平面变换创建的基准平面。

图 3.74　【基准平面】对话框

如图 3.75 所示为以 XOY 平面为固定基准平面,偏置距离 20mm 后得到的基准平面,单击【反向】按钮可以对基准平面方向反转。利用 XOZ、YOZ 平面变换创建的基准平面同理。

单击【系数】按钮,对话框中出现平面方程参数输入文本框,如图 3.76 所示。输入需要的参数值,生成基准平面。

2) 自定义方式确定的基准平面(10 种)

由图 3.74 可知,在相对基准平面对话框中共列出了 10 种基准平面的建立方法。

图 3.75　以 XOY 平面为基准的【基准平面】对话框　　图 3.76　平面方程参数输入文本框

图 3.77　自动判断方式确定基准平面法

在这里只介绍自动判断方式创建的基准平面，其余方式读者可以根据信息栏提示创建自己所需要的基准平面。

选择【自动判断】选项，根据提示选定平面对象后，【基准平面】对话框中部出现如图 3.77 所示【平面的数量】文本框。输入偏置距离和平面数量即生成基准平面。

如图 3.77 所示，选择长方体的上平面作为基准平面，选择后出现【平面的数量】文本框。输入偏置距离和平面数量，分别为在【距离】文本框中输入"30"mm，在【平面的数量】文本框中输入"1"，生成的基准平面如图 3.77 所示。

3.4.3　特征建模

1. 长方体

块体主要包括正方体和长方体，可通过给定具体参数确定。用鼠标单击【插入】|【设计特征】|【长方体】图标，弹出如图 3.78 所示的【长方体】对话框。

对话框最上面介绍的是长方体的 3 种类型。生成方式分别是：原点，边长度、两个点，高度、两个对角点 3 种。不同的生成方式对应的输入文本框不同。值得注意的是，在两个对角点生成方式中，对角点一定要处于不同的高度。

在对话框中选择一种块生成方式，然后按选择步骤操作，再在相应文本框中输入块参数，确定，即可创建所需要的块体。

2. 圆柱

圆柱命令用来生成各种不同直径和高度的

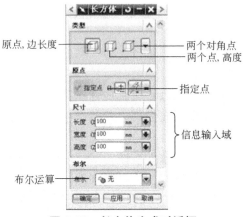

图 3.78　长方体生成对话框

圆柱。单击【圆柱体】图标,弹出如图 3.79 所示【圆柱】对话框。在对话框中选择圆柱类型,所选类型不同,系统也会弹出不同的参数对话框。输入柱体参数,并指定柱体位置,然后确定即可创建简单的柱体造型。生成过程中所用的矢量构造器、点构造器在前面都有详细说明,在此不再赘述,只需根据提示输入相应参数即可。

3. 圆锥

圆锥命令可以用来构造圆锥和圆台实体。单击【圆锥】图标,弹出如图 3.80 所示【圆锥】对话框。在对话框中选择一种锥体类型,弹出输入锥体参数对话框。在相应对话框中输入锥体参数,然后确定即可创建简单的锥体造型。

图 3.79 【圆柱】对话框

图 3.80 【圆锥】对话框

4. 球

球命令主要用来构造球形实体。单击【球】图标,弹出如图 3.81 所示【球】对话框。在对话框中选择一种球体类型,弹出输入球体参数对话框,输入参数后,确定便可创建所需的球体。

5. 管道

管道命令用来构造各种管型实体。单击【管道】图标,弹出如图 3.82 所示【管道】对话框,可选择管道导引线即管道的路径。

外径:用于设置管道的外径,其值必须大于 0。

内径:用于设置管道的内径,其值必须大于等于 0,且必须小于外直径。

图 3.81 【球】对话框

设置:用于设置管道面的类型,包含多段和单段选项,多段用于设置管道为有多段面的复合面,单段用于设置管道有一段或两段表面,且均为简单的 B 曲面。

输入上面对话框的设定值后,按照提示选择引导线串即可生成管道模型。

6. 孔

孔的类型包括常规孔、钻形孔、螺钉间隙孔、螺纹孔和孔系列 5 种,其中常规孔包含

简单孔、沉头孔和埋头孔。单击【插入】|【设计特征】|【孔】按钮,弹出如图 3.83 所示【孔】对话框。首先指定孔的类型,然后选择实体表面或基准平面作为孔放置平面和通孔平面,再设置孔的参数及打通方向,最后确定孔在实体上的位置,这样就可以创建所需要的孔。这里以常规孔的 3 种常用孔为例说明。

图 3.82 【管道】对话框

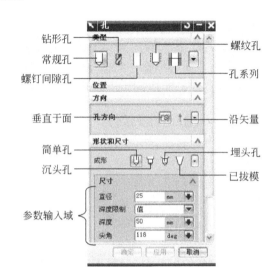

图 3.83 【孔】对话框

1)简单孔

简单孔的参数设置如图 3.83 中默认所示,各设置参数具体含义如图所示,设置后,选择孔的安放平面进入草图,并弹出对话框,如图 3.85 所示,各尺寸含义如图 3.84 所示。

定位方式有 5 种,如图 3.85 所示,下面对定位方式进行说明。

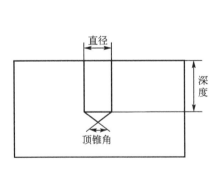

图 3.84 简单孔参数含义表达图

图 3.85 孔定位类型图

(1)矩形定位。该方式通过在草图上指定一点,再以该点为基准沿 X 和 Y 两个方向各偏置一个值,以此确定要打孔的位置。

(2)圆柱形定位。该方式通过在草图上指定一点,以该点为坐标原点,以圆柱坐标确定打孔位置进行定位。

(3)球形定位。该方式通过在草图上指定一点,以该点为坐标原点,以球坐标确定打孔位置来进行定位。

(4)沿矢量定位。该方式通过在草图上指定一点,然后选取某直线,以指定点为基准,沿着指定的方向偏置一定的值确定打孔位置来进行定位。

(5)沿曲线定位。该方式通过在草图上选取一条曲线,使打孔位置沿着曲线的圆弧长或其百分比来进行定位。

2)沉头孔

选择第二种类型,即沉头孔类型,其对话框如图 3.86 所示。选择相应的表面,在文本框中输入相应沉头孔参数,选择要求的定位方式,即可完成沉头孔的创建。操作步骤和简单孔一致。

3)埋头孔

选择第三种类型,即埋头孔类型,其对话框如图 3.87 所示,选择相应的表面,在文本框中输入相应沉头孔参数,选择要求的定位方式,即可完成埋头孔的创建。操作步骤和简单孔一致。

图 3.86　沉头孔对话框

图 3.87　埋头孔对话框

7. 凸台

凸台命令用来构造在平面上的形体。单击【插入】|【设计特征】|【凸台】按钮,弹出如图 3.88 所示【凸台】对话框,按操作步骤选择放置面,在各文本框中输入圆形凸台相应参数,确定构造方向,单击【应用】按钮,弹出【定位】对话框,如图 3.89 所示,定位后确定可得凸台。定位方式有 6 种,下面对定位方式进行说明。

图 3.88　【凸台】对话框

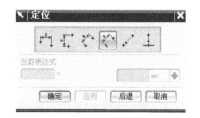

图 3.89　凸台的定位方式

（1）水平定位。该方式通过在目标实体与工具实体上分别指定一点，再以这两点沿水平参考方向的距离进行定位。单击该图标，选择目标体上某个对象与工具体上某点进行水平距离方向的定位。

（2）竖直定位。该方式通过在目标实体与工具实体上分别指定一点，以这两点沿垂直参考方向的距离进行定位。单击该图标，弹出的对话框与操作步骤与水平定位时类似。

（3）平行定位。该方式指的是在与工作平面平行的平面中测量在目标实体与工具实体上分别指定点的距离。

（4）垂直定位。该方式通过在工具实体上指定一点，以该点至目标实体上指定边缘的垂直距离进行定位。单击该图标，其操作与平行定位相类似。

（5）点到点。该方式通过在工具实体与目标实体上分别指定一点，使两点重合进行定位。可以认为两点重合定位是平行定位的特例，即在平行定位中的距离为零时就是两点重合，其操作步骤与平行定位时类似。

（6）点到线上定位。该方式通过在工具实体上指定一点，使该点位于目标实体的一指定边缘上进行定位。可以认为点到线上定位是垂直定位的特例，即在垂直定位中的距离为零时就是点到线上的定位。单击该图标，其后弹出的对话框与垂直定位时类似。

8. 腔体

腔体是创建于实体或者片体上的，其类型包括圆柱形腔体、矩形腔体和常规腔体。单击相应按钮，弹出如图3.90所示【腔体】对话框。在对话框中可以选择圆柱形、矩形或者常规腔体构造方式，对于圆柱形、矩形腔体，选择实体表面或基准平面作为腔体放置平面来构造腔体。而对于常规类型，则利用创建常规腔体的对话框来创建。

图3.90 【腔体】对话框

对于圆柱形腔体来说，选择好放置面后，弹出如图3.91所示参数设置对话框，设置好相应参数后确定，弹出定位对话框，进行相应的定位操作即可生成。

而对于矩形腔体来说，选择好了放置平面后会弹出选择水平参考的对话框，如图3.92所示。选择好水平参考对象后，弹出如图3.93所示参数设置对话框。然后进行定位，生成矩形腔体。

图3.91 设置圆柱腔体的参数　　图3.92 设置矩形腔体时的水平参考　　图3.93 矩形腔体参数设置

常规腔体在形状和控制方面非常灵活。通用型腔的放置面可以选择曲面，可以自己定义底面，也可选曲面作底面，顶面与底面的形状可由指定的链接曲线来定义，还可以指定放置面或底面与其侧面的圆角半径。单击【常规】按钮会弹出如图 3.94 所示对话框。对话框中的【选择步骤】图标可用来指定创建常规腔体的相关对象。各图标的具体含义与操作说明如下。

1) 放置面

该图标用于选择常规腔体的放置面。常规腔体的顶面跟随放置面的轮廓，可选择一个或多个表面、一个基准平面或平面作为常规腔体的放置面。使用时至少应选择一个面作为放置面。在选多个面做放置面时，各个面只能是实体或片体的表面，而且必须邻接。

2) 放置面轮廓线

该图标用于定义放置面轮廓线，是用来描述常规腔体在放置面上顶面轮廓的曲线集。可以从模型中选择曲线或者利用边缘，也可用转换底面轮廓线的方式定义放置面轮廓线。单击该图标，如果没有选择放置面轮廓线，对话框中的可变显示区将变成如图 3.95 所示状态。

锥角：用于设置由拔锥底面轮廓线得到放置面轮廓线时的拔锥角度。角度值必须大于等于 0°，且小于等于 90°。

相对于：用于定义拔锥方向。

放置面轮廓线必须封闭，而且是可投影的，即当轮廓线按投影方向投影到指定的面时必须封闭，不能自交。

3) 底部面

该图标用于定义常规腔体的底面。单击该图标，对话框中的可变显示区将变成如图 3.96 所示状态。在定义底面时非常灵活，可以直接选择底面，也可以偏置或转换放置面得到底面，还可以偏置或转换已选底面得到实际底面。在直接选择底面时可选择一个或多个表面，或一个基准平面，或一个平面。

图 3.94 【常规腔体】对话框

图 3.95 【由底面轮廓曲线】可变显示区状态

图 3.96 【底部面】可变显示区状态

底部面：用于设置底面的定义方式，包括偏置与平移两个选项。

从放置面：用于设置底面的偏置值，使所选放置面沿偏置方向偏置指定值得到底面。

图 3.97 【由放置面轮廓曲线】可变显示区状态

选定的底面：用于设置底面的偏置值，使所选底面沿偏置方向偏置指定值得到实际底面。

4）底面轮廓曲线

该图标用于定义常规腔体的底面轮廓线，可以从模型中选择曲线或边缘定义，也可通过转换放置面轮廓线进行定义。单击该图标，如果没有选定底面轮廓线，则对话框中的可变显示区将变为图 3.97 所示。选择的底面轮廓线必须是封闭曲线，不能自交。

5）目标体

当目标体不是第一个放置面所在的实体或片体时，应选择该图标指定放置常规腔体的目标实体。单击该图标，只要在模型中选择需要的一个实体或片体即可，可变显示区不变。

6）放置面轮廓线投影矢量

该图标指定放置面轮廓线的投影方向。当放置面轮廓线不在放置面上时，应指定轮廓线向放置面投影的方向。单击该图标，则对话框中可变显示区变成图 3.98 所示。此时可在下拉式列表框中选择方向的定义方法来定义投影方向。

7）底面轮廓线投影矢量

该图标用于指定底面轮廓线的投影方向。当底面轮廓线不在底面上时，应指定轮廓线向底面投影的方向。方法与放置轮廓线投影矢量相类似。

常规腔体的创建实例如图 3.99 所示，左图为创建前的准备，右图为创建好的腔体。

图 3.98 【放置面轮廓线投影矢量】可变显示区状态

图 3.99 常规腔体实例

9. 垫块

垫块是在实体或片体上创建的形体。单击【插入】|【设计特征】|【垫块】选项，弹出如图 3.100 所示【垫块】对话框。垫块的类型包括矩形垫块和常规垫块。创建矩形垫块，选择矩形垫块的放置面，并设置矩形垫块的参数便可创建需要的矩形垫块。创建常规垫块与创建常规腔体方法类似。

图 3.100 【垫块】对话框

10. 键槽

键槽的类型包括矩形槽、球形槽、U型槽、T型槽和燕尾槽等。单击【插入】|【设计特征】|【键槽】选项，弹出如图 3.101 所示【键槽】对话框。在实体上创建键槽，首先指定键槽类型，再选择平面，即键槽放置平面和通孔平面可以是平的放置面，也可以是基准平面。指定槽的轴线方向，然后在对话框中输入槽的参数，然后弹出定位方式对话框，确定槽在实体上的位置，同时各类型槽都可以设置为通槽，这样就可以创建所需的键槽了。不论选择何种形式的键槽，操作过程都类似，不同的是各自参数的设置。

11. 槽

单击【插入】|【设计特征】|【槽】选项，弹出如图 3.102 所示的【槽】对话框，该对话框中有 3 种生成槽的方式，矩形、球形端槽、U 形槽。首先选择圆锥面或圆柱面作为槽放置面，然后弹出槽参数输入对话框，不同形式的槽需要设置的参数也不同。

需注意的是，设置的槽直径一定小于放置面处的锥面或圆面的直径，然后选择边界，设置槽边与边界的距离，确定生成槽。

图 3.101 【键槽】对话框

图 3.102 【槽】对话框

12. 拉伸

拉伸是将实体表面、实体边缘、曲线、连接曲线、草图或者片体通过拉伸生成实体或者片体。单击【插入】|【设计特征】|【拉伸】选项，弹出如图 3.103 所示对话框。

1）选择拉伸特征

根据提示可以直接选择剖面，例如选择绘图工作区的曲线、实体边界、实体表面等，也可以单击草图按钮进入草图工作区绘制要拉伸的草图轮廓线并选定。也可以先选择草图剖面，绘制完成后再选择拉伸命令。如果启用了预览，则会预先在绘图工作区中出现拉伸的状态，并给出一个默认的拉伸方向和起始、结束位置，下一步再进行修改，获得满足要求的拉伸体。

2）拉伸位置设置

起始、结束位置可以在绘图工作区中的对话框中设置，也可以在拉伸对话框中进行设置。

拉伸距离的限制有以下几种，如图 3.104 所示。

图 3.103 【拉伸】对话框

图 3.104 拉伸距离设置方法

值：直接输入表示长度的数值。

对称值：起始和结束位置的数值大小相等，符号相反。

直至下一个：可以沿拉伸矢量方向拉伸对象至下一个体对象。

直至选定对象：沿拉伸矢量方向拉伸对象延伸至用户选定对象。选定对象可以是面、基准平面或体对象。

直到被延伸：将截面曲线拉伸，使其在通过被扫过的实体时在其上修剪出截面轮廓曲线的形状。

贯通：沿着拉伸矢量方向拉伸对象通过所有选取的体对象。

3）拉伸方向设置

单击矢量构造器进行拉伸方向的设置，矢量设置方法前面有详细叙述，这里不再赘述，图 3.105 所示为设置的拉伸方向，以及设置为此拉伸方向后的拉伸图。

（1）如果选定偏置，会在拉伸对话框中出现如图 3.106 所示的设置偏置文本框。起始偏置用于设置截面曲线偏置的起始位置。值的大小是相对于截面曲线而言的。正负是相对偏置方向而言的。结束偏置用于设置截面曲线偏置的终止位置，值与起始偏置相类似。

（2）选定拔模角命令后，【拉伸】对话框中出现如图 3.107 所示文本框。可以在创建拉伸特征时设置拔模类型和拔模角度值。

13. 回转

单击【插入】|【设计特征】|【回转】选项，弹出如图 3.108 所示的对话框。回转特征将截面曲线绕一个轴旋转生成实体，截面轮廓线的选取与拉伸命令中的类似。

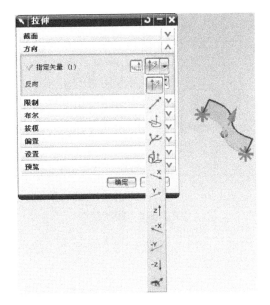
图 3.105 拉伸方向确定

图 3.106 设置偏置

图 3.107 设置拔模类型和角度

图 3.108 【回转】对话框

(1)选择轮廓线后,指定旋转轴矢量方向(与前面所述类似),然后指定点,定位旋转矢量位置。角度限制选项中的方法有如图 3.109 所示的两种。

值:直接输入起始结束的角度值,如输入图 3.110 中的角度值可得到图示的图形。

直至选定对象:按用户指定的回转轴回转所选截面轮廓曲线到指定的实体表面或基准平面。由该方式创建的回转特征起始于截面轮廓曲线的所在面,终止于指定的实体表面或基准平面。

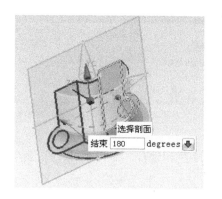

图 3.109　设置旋转角度　　　　　　图 3.110　回转模型

（2）选择偏置选项，在旋转对话框中会出现如图 3.111 所示文本框，所构造的图形会因为有了偏置而发生变化，如图 3.112 所示。

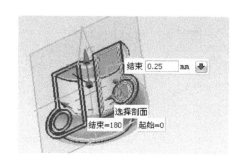

图 3.111　设置偏置　　　　　　图 3.112　设置偏置后的回转模型

3.4.4　特征操作

1. 布尔运算

布尔运算用来处理实体造型中多个实体或片体的合并关系，包括相加、相减和相交运算，分别对应实体或片体联合、实体或片体相减和产生交叉实体或片体。在进行布尔运算操作时首先选择的需要与其他体合并的实体或片体称为目标实体；而修改目标实体的被称为工具实体，在完成布尔运算时，工具实体成为目标实体的一部分。

1) 求和

单击【插入】|【组合体】|【求和】选项，弹出如图 3.113 所示的【求和】对话框，根据提示选择目标体，确定，选择工具体，然后确定即可使所选的实体合并成一个整体。

如果选择【保持工具】选项，则生成合并整体时所选择的工具体仍作为一个单独完整的整体存在。

如果选择【保持目标】选项，则生成合并整体时所选择的目标体仍作为一个单独完整的整体存在。

2) 求差

单击【插入】|【组合体】|【求差】选项，弹出如图 3.114 所示的对话框，选择目标实体

然后选择工具实体，所选的工具实体必须与目标实体相交，否则在相减时会产生出错信息。另外片体与片体不能相减。

图 3.113 【求和】对话框

图 3.114 【求差】对话框

3) 求交

单击【插入】|【组合体】|【求交】选项，弹出如图 3.115 所示对话框，选择目标体，然后选择工具体，最后目标实体与工具实体的公共部分产生一个新的实体或片体。所选的工具体必须与目标体相交，否则在相交时会产生出错信息。另外，实体不能与片体相交。

图 3.115 【求交】对话框

图 3.116 【拔模】对话框

2. 实体拔模

拔模角在相对指定的方向上对实体进行拔模设计时，单击图标，弹出如图 3.116 所示【拔模】对话框。在对实体进行拔模操作时，先选择拔模类型，再按步骤选择拔模对象，并设置拔模参数，即可对实体进行拔模。

汽车车身计算机辅助设计

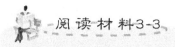

拔模角与分型面

对于与模具表面直接接触并垂直于分型面的产品特征需要有锥角或拔模角度，从而允许适当地顶出。该拔模角度会在模具打开的瞬间产生间隙，从而让制件可以轻松地脱离模具。如果在设计中不考虑拔模角度的话，由于热塑性塑料在冷却过程中会收缩，紧贴在模具型芯或公模上很难被正常地顶出。如果能仔细考虑拔模角度和合模处封胶，则通常很有可能避免侧向运动，并节约模具及维修成本。

对于无纹饰的表面一般推荐每边拔模角度最小值为 0.5°。但是也有例外情况，存在小于 0.5°也被接受的可能，这可以通过抛光拔模角度或使用特殊的表面处理来实现。对于有纹饰的侧壁，每 0.1mm 深度的蚀纹应增加拔模角度 0.4°。一般推荐 1°~3°的拔模角度，因为尽管随着拔模角度的加大，顶出会变得更为容易，但是可能会使某些部分变得太重。

应尽量维持分型面或平面的产品特征。当存在阶梯式分型面时，需要有 7°的拔模角度来封胶（最小值为 5°）。在封胶处的摩擦阻力会随时间导致磨损，且在注塑过程中会形成毛边。

分型面的确定问题是一个很复杂的问题，受到许多因素的制约，常常是顾此失彼。所以在选择分型面时应抓住主要矛盾，放弃次要因素。可以按以下原则来确定。

(1) 保证塑料制品能够脱模，这是首要原则。根据这个原则，分型面应首选在塑料制品最大的轮廓线上。最好在一个平面上，而且此平面与开模方向垂直。分型的整个廓形应呈缩小趋势，不应有影响脱模的凹凸形状，以免影响脱模。图 3.117 的塑件可以选择Ⅰ、Ⅱ、Ⅲ 3 个分型面，如果模具按Ⅰ—Ⅰ位置分型时，塑件无法从模具型腔中取出；如果模具按Ⅱ—Ⅱ位置分型时，则必需设有两个侧向型芯，依靠模具分开时，带动两个侧向型芯，塑件才能脱模；如果按Ⅲ—Ⅲ位置分型时即可顺利取出塑件，是一个合理的分型面，因此依照这个原则，确定此塑件的分型面位置在Ⅲ—Ⅲ处。

(2) 使型腔深度最浅，模具型腔深度的大小对模具结构与制造有如下三方面的影响：目前模具型腔的加工多采用电火花成形加工，型腔越深加工时间越长，影响模具生产周期，同时增加生产成本；模具型腔深度影响着模具的厚度，型腔越深，动、定模越厚，加工比较困难并且各种注射机对模具的最大厚度都有一定的限制，故型腔深度不宜过大；型腔深度越深，在相同起模斜度时，同一尺寸上下两端实际尺寸差值越大，如图 3.118 所示。若要控制规定的尺寸公差，就要减小脱模斜度，而这会导致塑件脱模困难。因此在选择分型面时应尽可能使型腔深度最浅。

(3) 使塑件外形美观，容易清理，尽管塑料模具配合非常精密，但塑件脱模后，在分型面的位置都会留有一圈毛边，即使这些毛边脱模后立即割除，仍会在塑件上留下痕迹，影响塑件外观，故分型面应避免设在塑件光滑表面上。如图 3.119 所示的分型面 a 位置，塑件割除毛边后，在塑件光滑表面留下痕迹；图 3.119 所示的分型面 b 处于截面变化的位置上，虽然割除毛边后仍有痕迹，但看起来不明显，故应选择后者。

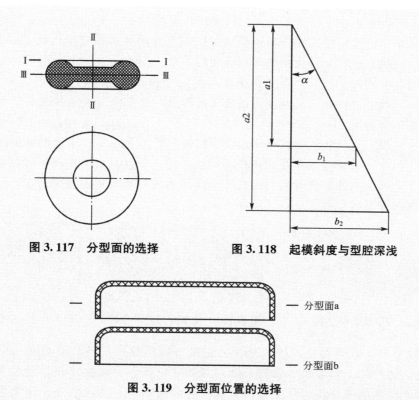

图 3.117　分型面的选择　　　　　图 3.118　起模斜度与型腔深浅

图 3.119　分型面位置的选择

（4）尽量避免侧向抽芯，因为侧向抽芯模具结构复杂，并且直接影响塑件尺寸、配合的精度，且耗时耗财，制造成本显著增加。如图 3.120 中Ⅲ—Ⅲ、Ⅳ—Ⅳ分型面需要侧向抽芯，而选择Ⅰ—Ⅰ、Ⅱ—Ⅱ分型面可以避免侧向抽芯。

（5）使分型面容易加工，分型面精度是整个模具精度的重要部分，力求平面度和动、定模配合面的平行度在公差范围内。因此，分型面应是平面且与脱模方向垂直，从而使加工精度得到保证。如选择分型面是斜面或曲面，加工的难度增大，并且精度得不到保证，易造成溢料飞边现象。

（6）使侧向抽芯尽量短。抽芯越短，斜抽移动的距离越短，一方面能减少动、定模的厚度，减少塑件尺寸误差；另一方面有利于脱模。如图 3.121 中塑件有两个垂直的孔，应使深度大的孔与开模方向一致，深度小的孔置于侧向，利用侧向抽芯的方法成形。图中Ⅰ—Ⅰ、Ⅱ—Ⅱ分型面正确，而Ⅲ—Ⅲ分型面是不合理的。

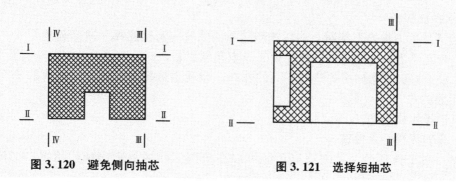

图 3.120　避免侧向抽芯　　　　　图 3.121　选择短抽芯

(7) 保证塑件制品精度。作为机械零部件的塑件，平行度、同心度、同轴度都要求很高，保证塑件精度除提高模具制造精度外，与分型面的选择有很大关系。如图 3.122 所示是一个双联齿轮，大小齿轮要求很高的同轴度，如选择Ⅰ—Ⅰ分型面，则大小齿轮分别置于动、定模内，因合模误差会导致两齿轮的同轴度不高；如选择Ⅱ—Ⅱ分型面，大小齿轮同在动模内，动、定模合模误差没有影响，只要制造误差符合要求就能有效保证大小齿轮的同轴度。

(8) 有利于排气。中、小型塑件因型腔较小，空气量不多，可借助分型面的缝隙排气。因此，选择分型面时应有利于排气。按此原则，分型面应设在注射时熔融塑料最后到达的位置，而且不将型腔封闭。如图 3.123 所示为不合理的分型面位置，如图 3.124 所示为合理的分型面位置。

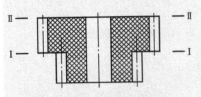
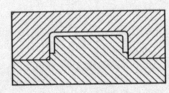
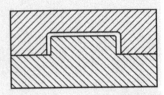

图 3.122　双联齿轮分型面　　图 3.123　分型面位置不合理　　图 3.124　分型面位置合理

(9) 使塑件留在动模内，模具开模时型腔内的塑件一般不会自行脱出，需用顶出机构顶出，注射机上都有顶出装置，且设在动模一侧，因此设计模具分型面时应使开模后塑件能留在动模内，以便直接利用注射机的顶出机构顶出塑件。如果塑件留在定模内，则要再另设计顶出装置才能脱模，模具结构复杂得多，且成本攀升，加工周期延长。

(10) 使型腔内总压力较大的方向与分型面垂直塑件注射时型腔内各方向的压强 P 相同，故某方向总压力 $F = P \times S$，S 为某方向的投影面积。S 越大，则 F 越大，选择总压力较大的方向与分型面垂直，利用注射机的锁模力来承受较大的注射压力。因此模具须结构简单，否则需另设计锁紧机构。模具结构复杂，成本增加，加工周期延长。

综上所述，选择注射模分型面影响的因素很多，总的要求是顺利脱模，保证塑件技术要求，模具结构简单制造容易。选定一个分型面方案后可能会存在某些缺点，再针对存在的问题采取其他措施弥补，以选择接近理想的分型面。

资料来源：朱栋. 塑料注射模分型面的确定. 机械制造与自动化，2003(3).

1）从平面拔模

单击【从平面拔模】按钮，然后按照选择步骤及提示栏的提示进行选择。

(1) 首先单击矢量构造器进行拔模矢量方向的设置。

(2) 设定好矢量方向后，进行平面的选择，也就是选择与拔模方向垂直的平面、基准平面或上面的点。

(3) 选择拔模的面。

(4) 设置拔模的角度值。

设置好各个选项后，启用预览功能可以在绘图工作区显示出拔模情况，如图 3.125 所示。

2）从固定边缘拔模

从固定边拔模对话框如图 3.126 所示。

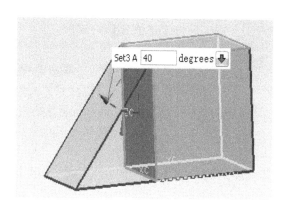

图 3.125　从固定平面拔模

图 3.126　从固定边缘拔模对话框

（1）首先进行拔模矢量方向设置，与以前所述类似。
（2）选定不变的边缘，并输入拔模角度。
（3）可以对可变拔模点进行设置，也可对拔模方法进行设置。
（4）生成拔模角如图 3.127 所示。

3）对面进行相切拔模

单击 图标，进行相切面拔模，选择步骤发生改变，只需要进行拔模角度适量的设置，然后选择一个表面，则与这个表面相切的面都会进行拔模操作，如图 3.128 所示。

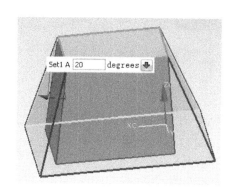

图 3.127　从固定边缘拔模

图 3.128　相切拔模

4）拔模到分型边缘

单击 按钮，进行拔模到分型边缘操作，此时选择步骤发生变化。注意在执行此命令之前应该先使用分割功能将实体由分型面处割开。

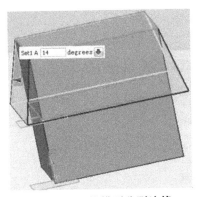

图 3.129　拔模到分型边缘

（1）指定拔模矢量方向。

（2）选定固定平面，设定角度。

（3）选择分型边缘，确定即可完成拔模。示例如图 3.129 所示。

3. 抽壳（镂空）

抽壳命令可以按指定厚度创建薄壁体。执行该命令，弹出如图 3.130 所示【壳单元】对话框。

1）等壁厚外壳

这种抽壳方式简单且常用，操作时只需按照提示选择对象，输入壁厚值即可。等壁厚外壳有两种方式，一种是选择【体】按钮时的方式，此时生成封闭的外壳，一种是选择【移除面】按钮时生成移除所选表面的外壳。

2）不等壁厚外壳

在等壁厚的基础上，可利用对话框中的不等壁厚按钮来指定不同厚度的表面，如图 3.131 所示。

图 3.130　【壳单元】对话框

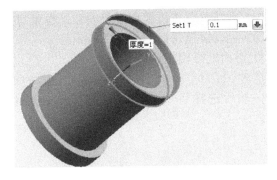

图 3.131　不等壁厚外壳

4. 实例特征

实例特征即对实体进行多个成组的镜像或者复制，避免对单一实体重复性操作。单击【插入】|【关联复制】|【实例特征】选项，弹出如图 3.132 所示【实例】对话框。对话框中共有 3 种实例引用特征方式，下面分别介绍各种实例特征的应用方法。

1）矩形阵列

选择该选项，弹出如图 3.133 所示选择阵列特征对话框。在对话框中选择特征名，单击【确定】按钮，接着弹出如图 3.134 所示【输入参数】对话框，设置矩形阵列的方式后，输入对应的阵列参数，单击【确定】按钮即可对所选特征产生矩形阵列。

图 3.132 【实例】对话框　　图 3.133　选择阵列特征对话框　　图 3.134 【输入参数】对话框

对于【输入参数】对话框有以下几点说明。

【常规】方法：用于将存在的特征创建一个阵列，并对其所有的几何特性及可行性进行分析和验证。

【简单】方法：与常规选项类似；但不进行分析和验证，其创建速度更快，计算量小。

【相同】方法：用于在尽可能少的分析和验证下进行阵列，保持一定的数量而且还保持一定质量。

XC、YC 向的数量：用于确定两个轴方向上阵列的数目。

XC 和 YC 偏置：用于设置阵列特征沿 XC 与 YC 方向的间距。

2）圆形阵列

选择图 3.132 所示对话框中的第二个【圆形阵列】选项，用于产生圆形阵列。与矩形阵列相类似，选择特征。单击【确定】按钮，出现【输入参数】对话框，在设置阵列方式和输入阵列参数后，确定，弹出选择回转轴对话框，指定回转轴后，则产生圆形阵列。

与矩形阵列相同，圆形阵列也包括 3 种方法，分别为：一般、简单、相同。通常情况下选一般就可以，与矩形阵列不同的是，需要输入的是圆形阵列的个数和阵列间的角度，以及阵列的回转轴。

3）图样面

图样面阵列是指通过选择实体特征的表面来对实体特征进行阵列，尤其对一些非参数化实体可以在找不到相应特征的情况下直接阵列其表面，但阵列后的元素不能自相交。阵列方式如图 3.135 所示。

矩形阵列：选择种子面，如图 3.136 所示，选择边界面，设定 XC、YC 的矢量方向，然后在数量文本框和距离文本框中输入相应的数值，得出如图 3.137 所示的矩形阵列。

圆形阵列：单击圆形阵列图标，按照提示选择种子面和边界面，确定环绕的矢量方向，设定阵列的数量和间隔角度，即可生成圆形阵列特征。

反射阵列（镜像阵列）：单击反射阵列图标，与上述操作类似，但是要设置镜像面。

图 3.135 【图样面】对话框

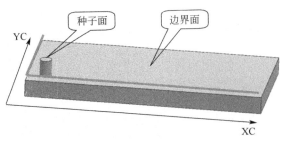

图3.136　边界的选择和方向的设定

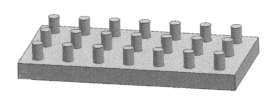

图3.137　生成图样面矩形阵列

3.4.5　特征编辑

特征的编辑是对前面通过实体造型创建的实体特征进行各种操作，包括编辑特征参数、编辑定位尺寸、移动特征、特征重排序、删除特征、抑制特征、解除抑制特征、表达式抑制、移去特征参数、延时更新、更新特征和实体重置等。

1. 编辑特征参数

编辑特征参数可以对特征存在的参数进行修改。编辑特征参数包含编辑一般实体特征参数、编辑扫描特征参数、编辑阵列特征参数和编辑其他参数4类情况。

单击 按钮，弹出如图3.138所示【编辑参数】对话框。文件中的模型不同，【编辑参数】对话框列表中对应的特征也不同。双击某个需要编辑的特征即弹出不同的对话框，根据需要进行修改。

1) 编辑一般实体特征

一般实体包括基本体素和成形特征等，如方体、圆柱、凸台、孔等。在【编辑参数】对话框中选择要编辑的实体，确定后弹出如图3.139所示的【编辑参数】对话框。所选择的特征实体不同该对话框的形式也有所不同，可能只有其中的一个、两个选项或者多于3个选项。

图3.138　【编辑参数】对话框

图3.139　编辑一般实体特征参数

特征对话框：用于编辑特征的存在参数。选择该选项将弹出创建所选特征时对应的【输入参数】对话框，这就可以修改需要改动的参数值，最终确定后即可达到修改目的。

重新附着：用于重新指定所选特征的位置及方向。依据选择特征的不同，其可供使用的选择步骤图标的多少和类型也不同。

2）编辑扫描特征参数

扫描特征包括拉伸特征、回转特征和顺滑特征。选择要编辑的扫描特征，确定后弹出如图 3.140 所示的建立扫描特征时的参数对话框。该对话框根据所选特征的不同存在多少和项目不同的选项。

3）编辑特征阵列参数

选择要编辑的阵列特征，确定后弹出如图 3.141 所示的【编辑参数】对话框。选择不同的阵列特征，该对话框包含的选项数目和类型也不同。

图 3.140 编辑扫描特征参数

图 3.141 编辑特征阵列参数

4）编辑其他特征参数

其他特征包括拔模角、面倒圆、倒斜角、壳体、螺纹、缝合等。对应不同特征有不同的【编辑参数】对话框。

2．移动特征

移动特征是将无关联特征移动到特定的位置。单击 移动特征 按钮，弹出如图 3.142 所示【移动特征】对话框。可以直接选择特征或者在特征列表框中选择需要移动位置的无关联特征，选择特征后，单击【确定】按钮，弹出如图 3.143 所示的设置移动参数对话框。

图 3.142 【移动特征】对话框

图 3.143 设置移动参数对话框

1) DXC、DYC 与 DZC

该选项用于设置所选特征的沿 X、Y、Z 方向移动的增量值。

2) 至一点

该选项用于将所选特征从原位置移动到目标点所确定的方向与距离。选择该选项，弹出点构造器对话框，首先指定参考点的位置，再指定目标点的位置，即可完成移动。

3) 在两轴间旋转

该选项用于将所选实体以一定角度绕指定点从参考轴旋转到目标轴。选择该选项，弹出点构造器对话框。指定一点后，弹出矢量构造器对话框，构造一矢量作为参考轴，再构造另一矢量作为目标轴即可。

4) CSYS 到 CSYS（坐标系到坐标系）

该选项用于将所选特征从参考坐标系中的相对位置转到目标坐标系中的同一位置。选择该选项，弹出坐标系构造器对话框，构造一坐标系作为参考坐标系，再构造另一坐标系作为目标坐标系即可。

3. 特征重排序

特征重排序是调整特征创建先后顺序。单击 图标，弹出如图 3.144 所示【特征重排序】对话框。特征重新排序时，首先在【参考特征】列表框中选择需要排序的特征，同时在【重定位特征】列表框中列出可调整顺序的特征。设置在前面或在后面排序方式，然后从【重定位特征】列表框中选择一个要重新排序的特征，确定，则将所选特征重新排到基准特征之前或之后。

4. 移除参数

移除参数命令用于移去特征的一个或者所有参数。单击 图标，弹出如图 3.145 所示的【移除参数】对话框，选择要移去的参数特征，确定后弹出警告信息框，提示该操作将移去所选实体的所有特征参数。若单击【确定】按钮，则移去全部特征参数。

图 3.144 【特征重排序】对话框

图 3.145 【移除参数】对话框

差速器壳的构建

下面以图3.146所示差速器壳体为例，利用UG进行实体建模。

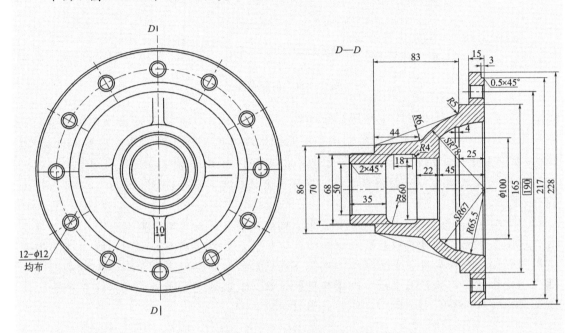

图 3.146　差速器壳体零件

操作步骤如下。

（1）打开 UG NX6 软件，在工具条中单击【新建】按钮，弹出【新建部件文件】对话框。在【文件名】输入框中输入名称"differential case"，单击【确定】按钮出现标准界面，最后在【应用程序】工具条中单击 按钮，选择【建模】命令进入三维建模界面。

（2）执行【插入】|【基准/点】|【基准轴】命令，创建如图3.147所示的基准轴。执行【插入】|【基准/点】|【基准平面】命令，创建如图3.147所示的XC-YC基准平面。利用同样的方法便可依次创建XC-ZC和YC-ZC基准平面。

（3）以当前默认坐标系为初始坐标系，单击【草图】 按钮，在图上单击选择上一步所创建的YC-ZC基准平面为草图平面，单击【确定】按钮进入二维草图界面，绘制如图3.148所示的草图轮廓，并对草图进行约束，草图完全约束时，若继续单击约束设置，草图曲线显红色，若对草图进行过约束，草图曲线显桔色。

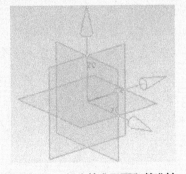

图 3.147　创建基准平面和基准轴

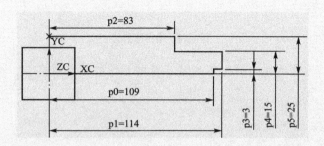

图 3.148　创建草图

（4）单击工具栏中【完成草图】 按钮，退出草图界面并返回到建模界面。

（5）选择本例第（3）步中所绘制的草图轮廓，在【设计特征】工具条中单击【回转】 按钮，弹出【回转】对话框。在【选择步骤】栏中单击【自动判断矢量】 按钮，然后选择 Z 轴基准轴作为回转中心轴，最后单击【确定】按钮创建如图 3.149 所示的回转特征。

（6）在【设计特征】工具条中单击【球体】按钮，弹出【球体】对话框。单击【直径，球心】按钮，在【直径】输入框中输入"156"，单击【确定】按钮，弹出【点构造器】对话框，选择坐标原点为球心，单击【确定】按钮，弹出【布尔操作】对话框，单击【创建】按钮，此时若直接单击【确定】按钮，默认的也是选择了【创建】命令，得到的球体特征如图 3.150 所示，此时关闭对话框即可。

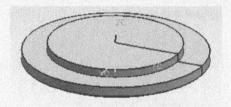

图 3.149　创建回转特征　　　　图 3.150　创建球体

（7）在菜单栏依次执行【插入】|【基准/点】|【基准平面】命令，弹出【基准平面】对话框，单击固定方法中的【XC-YC】 按钮，单击【确定】按钮，创建如图 3.151 所示的基准平面。创建基准平面时可手动调节控制球，调节生成基准平面的大小，也可以输入一定偏置距离，使其偏离当前位置一定距离。

（8）在菜单栏执行【插入】|【裁剪】|【修剪体】 命令，以上述基准平面修剪球体，将 Z 轴负方向半球修剪掉。在弹出的修剪体对话框中选择步骤中的【目标】 选项，并选择上述球体，【刀具】 选择上一步所创建的基准平面，保留 Z 轴正方向部分球体，若方向选反了可单击【反向】 按钮，切换修剪方向。修剪结果如图 3.152 所示。

（9）在工具条中单击【草图】 按钮，选择 YC-ZC 基准平面为草图平面，绘制如图 3.153 所示的草图轮廓。由于该草图中所绘制的圆仅为约束参考，所以此处应利用

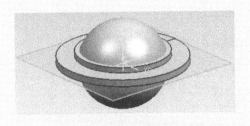
图 3.151　创建基准平面

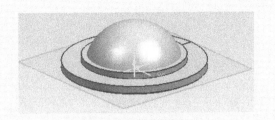
图 3.152　修剪球体

【转换至/自参考对象】命令将其转换为参考对象。【转换至/自参考对象】对话框如图 3.154 所示。草图轮廓绘制约束完成后单击【完成草图】按钮,退出草绘界面并返回建模界面。

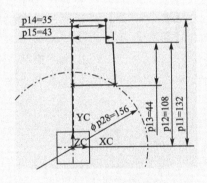
图 3.153　绘制草图

图 3.154　【转换至/自参考对象】对话框

(10) 选择上一步绘制的草图的轮廓,在【设计特征】工具条中单击【回转】按钮,弹出【回转】对话框。在【选择步骤】栏中单击【自动判断矢量】按钮,然后选择 Z 轴作为回转中心轴,最后单击【确定】按钮创建回转特征。

(11) 执行【插入】|【组合体】|【求和】命令,弹出【求和】对话框,在【选择步骤】栏中选择第(9)步创建的回转特征作为目标体,选择第(4)步的回转特征和第(7)步修剪后的半球作为工具体,单击【确定】按钮,所得求和后的特征体如图 3.155 所示。

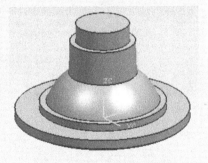
图 3.155　求和操作后实体

(12) 以 YC-ZC 基准平面为草图平面,绘制如图 3.156 所示的草图,在绘制此草图时,图中直线要保证与圆球面相切,所以画了此球体的轮廓外圆作为约束参考。由于该草图中所绘制的圆仅为约束参考,所以此处也应利用【转换至/自参考对象】命令将其转换为参考对象。单击【草图按钮】,退出草图界面。

(13) 选择上一步中的草图轮廓,单击工具条中的【回转】按钮,选择 Z 轴为回转中心轴,创建如图 3.157 所示的回转特征。

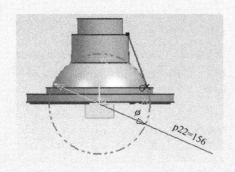
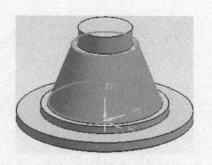

图 3.156　绘制草图　　　　　　　　图 3.157　创建回转特征

(14) 在菜单栏中执行【插入】|【裁剪】|【拆分】命令，在弹出的【拆分体】对话框中选择上一步中创建的回转特征作为拆分体，单击【确定】按钮，弹出如图 3.158 所示的对话框。选择【定义基准平面】按钮，在弹出的【基准平面】对话框中选择固定方法中的 XC-ZC 面，并在偏置距离中输入"5"，单击【确定】按钮，上述回转特征被所选基准平面分为两部分。再用同样的方法用偏置 XOZ 平面"-5"的基准平面将 Y 轴负方向的特征分为两部分。最后再分别用偏置 YOZ 平面"5"和"-5"的基准平面将上述回转特征作如图 3.159 所示分割。

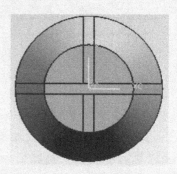

图 3.158　【拆分体】对话框　　　　　图 3.159　拆分后的实体

(15) 利用【编辑】|【删除】命令将图 3.160 中选中的特征删除，所得结果如图 3.161 所示。

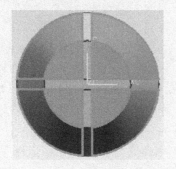
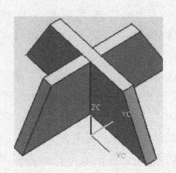

图 3.160　要删除的部分　　　　　　图 3.161　修剪后的实体

(16) 将上述所得特征体与第(11)步中求和得到的特征体再进行求和操作,可得到如图 3.162 所示的特征。至此本例的外形基本轮回转轮廓已经确定。

(17) 执行菜单栏中【格式】|【图层的类别】命令,弹出对话框,在类别名称处输入"waixingtezheng",单击【创建/编辑】按钮,选择第 10 层,再依次单击【添加】|【确定】按钮即可完成图层类别的设置。此处编辑的图层也可以选择多个图层作为同一类别。

图 3.162　求和后的实体外形

(18) 执行【格式】|【移动至图层】命令,弹出类选择构造器,选择图 3.162 中的特征体为移动对象,单击【确定】按钮,弹出【图层移动】对话框,在【目标图层或类别】栏中输入"10",单击【确定】按钮即可将选择的对象移动到目标图层。系统默认的新建的图层是不可见的,若要使被移动的对象可见,可执行【格式】|【图层的设置】命令,弹出【图层的设置】对话框,选择要显示的图层,单击【可选】按钮,便可重新显示该图层的特征。在【图层的设置】对话框中可以设置层的可见性或不可见性、可选性、工作层的确定。

(19) 以 YC-ZC 基准平面为草图平面,绘制如图 3.163 所示的草图,此图为本例内部上半部分特征轮廓线。绘制完成后,单击【完成草图】按钮,退出草图编辑。

(20) 以上一步中所绘制的草图为剖面图形,选择 Z 轴为旋转轴,利用【旋转】命令绘制如图 3.164 所示旋转图形。

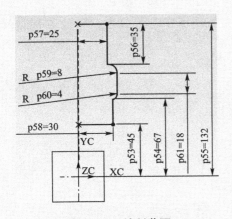

图 3.163　绘制草图

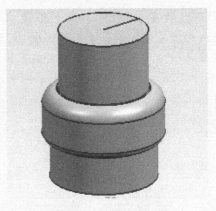

图 3.164　旋转后的实体

(21) 以原点为球心,利用【成形特征】|【球体】命令绘制半径为 67 的球体。接着分别插入偏置 XOY 平面"29"和"45"的两个基准平面,再利用【修剪体】命令以此两个基准平面为刀具将上述球体修剪为如图 3.165 所示特征体。

(22) 以原点为球心,利用【设计特征】|【球体】命令绘制半径为 65.5 的球体。接着分别插入偏置 XOY 平面"0"和"25"的两个基准平面,再利用【修剪体】命令以此两个基准平面为刀具将上述球体修剪为如图 3.166 所示特征体。

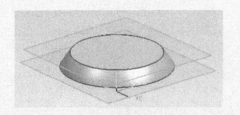
图3.165 修剪后的球体

图3.166 修剪后的球体

(23) 执行【插入】|【设计特征】|【圆锥】命令,弹出【圆锥】对话框,单击【两个共轴的圆弧】命令,选择图3.166中片球体的上边缘为底圆弧,图3.165中的片球体下边缘为顶圆弧,创建如图3.167所示的圆台,再将图中三部分特征体进行求和操作。

(24) 将图3.164中的特征体和图3.167中的特征体进行求和操作,创建如图3.168所示的特征体,至此该差速器壳的内表面轮廓已经构造完成。

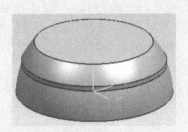
图3.167 求和后的实体

图3.168 求和后的实体

(25) 利用【图层设置】命令将第10层设置为【可选】状态,将外形特征显示出来,再利用【求差】命令,选择如图3.162所示的外形特征为目标体,图3.168所示的内部轮廓特征为工具体,单击【确定】按钮可得图3.169中所示特征体。

(26) 以XC-YC基准平面为草图平面,绘制如图3.170所示的草图,约束完成后退出草图编辑界面。

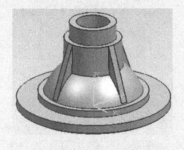
图3.169 求差后的实体
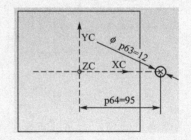
图3.170 绘制草图

(27) 在【设计特征】工具条中单击【拉伸】按钮,弹出【拉伸】对话框。在【选择步骤】中选择上一步绘制的草图轮廓为剖面,接着再单击【自动判断的矢量】按钮,然后选择Z轴正向基准轴为拉伸方向,在【结束】栏中输入"15",单击【确定】按钮,创建如图 3.171 所示圆柱体拉伸特征。

（28）将图 3.169 中特征体与上述圆柱体进行求差操作，在底部圆柱体上构造出一圆孔特征。在菜单栏依次选择【插入】|【关联复制】|【实例】选项，弹出【实例】对话框，单击选择【环形阵列】，再选择上述圆孔为引用特征，单击【确定】按钮，在弹出的对话框中，【方法】选择【一般】，数字栏中输入"12"，角度输入"30"，确定，即可创建如图 3.172 所示的圆孔实例特征。

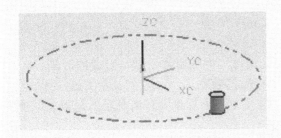

图 3.171 拉伸后的实体

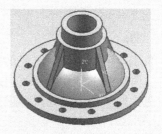

图 3.172 进行实例操作后的圆孔

（29）在菜单栏中依次执行【插入】|【细节特征】|【倒斜角】命令，弹出【倒斜角】对话框，在【输入选项】下方选择第一种偏置方式，选择上述构造的 12 个圆孔的上边缘和下边缘，在【偏置】距离栏中输入"1"，单击【确定】按钮，即可创建如图 3.173 所示倒斜角。

（30）利用上一步中【倒斜角】的相同操作方法将本例中差速器壳体其他各处有倒斜角特征的地方进行倒斜角处理。

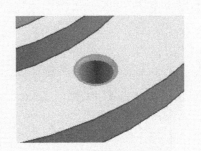

图 3.173 倒斜角后的圆孔

（31）在菜单栏中依次执行【插入】|【细节特征】|【边倒圆】命令，弹出【边倒圆】对话框，选择如图 3.174 所示圆的边缘，在半径栏中输入圆角半径"1"，确定，即可在所选圆边缘处进行倒圆角。再以同样方法将此差速器壳体其他圆角特征处进行边倒圆。

（32）最终所得差速器壳体如图 3.175 所示。

图 3.174 边倒圆倒角

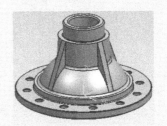

图 3.175 最终完成的差速器壳体

对于该差速器壳体的建立，这里仅给出了一种方法。其实，用 UG 建立实体的方法很多，读者可以根据实际情况选用合适的方法构建。在这些构建方法中需要探索建模快、品质好、易于修改的方法，这需要读者通过大量的练习，并在实际的项目工作中锻炼才能够获得。

➯ 资料来源：范萍萍，高尚鹏. 山东理工大学设计资料．

1. 思考题

（1）简述"镜像特征"、"镜像体"、"引用几何体"中的镜像，以及三者的区别。

（2）如何在同一界面中同时显示多个不同方位的视图？

（3）在拉伸命令中，如果要求生成实体，则对要拉伸的曲线有何要求？对系统设置有何要求？

2. 操作题

（1）根据工程图（图 3.176）建立三维模型，并定义模型的名字为"xxx"，保存在 E 盘根部目录下。

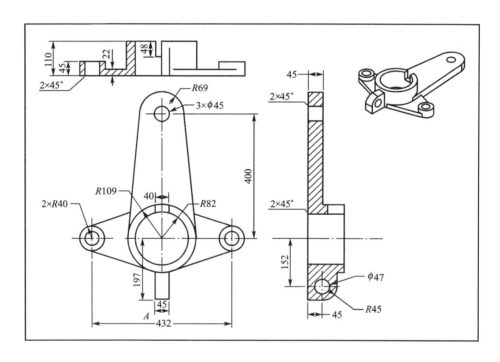

图 3.176　工程图

（2）根据图 3.177 在 UG 中作出草图，并进行几何和尺寸约束。

（3）绘制如图 3.178 所示的草图，并进行相应的几何和尺寸约束。

（4）根据图 3.179 标示的尺寸建立三维模型。

（5）根据图 3.180 建立三维模型。

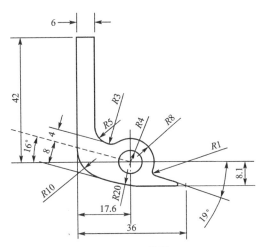

图 3.177 草图 1

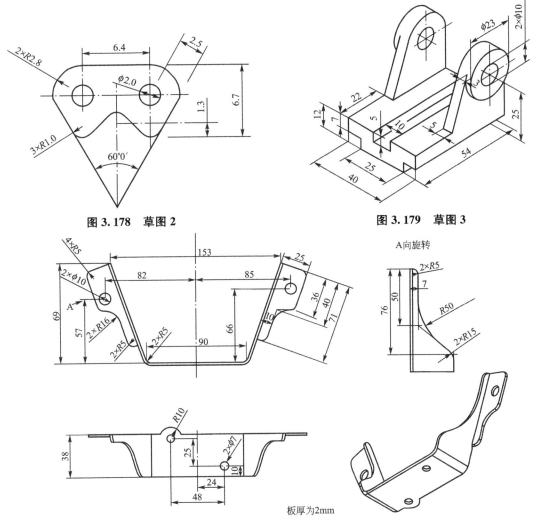

图 3.178 草图 2

图 3.179 草图 3

图 3.180 草图 4

第 4 章
曲线曲面及其在 UG 软件中的构建与修改

本章学习目标

- ★ 了解 Bézier 曲线曲面的表示方法;
- ★ 掌握 Bézier 曲线在 UG 软件中的构建与修改方法;
- ★ 了解张量积 Bézier 曲面;
- ★ 掌握 UG 中 Bézier 曲线的构建与修改;
- ★ 了解 B 样条曲线曲面;
- ★ 掌握 UG 中 B 样条曲线曲面的构建与修改。

本章教学要点

知识要点	能力要求	相关知识
Bézier 曲线	了解 Bézier 曲线	Bézier 曲线及其性质、导矢与升降阶
UG 中 Bézier 曲线的构建与修改	掌握 UG 中 Bézier 曲线的构建与修改	UG 中 Bézier 曲线的构造方法、修改方法
张量积 Bézier 曲面	了解张量积 Bézier 曲面	Bézier 曲面及其性质、偏导矢、法矢量和升阶
UG 中 Bézier 曲面的构建与修改	掌握 UG 中 Bézier 曲面的构建与修改	UG 中 Bézier 曲面的构建方法和修改方法
B 样条曲线曲面	了解 B 样条曲线曲面	B 样条曲线定义、性质、重节点和分类,B 样条曲面的定义与性质
UG 中 B 样条曲线曲面的构建与修改	掌握 UG 中 B 样条曲线曲面的构建与修改	UG 中 B 样条曲线的构建与修改,B 样条曲面的构建与修改

本章学习方法

本章学习时,首先了解 Bézier 曲线曲面、B 样条曲线曲面的定义与性质,在此基础上结合典型的车身零部件,掌握 UG 软件中各种曲线曲面的构建方法和修改方法。

导入案例

图 4.1 中为 2011 款宝马 i8 概念车,其造型设计的亮点在于外观和内饰的设计。前风挡一直延续到发动机舱的前部,车门也完全是玻璃材质,再配合外观的蓝色条纹,用一个词形容,那就是犀利!

除了犀利的前脸设计外,i8 最大的亮点就是其玻璃鸥翼车门,再配合风火轮式的轮毂,让人不由心生驾驭的冲动。蓝边的 LOGO 和车身上的蓝色饰条,玻璃材质的通透车体,这一切都给人一种未来的科技感。

i8 尾部的造型非常地有创意,如图 4.2 所示,也是车身设计的一大亮点,C 柱就如同飞天的衣袖,飘逸动感。最值得称奇的是,C 柱到车尾部后竟然演化成了车体的后扰流板,这真是实用性和艺术的完美结合。

图 4.1　2011 宝马 i8 概念车轴测图

图 4.2　2011 宝马 i8 概念车后视图

要给出好的汽车车身曲面造型设计或反求其曲面,首先要知道这些曲线曲面在数学上都是怎样表示的,各种表示方法都有什么样的优缺点,在了解其理论的基础上还要清楚这些方法在所采用的软件中如何构建曲线曲面,如何修改曲线曲面,本章就来解决这些问题。

▶ 资料来源:http://www.thmz.com/col35/folder435/folder439/2011/08/2011-08-08975349_4.html.

4.1　曲线曲面的表示方法

4.1.1　Bézier 曲线、Bernstein 基函数及其性质

Bézier 曲线是多项式曲线,借助于一组独特的 Bernstein 基函数,使其有很多优良的性质,也因此使其在工程中有了广泛的应用。

Bézier 曲线的 Bernstein 基表达式

$$\boldsymbol{p}(t) = \sum_{j=0}^{n} \boldsymbol{b}_j B_{j,n}(t) \quad 0 \leqslant t \leqslant 1 \qquad (4-1)$$

式中,$\boldsymbol{b}_j(j=0,1,\cdots,n)$ 为曲线的控制顶点;$B_{j,n}(t)$ 称为 Bernstein 基函数,用下式表示:

$$B_{j,n}(t) = C_n^j t^j (1-t)^{n-j} \quad j=0,1,\cdots,n \qquad (4-2)$$

图 4.3 所示是一条 4 次 Bézier 曲线及其控制顶点(UG 中为极点)的示意图。

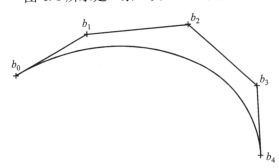

图 4.3 4 次 Bézier 曲线及其控制顶点

采用控制顶点和 Bernstein 基函数表示曲线，为曲线的输入和调整带来了方便。下面来看 Bernstein 基函数的性质，以此为基础，然后讨论 Bézier 曲线的性质。

(1) Bernstein 基函数的表达式为

$$B_{j,n}(t)=\begin{cases} C_n^j t^j(1-t)^{n-j}, & j=0,1,\cdots,n \\ 0, & \text{其他} \end{cases} \quad (4-3)$$

(2) 非负性：$B_{j,n}(t) \geqslant 0$。

(3) 规范性：$\sum\limits_{j=0}^{n} B_{j,n}(t)=1$，由二项式定理可以证明

$$[t+(1-t)]^n = \sum_{j=0}^{n} C_n^j t^j (1-t)^{n-j} = \sum_{j=0}^{n} B_{j,n}(t) = 1。$$

(4) 端点性质：$B_{j,n}(0)=\begin{cases} 1, & j=0 \\ 0, & \text{其他} \end{cases}$，$B_{j,n}(1)=\begin{cases} 1, & j=n \\ 0, & \text{其他} \end{cases}$。

(5) 对称性：$B_{j,n}(t)=B_{n-j,n}(t)$。

(6) 函数的递推性质：$B_{j,n}(t)=(1-t)B_{j,n-1}(t)+tB_{j-1,n-1}(t)$。

由式(4-3)可知，

$$\begin{aligned}B_{j,n}(t) &= C_n^j t^j (1-t)^{n-j} = (C_{n-1}^j + C_{n-1}^{j-1}) t^j (1-t)^{n-j} \\ &= (1-t) C_{n-1}^j t^j (1-t)^{n-1-j} + t C_{n-1}^{j-1} t^{j-1} (1-t)^{n-j} \\ &= (1-t) B_{j,n-1}(t) + t B_{j-1,n-1}(t)\end{aligned} \quad (4-4)$$

(7) 最大值：$B_n^j(t)$ 在 $t=j/n$ 处取得最大值。

(8) 函数升阶：$B_{j,n}(t) = \left(1-\dfrac{j}{n+1}\right) B_{j,n+1}(t) + \dfrac{j+1}{n+1} B_{j+1,n+1}(t)$。 $\quad (4-5)$

(9) 分割性质：$B_{j,n}(ct) = \sum\limits_{i=0}^{n} B_{j,i}(c) B_{i,n}(t)$。

Bézier 曲线的性质如下。

(1) Bézier 曲线的首端和第一个控制顶点是相重合的，其末端和最后一个控制顶点相重合，即 $\boldsymbol{p}(0)=\boldsymbol{b}_0$，$\boldsymbol{p}(1)=\boldsymbol{b}_n$。

(2) Bézier 曲线的首端点的 k 阶导矢和开始的 $k+1$ 个控制顶点有关，与其他的控制顶点没有关系；Bézier 曲线的末端点的 k 阶导矢和末端的 $k+1$ 个控制顶点有关，与其他的控制顶点没有关系。

(3) Bézier 曲线的次数比其控制顶点数少 1。

(4) 几何不变性和仿射不变性。

(5) "对称性"。Bézier 曲线的构建和控制顶点组成的多边形顺序没有关系。如果将控制多边形的顺序取反，其表示的仍然是同一条 Bézier 曲线，只是曲线的方向相反。

(6) 凸包性质。首先来看凸包的定义，所谓凸包是一个点集的元素所形成的所有凸组合。可以这样来说明这个问题：假设点集是在一面墙上，在每个点处钉上一个钉子，用橡皮筋将所有的钉子套在其内部，那么这个包含所有钉子的橡皮筋构成的多边形包含的区域就是

该点集的凸包。所谓 Bézier 曲线的凸包性质就是 Bézier 曲线恒位于其控制顶点的凸包内。

由于有了这个性质，在构造 Bézier 曲线的时候，工程技术人员就对其大概的位置有时候甚至是它的样子有了大概的了解。这对于喜欢直观的技术人员来说是很好的。

（7）变差减少性质。任何一个平面与 Bézier 曲线相交，其交点数目不会超过该平面与控制多边形的交点数目（过所有控制顶点的平面除外）。

（8）移动第 j 个控制顶点的时候将对整条曲线产生影响，其中对曲线上参数 $t=j/n$ 的点产生的影响最大。其原因是因为对相应的基函数 $B_{j,n}(j/n)$ 产生的影响最大。

Bézier 曲线的递推计算

一般地，由 $n+1$ 个控制顶点 $\boldsymbol{b}_j$，$j=0,1,\cdots,n$ 定义的 n 次 Bézier 曲线 $\boldsymbol{b}_0^n$ 可被定义为分别由前后 n 个控制顶点决定的两条 $n-1$ 次 Bézier 曲线 $\boldsymbol{b}_0^{n-1}$ 与 $\boldsymbol{b}_1^{n-1}$ 的线性组合，即有

$$\boldsymbol{b}_0^n = (1-t)\boldsymbol{b}_2^{n-1} + t\boldsymbol{b}_1^{n-1}, \quad 0 \leqslant t \leqslant 1,$$

与 Bézier 曲线显式表示联系在一起给出

$$\boldsymbol{p}(t) = \sum_{j=0}^{n-k} \boldsymbol{b}_j^k B_{j,n-k}(t) = \cdots = \boldsymbol{b}_0^n$$

其中的中间控制顶点为

$$\boldsymbol{b}_j^k = \begin{cases} \boldsymbol{b}_j, & k=0 \\ (1-t)\boldsymbol{b}_j^{k-1} + t\boldsymbol{b}_{j+1}^{k-1}, & k=1,2,\cdots,n;\ j=0,1,\cdots,n-k \end{cases}$$

每一级中间控制顶点都定义了比上一级降一次实际上同次的同一条 Bézier 曲线。n 级递推后，只剩下一个中间控制顶点 $\boldsymbol{b}_0^n$。当 t 从 0 变化到 1，$\boldsymbol{b}_0^n$ 就扫出了一条由原始顶点 $\boldsymbol{b}_j$，$j=0,1,\cdots,n$ 定义的 n 次 Bézier 曲线。

该算法可用简单的几何作图来实现。在图 4.4 中求 $\boldsymbol{p}(0.5)$ 点，这是一条 3 次 Bézier 曲线。给定参数后，将定义域分成长度比为 $t:(1-t)$ 的两段（这里比例为 1:1）。依次对原始控制多边形每条边执行同样的比例分割，得到第一级递推生成的中间点 $\boldsymbol{b}_i^1$，$i=0,1,2$。对中间点构成的控制多边形再进行同样的定比分割，得到第二级中间点 $\boldsymbol{b}_i^2$，$i=0,1$，那么对线段 $\boldsymbol{b}_0^2\boldsymbol{b}_1^2$ 实行定比分割，得到 $\boldsymbol{b}_0^3$，该点即为曲线上的点 $\boldsymbol{p}(0.5)$。当参数从 0 变化到 1 即得到该 Bézier 曲线。

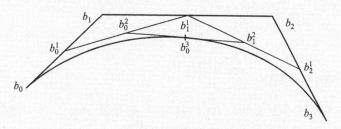

图 4.4 几何作图求 Bézier 曲线上一点

三维 Bézier 曲线导矢也可利用几何算法得到。Bézier 曲面也有类似的几何算法。

➡ 资料来源：施法中．计算机辅助几何设计与非均匀有理 B 样条．北京航空航天大学出版社，1994 年．

4.1.2 Bézier 曲线的导矢

由于在后面要讨论曲线曲面的连续性，所以这里介绍一下 Bézier 曲线的导矢。Bézier 曲线的导矢按照下面的公式来计算：

$$\boldsymbol{p}^{(k)}(t)=\frac{\mathrm{d}\boldsymbol{p}^k(t)}{\mathrm{d}t^k}=\frac{n!}{(n-k)!}\sum_{j=0}^{n-k}\Delta^k\boldsymbol{b}_j B_{j,n-k}(t) \qquad (4-6)$$

式中，$\Delta^k \boldsymbol{b}_j$ 是向前差分，有 $\Delta^k \boldsymbol{b}_j = \Delta^{k-1}\boldsymbol{b}_{j+1} - \Delta^{k-1}\boldsymbol{b}_j$，并且可以递推得到。

那么，曲线的一阶导矢和二阶导矢很容易地就可以求得

$$\dot{\boldsymbol{p}}(t)=n\sum_{j=0}^{n-1}\Delta \boldsymbol{b}_j B_{j,n-1}(t),$$

$$\ddot{\boldsymbol{p}}(t)=n(n-1)\sum_{j=0}^{n-2}\Delta^2 \boldsymbol{b}_j B_{j,n-2}(t).$$

将 $t=0$，$t=1$ 分别代入上面两式就可以得到曲线首末端点的一阶和二阶导矢

$$\dot{\boldsymbol{p}}(0)=n\sum_{j=0}^{n-1}\Delta \boldsymbol{b}_j B_{j,n-1}(0)=n\Delta \boldsymbol{b}_0 B_{0,n-1}(0)=n(\boldsymbol{b}_1-\boldsymbol{b}_0) \qquad (4-7)$$

$$\dot{\boldsymbol{p}}(1)=n\sum_{j=0}^{n-1}\Delta \boldsymbol{b}_j B_{j,n-1}(1)=n\Delta \boldsymbol{b}_{n-1} B_{n-1,n-1}(1)=n(\boldsymbol{b}_n-\boldsymbol{b}_{n-1}) \qquad (4-8)$$

$$\ddot{\boldsymbol{p}}(0)=n(n-1)\sum_{j=0}^{n-2}\Delta^2 \boldsymbol{b}_j B_{j,n-2}(0)=n\Delta^2 \boldsymbol{b}_0 B_{0,n-2}(0)=n(n-1)(\boldsymbol{b}_2-2\boldsymbol{b}_1+\boldsymbol{b}_0) \qquad (4-9)$$

$$\ddot{\boldsymbol{p}}(1)=n(n-1)\sum_{j=0}^{n-2}\Delta^2 \boldsymbol{b}_j B_{j,n-2}(1)=n\Delta^2 \boldsymbol{b}_{n-2} B_{n-2,n-2}(1)=n(n-1)(\boldsymbol{b}_n-2\boldsymbol{b}_{n-1}+\boldsymbol{b}_{n-2})$$

$$(4-10)$$

由式(4-7)~式(4-10)可以看出，Bézier 曲线的首末端点的切矢分别只与首末端的两个控制顶点有关系，而其二阶导矢则分别与首末端的 3 个控制顶点有关系。

根据参数曲线的曲率计算公式可以得到 Bézier 曲线在首末端的曲率为

$$\kappa(0)=\frac{n-1}{n}\frac{|\Delta \boldsymbol{b}_0 \times \Delta \boldsymbol{b}_1|}{|\Delta \boldsymbol{b}_0|^3} \qquad (4-11)$$

$$\kappa(1)=\frac{n-1}{n}\frac{|\Delta \boldsymbol{b}_{n-2} \times \Delta \boldsymbol{b}_{n-1}|}{|\Delta \boldsymbol{b}_{n-1}|^3} \qquad (4-12)$$

4.1.3 Bézier 曲线的升阶与降阶

Bézier 曲线是参数多项式曲线，具有整体性，这是其一个优点。但是在某些情况下希望能增加其局部性，以减弱其整体性，这就要用到 Bézier 曲线的升阶运算。

设给定 Bézier 曲线的控制顶点 $\boldsymbol{b}_0$，$\boldsymbol{b}_1$，…，$\boldsymbol{b}_n$，其定义式为

$$\boldsymbol{p}(t)=\sum_{j=0}^{n}\boldsymbol{b}_j B_{j,n}(t) \quad t\in[0,1]$$

增加一个控制顶点后，定义同一条 Bézier 曲线的新控制顶点为 b_0^*，b_1^*，…，b_{n+1}^*，那么新的控制顶点就可以用下面的式子来求得

$$b_j^* = \left(1 - \frac{j}{n+1}\right)b_j + \frac{j}{n+1}b_{j-1} \quad j=0, 1, \cdots, n+1 \qquad (4-13)$$

我们规定，$b_{-1} = b_{n+1} = \mathbf{0}$。

新控制顶点构成的控制多边形是在老控制顶点构成的控制多边形的凸包内部，而且新控制多边形比老控制多边形更靠近曲线。所以根据极限的理论，如果无限地细分下去，最后的控制多边形就收敛到曲线上去。

升阶虽然增加了控制顶点的数目，但是形状保持不变，所以其次数实际上没有发生变化。但是当移动任何一个控制顶点时，曲线的形状就会发生变化，这样其次数也就发生了变化，即升高了一阶。

对于 Bézier 曲线的降阶是其升阶的逆过程。但是这里需要说明的是，降阶只能近似地逼近原来的 Bézier 曲线，而不能精确地表示原来的 Bézier 曲线。

设原始 Bézier 曲线的控制顶点是 b_0，b_1，…，b_n，那么利用其升阶公式，有 $b_j = \left(1 - \frac{j}{n+1}\right)b_j^* + \frac{j}{n+1}b_{j-1}^*$，由此导出两个递推公式为

$$b_j^* = \frac{nb_j - jb_{j-1}^*}{n-j} \quad j=0, 1, \cdots, n-1 \qquad (4-14)$$

$$b_{j-1}^* = \frac{nb_j - (n-j)b_j^*}{j} \quad j=n, n-1, \cdots, 1 \qquad (4-15)$$

在这个逼近过程中，式(4-14)在靠近 b_0 处较好，而式(4-15)则在靠近 b_n 处逼近较好，所以在一般的软件中综合了这两个递推公式，图 4.5 给出了一个示例。

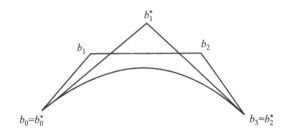

图 4.5　综合式(4-14)和式(4-15)的 Bézier 曲线降阶

4.2　Bézier 曲线在 UG 中的构造与修改

前面简要地介绍了 Bézier 曲线的性质和计算方法，本节来简单地介绍其在 UG NX6.0 中的命令及构造方法。

4.2.1　UG 中常用的 Bézier 曲线构造命令

在 UG 中直接构造 Bézier 曲线的常用命令有两个，一个是【插入】|【曲线】|【样条】命令，还有一个是【插入】|【曲线】|【艺术样条】命令，如图 4.6 所示。当然也可以利用工具

条构造。

下面先说【插入】|【曲线】|【样条】命令的用法。首先执行该命令,得到如图4.7所示的对话框。在该对话框中有4种选择——根据极点/通过点/拟合/垂直于平面,常用的是前两个。选【根据极点】,那么所选的点就是所要构造的Bézier曲线的控制顶点,而选择通过点,所构造的Bézier曲线就经过所选的点。

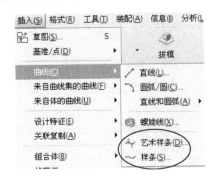

图4.6 UG中构造Bézier曲线常用命令

图4.7 UG的【插入】|【曲线】|【样条】命令弹出的对话框

如选择【根据极点】,则弹出如图4.8所示的对话框。在对话框中选择曲线的类型,要构造的是Bézier曲线,那么就一定要选择【单段】。然后单击【确定】按钮,即可根据需要选择极点(即控制顶点),弹出对话框如图4.9所示,选点构造曲线。至于曲线的次数则根据需要选择,一般选2~5次即可。如果太多,对于构造高级的A级曲线来讲是不利的。

图4.8 【根据极点】生成样条对话框

图4.9 点构造器对话框

图4.10所示是【通过点生成样条】对话框,其构造方法与根据极点类似。

用【插入】|【曲线】|【艺术样条】命令来构造Bézier曲线时,单击艺术样条,弹出如图4.11所示的对话框。选取构造方法,其方法一种是 ,利用这种方法构造的Bézier曲线经过所选的点;还有一种是 ,这种方法所选的点是Bézier曲线的极点(控制顶点),注意一定要选择【单段】。至于次数根据需要来选择。

这几种构造Bézier曲线的方法可以根据实际情况选用。

曲线曲面及其在UG软件中的构建与修改 第4章

图 4.10 【通过点生成样条】对话框

图 4.11 【艺术样条】对话框

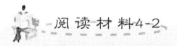

曲线的拟合

给定一组有序的数据点 p_i，$i=0,1,\cdots,n$，这些点可以是从某个几何体上测量得到的，也可以是设计人员给出的。要通过这些点构造一条曲线，称为插值，所构造的曲线为插值曲线。构造插值曲线采用的数学方法为插值曲线法。将曲线插值推广到曲面，类似的就有插值曲面和插值曲面法。插值法在计算机辅助几何设计实践中有着广泛的应用。

很多时候测量所得或设计人员给出的数据点很粗糙，要求构造的曲线严格通过给定的数据点没有实际意义。更合理的提法是，构造一条曲线使在某种意义下最接近给定的数据点，这称为对这些数据点的逼近，所构造的曲线为逼近曲线，构造的方法为曲线逼近法。

插值和逼近统称为拟合。

曲线拟合常用的方法有参数多项式插值、最小二乘逼近，以及由此衍生的改进方法等。

> 资料来源：施法中．计算机辅助几何设计与非均匀有理 B 样条．北京：北京航空航天大学出版社，1994．

4.2.2 Bézier 曲线的修改

在曲线处理过程中经常需要对曲线升阶或者降阶，软件中提供了几种升降阶的方法。一个是执行【编辑】|【曲线】|【全部/参数】命令，一个是执行【编辑】|【曲面】|【X 成形】命令，如图 4.12 和图 4.13 所示。

当采用【编辑】|【曲线】|【全部/参数】命令时，如单击参数，则出现如图 4.14 所示的对话框。然后就可以选取 Bézier 曲线，弹出图 4.15 所示的对话框。在该对话框上选取更改阶次选项，又弹出图 4.16 所示的对话框。在其中根据需要改变曲线的次数即可将曲线升阶或者降阶。对于选择全部选项也有类似的操作。

汽车车身计算机辅助设计

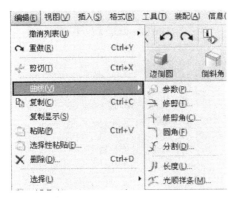

图4.12　编辑Bézier曲线方法一

图4.13　编辑Bézier曲线方法二

图4.14　参数选项对话框

图4.15　选取曲线后的对话框

图4.16　【更改阶次】对话框

【编辑】|【曲面】|【X成形】命令本来是对曲面进行编辑的，这里也可以用来对曲线进行编辑。在单击【X成形】选项后，会出现图4.17所示的对话框。选择曲线并单击对话框中的 选项，选择【更改阶次】一项，选择要修改的曲线，对话框变成图4.18所示的样子。然后根据需要修改阶次中的数字，确定后就可以对曲线进行升降阶。需要注意的是，升阶可以保证曲线与原曲线一样，但是降阶只与原曲线近似。

图4.17　【X成形】对话框

图4.18　利用【X成形】对话框修改曲线阶数

曲线的极点有时需要改变位置、添加或删除，这在 NX6 中也给出了修改的方法。要对这些进行修改，可以选择合适的选项，根据软件提供的提示分别对极点改变位置，添加或者删除极点。上述的两种方法都能实现，读者可以根据实际情况选用。在汽车车身曲线光顺中，用【X 成形】命令比较方便。

在汽车车身曲线光顺中，有时需要对曲线进行修剪。修剪的命令为【编辑】|【曲线】|【修剪】。如图 4.19 所示，曲线 C_1 被曲线 C_2 和 C_3 分别从相交处裁剪，去掉外边的部分。执行【修剪】命令，出现图 4.20 所示的对话框。根据上面的选择步骤和提示首先选择曲线 C_1。注意，选择的部位是要被裁剪掉的部分，如这里要留下中间的部分，那么就要选择曲线 C_1 的两端部分，即图中指出的部分，而不是中间部分，然后分别选取曲线 C_1 和 C_2 为裁剪边界线，确定即可对曲线进行修剪。结果曲线被修剪掉两边部分，只剩中间部分。如果只有一条修剪边界线，那么选完第一边界线后即可裁剪掉被选择部分曲线。

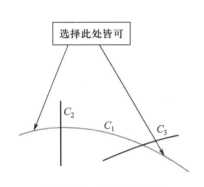

图 4.19 曲线的修剪

图 4.20 【修剪曲线】对话框

对于一般的曲线来说，【修剪】命令比较好用。但是对于有些曲线（如圆），采用修剪的办法却不能很好地完成任务。图 4.21 中，圆弧 C_4 用直线 L_1 和 L_2 修剪，指示去掉的部分将被裁剪。根据命令要求先裁剪左上角部分，然后再裁剪右下角部分。在操作时会发现裁剪掉左上角部分再去裁剪右下角时左上角部分又显示出来，如图 4.22 所示。

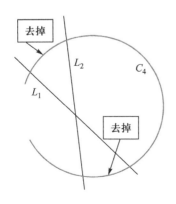

图 4.21 圆弧的裁剪

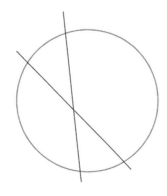

图 4.22 执行右下角部分裁剪后的结果

造成这种情况的原因可能是软件在设计时没有考虑到的。所以在曲线光顺时，对圆弧不建议进行修剪操作，而选用曲线的分割操作。

曲线的分割操作命令为【编辑】|【曲线】|【分割】。执行该命令，弹出如图 4.23 所示的对话框。分割方法有很多种，如等分段、按边界对象、圆弧长段数、在结点处或是在拐角上等。在曲线光顺中常用的是按边界对象分段方法。

对图 4.21 所示的圆弧 C_4 进行分割，选取【按边界对象】分段，选取要分割的曲线，之后选取分割边界线，曲线即可被分割成相应的段数，删除不要的部分即可达到目的。图 4.24 所示为分割并删除相应部分后的圆弧。

图 4.23　【分割曲线】对话框

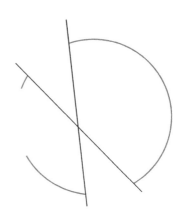

图 4.24　分割删除相应部分后的圆弧

图 4.25　【曲线长度】对话框

在曲线光顺中，曲线有时需要改变长度，在 NX6 中该操作命令为【编辑】|【曲线】|【曲线长度】。

执行该操作，弹出如图 4.25 所示的对话框。从对话框中可见，延伸的方法有【增量】和【全部】两种，所谓【增量】是指曲线从某端（或两端）开始向外增长（或缩短）一个数值，对应的限制为"开始"和"结束"，而【全部】则是指曲线全长变为多少，对应的限制为"全部"。延伸的侧有【起点和终点】和【对称】两种，【起点和终点】是指曲线自开始端或结束端或者两端增长（或缩短）一定的数值，【对称】则指两端同时增长或缩短同样的长度。曲线延伸的方法有【自然】、【线性】和【圆形】3 种。【自然】是曲线按自然方向延伸，【线性】是曲线按曲线端部的切线方向延伸，而【圆形】则是曲线按端部的曲率半径大小来延伸。

4.3　张量积 Bézier 曲面

前面介绍了 Bézier 曲线及其构造方法，这里介绍 Bézier 曲面。

4.3.1 Bézier 曲面的表示

在数学上大家知道曲线运动形成曲面,如果为了获得更加复杂的曲面,不妨让曲线在运动中发生变化。由此可见,曲面也可以被定义为变化着形状的曲线在空间中的轨迹。为将曲面用数学公式表示出来,假设运动的曲线是以 u 为参数的 m 次 Bézier 曲线,则

$$\boldsymbol{p} = \sum_{i=0}^{m} \boldsymbol{b}_i B_{i,m}(u) \quad 0 \leqslant u \leqslant 1 \quad (4-16)$$

定义该曲线的 $m+1$ 个控制顶点分别沿着空间的 $m+1$ 条曲线运动,而这 $m+1$ 条曲线又都是参数 v 的 n 次 Bézier 曲线,其表达式为

$$\boldsymbol{b}_i = \sum_{j=0}^{n} \boldsymbol{b}_{i,j} B_{j,n}(v) \quad 0 \leqslant v \leqslant 1 \quad (4-17)$$

组合这两个方程式,可以得到 Bézier 曲面的方程式为

$$\boldsymbol{p} = \sum_{i=0}^{m} \sum_{j=0}^{n} \boldsymbol{b}_{i,j} B_{i,m}(u) B_{j,n}(v) \quad 0 \leqslant u, v \leqslant 1 \quad (4-18)$$

式中,$\boldsymbol{b}_{i,j}$,$i=0, 1, \cdots, m$;$j=0, 1, \cdots, n$ 是曲面的控制顶点,控制顶点在 u 向和 v 向分别构成了 $m+1$ 和 $n+1$ 个控制多边形,并组成曲面的控制网格,如图 4.26 所示。

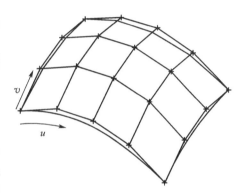

图 4.26 张量积 Bézier 曲面及其控制网格($m=4$,$n=3$)

4.3.2 Bézier 曲面的性质

Bézier 曲面的性质如下。

(1) Bézier 曲面的 4 个角点正好是其控制网格的 4 个控制顶点,也就是

$$\boldsymbol{p}(0, 0) = \boldsymbol{b}_{0,0}, \quad \boldsymbol{p}(1, 0) = \boldsymbol{b}_{m,0}, \quad \boldsymbol{p}(0, 1) = \boldsymbol{b}_{0,n}, \quad \boldsymbol{p}(1, 1) = \boldsymbol{b}_{m,n}。$$

(2) Bézier 曲面的 4 条边界是分别由其控制网格最外一圈的控制顶点所定义的。

(3) Bézier 曲面边界处的跨界切矢仅与该边界的一排控制顶点和相邻的一排有关系,与其他的控制顶点没有关系;其跨界二阶导矢仅与定义该边界的控制顶点及相邻的两排控制顶点有关系,与其他的控制顶点没有关系。

(4) Bézier 曲面具有几何不变性。

(5) "对称性"。改变其顺序不会改变 Bézier 曲面。

(6) 凸包性质。Bézier 曲面一定位于其控制网格所形成的凸包之内。

(7) 移动 Bézier 曲面的一个控制顶点 $\boldsymbol{b}_{i,j}$,对曲面上参数为 $u=i/m$,$v=j/n$ 对应点 $\boldsymbol{p}(i/m, j/n)$ 影响最大,离该点越远,影响越小。

4.3.3 Bézier 曲面的偏导矢和法向矢量

前面介绍了 Bézier 曲面的线性计算方法,这里再给出 Bézier 曲面偏导矢的计算方法。首先看单向偏导矢的计算公式

$$\frac{\partial^k \boldsymbol{p}(u,v)}{\partial u^k} = \frac{m!}{(m-k)!} \sum_{j=0}^{n} \sum_{i=0}^{m-k} \Delta^{k,0} \boldsymbol{b}_{i,j} B_{i,m-k}(u) B_{j,n}(v) \quad (4-19)$$

$$\frac{\partial^l \boldsymbol{p}(u,v)}{\partial v^l} = \frac{n!}{(n-l)!} \sum_{i=0}^{m} \sum_{j=0}^{n-l} \Delta^{0,l} \boldsymbol{b}_{i,j} B_{i,m}(u) B_{j,n-l}(v) \quad (4-20)$$

式中，中间向前差分矢量的递推定义为

$$\begin{cases} \Delta^{1,0} \boldsymbol{b}_{i,j} = \boldsymbol{b}_{i+1,j} - \boldsymbol{b}_{i,j} \\ \Delta^{k,0} \boldsymbol{b}_{i,j} = \Delta^{k-1,0} \boldsymbol{b}_{i+1,j} - \Delta^{k-1,0} \boldsymbol{b}_{i,j} \end{cases}$$

$$\begin{cases} \Delta^{0,1} \boldsymbol{b}_{i,j} = \boldsymbol{b}_{i,j+1} - \boldsymbol{b}_{i,j} \\ \Delta^{0,l} \boldsymbol{b}_{i,j} = \Delta^{0,l-1} \boldsymbol{b}_{i,j+1} - \Delta^{0,l-1} \boldsymbol{b}_{i,j} \end{cases}$$

由 Bézier 曲面在一点的两个等参数线的切矢可以给出曲面在该点的法向矢量

$$\boldsymbol{n}(u,v) = \frac{\boldsymbol{p}_u(u,v) \times \boldsymbol{p}_v(u,v)}{|\boldsymbol{p}_u(u,v) \times \boldsymbol{p}_v(u,v)|} \quad (4-21)$$

4.3.4 Bézier 曲面的升阶

Bézier 曲面的升阶是其曲线升阶的推广。设希望在 u 向升阶，即将 $m \times n$ 次曲面升阶为 $(m+1) \times n$ 次，那么曲面的表示为

$$\boldsymbol{p} = \sum_{i=0}^{m+1} \sum_{j=0}^{n} \boldsymbol{b}_{i,j}^* B_{i,m+1}(u) B_{j,n}(v) \quad 0 \leqslant u, v \leqslant 1 \quad (4-22)$$

升阶后的控制顶点可以用下式表示

$$\boldsymbol{b}_{i,j}^* = \left(1 - \frac{i}{m+1}\right) \boldsymbol{b}_{i,j} + \frac{i}{m+1} \boldsymbol{b}_{i-1,j} \quad i=0,1,\cdots,m+1; j=0,1,\cdots,n$$

令 $\boldsymbol{b}_{-1,j} = \boldsymbol{b}_{n+1,j} = \boldsymbol{0}$。

沿 v 向升阶同样可以求得其新控制顶点。如果两个参数方向都要升阶，可以先 v 向升阶，后 u 向升阶，也可以先 u 向升阶，后 v 向升阶，其结果都是一样的。

4.4 Bézier 曲面在 UG 中的构造与升降阶

上一节介绍了 Bézier 曲面的表示方法及其性质，这里介绍其在 UG 中的构造与升降阶的常用命令。

4.4.1 Bézier 曲面的构造

由 4 点建立曲面，其命令为【插入】|【四点曲面】，如图 4.27 所示。

该方法非常简单，只要单击该选项即可选择 4 个所需要的点，确定后就可以得到一个 Bézier 曲面，所生成的曲面有 4 个控制顶点。在构造 A 级曲面中，只要点取 4 个点就能构造曲面，而且所得曲面 4 个顶点能较好地把握总体趋势，然后根据需要升阶就能得到光顺的曲面，同时又能很好地贴合点云，所以该命令为一些曲面工程师所常用。

通过选取几排点构造曲面，这里有两种方法，一种办法是执行【插入】|【曲面】|【通过

点】命令来构造，一种是执行【插入】|【曲面】|【从极点】命令来构造。

【插入】|【曲面】|【通过点】命令所建造的曲面通过所选取的点。执行该命令时，弹出图 4.28 所示的对话框。在该对话框中设置【补片类型】为"单个"，此时对话框中的【行阶次】和【列阶次】都变为灰色的不可选项。然后确定，弹出图 4.29 所示的对话框。单击【点构造器】选项；即可选取构造曲面所用的点。这里以图 4.30 中的点作为曲面通过的点。

首先选择第一排点 b_{00}、b_{10}、b_{20}、b_{30}、b_{40}，确定，弹出图 4.31 所示对话框。单击【是】选项，然后再选取另一排点，选取完成另一排 b_{01}、b_{11}、b_{21}、b_{31}、b_{41} 点后，又弹出图 4.31 所示的对话框，再次单击【是】选项，弹出图 4.32 所示的对话框，选取【指定另一行】选项，继续选取下一排点 b_{02}、b_{12}、b_{22}、b_{32}、b_{42} 点后，重复前面的操作，选取下一排点，选完后确定，再次出现图 4.32 所示的对话框，单击【所有指定的点】选项，建立曲面。

图 4.27　构造曲面命令

图 4.28　【通过点】对话框

图 4.29　【过点】对话框

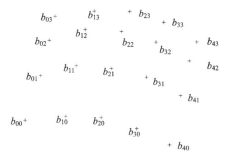

图 4.30　通过点命令中点的选取

图 4.31　【指定点】对话框

图 4.32　【过点】对话框

需要指出的是，如果各排之间的点的数目不是一样多的时候，所构造的曲面的控制顶点与最多的一排相同，所以在构建的时候要注意。而且构建 A 级曲面的时候最好点的布置呈规律性，如点之间的间距均匀，或者是变化均匀，只有这样构造的曲面才会是光顺的。

阅读材料4-3

曲 面 重 构

曲面重构也可分为插值和逼近两种方法。曲面插值就是重构的曲面通过所有的采样点，包括型值点、边界及曲面内部法矢等信息；曲面逼近只是对采样点进行有权逼近，它不一定要求所有采样点都落在目标曲面上，而只需重构曲面满足用户的反求设计要求即可。通常插值曲面的精度较高，能够反映曲面的所有原始特征信息，但是曲面的表面质量一般不好；逼近曲面虽然比插值曲面的精度低，但是其表面质量却大大提高了，而且逼近曲面会过滤掉那些无用的数据点。所以在实际反求工程中，要求根据不同的实际问题和应用背景来确定是采用插值还是逼近。如果要求得到较高的精度而对质量要求不高可选用插值的方法；如果为了得到高质量表面而且精度要求不高时可选用逼近方法。

曲面插值的方法有样条差值、基于散乱点的三角曲面插值等。

曲面逼近方法最成熟的是最小二乘法，它是工程领域最常用的数值逼近方法之一。最小二乘拟合，特别是多项式和样条拟合，以其计算简单和实用性广的特点在反求工程建模的曲线曲面逼近中扮演着重要角色。此外还有基于能量原理的曲面逼近方法、偏微分方法和小波方法等。

▶ 资料来源：马正元，李中海．逆向工程中自由曲面拟合方法的分类与比较．机械，2005(32)．

阅读材料4-4

Bézier 曲线曲面插值的振荡

由 Bézier 曲线曲面性质可知，其次数升高，局部性增强，但次数太高，导致其出现振荡。所以在光顺实践中，如何根据曲面要求选择合适的次数显得非常重要。

将 Bézier 曲线展开，可以得到下式

$$P(t) = b_0(1-t)^n + nb_1 t(1-t)^{n-1} + \cdots + \frac{n(n-1)\cdots(n-k+1)}{k!} b_k t^k (1-t)^{n-k} + \cdots + b_n t^n$$

对多项式插值，根据法贝尔定理和魏斯特拉斯定理可以证明存在一组结点使得曲线可以收敛，但是在光顺实践中很难找到这组理想的结点。

图 4.33 所示是利用 Bézier 曲线对某些点进行插值得到的。在一条低次的 Bézier 曲线上产生17个点，利用这17个点上插值一条16次的 Bézier 曲线，可以看出该线性质非常好，没有出现振荡，也就是说魏斯特拉斯定理得到证明，存在一条理想的曲线能很好地收敛。

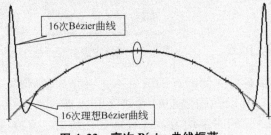

图 4.33 高次 Bézier 曲线振荡

但若将其中某个点(如图中椭圆中的点)稍微地偏离原来的理想位置,然后重新进行插值,得到的 Bézier 曲线在接近两端出现剧烈的振荡。实践表明,低次 Bézier 曲线有较好的稳定性,而高次 Bézier 曲线很难找到插值点的理想位置,不能给出高品质的稳定曲线。

Bézier 曲面是由 u 和 v 两个方向的 Bézier 曲线形成的,所以其情形和 Bézier 曲线有些相似。当某一个方向次数过高时,Bézier 曲面会出现扭曲。图 4.34 所示是利用散乱点插值得到某汽车顶盖的 Bézier 曲面,左图是用 17×5 个理想位置的点拟合的曲面,右图是除椭圆圈出的点在 z 方向有 1mm 偏差外,其余点与左图用同样的点拟合曲面。

可以看出,左图曲面品质很好;而右图在曲面的中间出现波动,在接近于 $v=0$,$v=1$ 的边界处出现了剧烈的扭曲,这不符合曲面插值的要求。

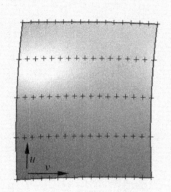 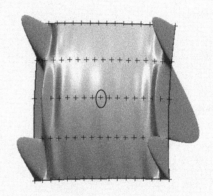

图 4.34　高次 Bézier 曲线振荡

资料来源:徐家川,李迪,李旭. 汽车车身 A 级曲面的表示与次数选择. 汽车技术,2010(9).

用【插入】|【曲面】|【从极点】命令构造 Bézier 曲面与上面的步骤一样,只是这时构造的曲面不都经过这些点,读者可以自己试一试。要注意的是【补片类型】一定要选择"单个"。

Bézier 曲面也可以通过控制网格来构造,在 UG 中其命令为【插入】|【网格曲面】,如图 4.35 所示。下面介绍几种常用方法。

先来看【插入】|【网格曲面】|【通过曲线组】命令。执行该命令,弹出现图 4.36 所示的对话框,然后分别单击图 4.37(左)中的最左曲线并确认,然后依次向右单击曲线并确认就可以得到图 4.37(右)的曲面。这里需要指出的是,【补片类型】选择"单个",否则生成的曲面不一定是 Bézier 曲面。如果生成的不是 Bézier 曲面,也可通过一定的修改使其变成 Bézier 曲面,这将在后面介绍。

另外,如果在第一条曲线和最后一条曲线外边有其他曲面,那么可以将所构造曲面与这些曲面分别有连续性约束,其约束有:位置连续(G^0)、相切连续(G^1)和曲率连续(G^2)3 种,这可以根据与周边曲面连续性的实际情况进行选取。

下面来看【插入】|【网格曲面】|【通过曲线网格】命令的用法。执行该命令,弹出如图 4.38 所示的对话框。图 4.39 所示为通过曲线网格构建曲面前的准备情况。先分别选择主曲线并确认,再分别选择交叉线并确认,得到曲面,如图 4.40 所示。在设置中必须主

线串和交叉线串皆为单段才能得到 Bézier 曲面,否则可能是 B 样条曲面。如果要从 B 曲面得到 Bézier 曲面,可以进行修改得到,同样这也将在后面介绍。需要指出的是,如果主线和交叉线外侧有曲面,还可以对图 4.38 所示的对话框中的连续性进行设置,根据需要可设置为位置连续(G^0)、相切连续(G^1)或曲率连续(G^2)。此外,也可以对公差进行设置,公差越小,构造的曲面也越精确,但是相应的对主曲线、交叉线及周围的曲面关系要求也就越严格。

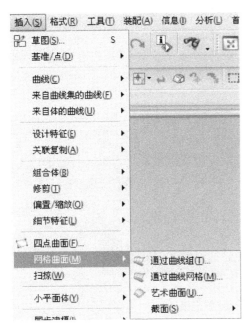

图 4.35　用控制网格构造曲面

图 4.36　【通过曲线组】对话框

图 4.37　用【通过曲线组】命令构造曲面

图 4.38　【通过曲线网格】命令对话框

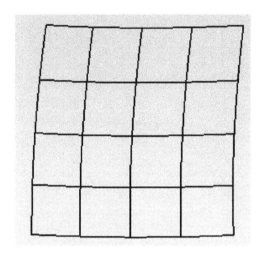
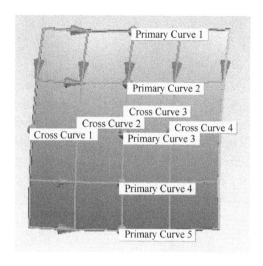

图 4.39 通过曲线网络准备　　　图 4.40 用【通过曲线网格】命令构造曲面

接下来看【插入】|【网格曲面】|【艺术曲面】命令的使用。执行该命令，弹出图 4.41 所示的对话框。【艺术曲面】命令的使用情况比较多，下面就一些常用的情况进行说明。

图 4.42(上)有两条曲线，先选择曲线 1，确认后再选择曲线 2，确认。如果曲线的外侧有曲面，那么可以对其连续性选项进行设置。设置完毕，单击【确定】按钮就可以得到图 4.42(下)的曲面。需要注意的是，所用的曲线必须是 Bézier 曲线，或者在设置中将截面线设置为"单段"才能得到 Bézier 曲面。而且如果两条曲线的次数不一样的话，构成的曲面在曲线方向上的次数是按照次数高的曲线来定义曲面的次数的。如果有连续性要求，其次数也要更改，通常次数取大值。此外该命令也可以根据需要对连续性和公差进行设置。

图 4.43(上)所示的情况是有 4 条首尾相连的曲线。这种情况也可以用【艺术曲面】构建。选取截面线 1 并确认，选取截面线 2 并确认，选取引导线 1 并确认，选取引导线 2 并确认，如图 4.43(上)所示。注意，两引导线必须同向，两截面线也必须同向，确定即可得到图 4.43(下)所示的曲面。和前面一样，要求截面线和引导线是 Bézier 曲线才能得到 Bézier 曲面。截面线和引导线外侧如果有连续性要求，可以根据具体情况进行设置。曲面在两个方向上的次数与曲线有关，也与其周围的连续性有关，其次数取大值。

图 4.44(上)所示的情况也可用【艺术曲面】命令来构建。先单击截面线并确认；选择【引导线】选项，单击引导线并确认；最后设置各参数，确认后可得到图 4.44(下)所示的曲面。

图 4.41 【艺术曲面】对话框

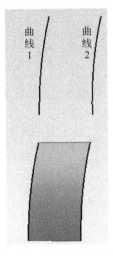
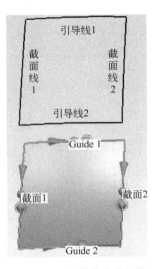
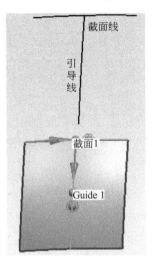

图 4.42 用【艺术曲面】命令构造曲面(一)　　图 4.43 用【艺术曲面】命令构造曲面(二)　　图 4.44 用【艺术曲面】命令构造曲面(三)

最后介绍用【艺术曲面】命令构建图 4.45 所示曲面的情况，假设只需要建立由截面线 1、截面线 2、截面线 3、引导线 1、引导线 2 和引导线 3 定义的曲面，那么现在就可以选取截面线 1、截面线 2 和截面线 3 并分别确认，最后单击【确定】按钮，就可以得到过这些线定义的曲面，如图 4.46 所示。可以根据要求设置该曲面与其他曲面的连续性和公差。

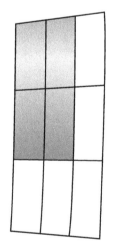

图 4.45 用【艺术曲面】命令构建曲面前的准备　　图 4.46 构建后的曲面

此外，在 UG 中还有其他办法来构造曲面，这里就不一一介绍了。

4.4.2 Bézier 曲面的升降阶

前面说在构造曲面的时候使用的曲线如果不是 Bézier 曲线，那么所建立的曲面就是一般的 B 样条曲面，而在构造 A 级曲面的时候一般要求用 Bézier 曲面，所以这里简单地介绍如何将一般的 B 样条曲面改为 Bézier 曲面，同时也看看 Bézier 曲面的升降阶方法。

在 UG 中改变曲面，以及使曲面升降阶的命令有这样几个：【编辑】|【曲面】|【X 成形】，【编辑】|【曲面】|【阶次】，【编辑】|【曲面】|【整修面】，图 4.47 所示的是这些命令所在的位置。

首先看【编辑】|【曲面】|【X 成形】命令。执行该命令，弹出图 4.48 所示的对话框。在对话框的【高级方法】处选择【更改阶次】，则可显示所选曲面的 u、v 两个参数方向的次数，即其中的 U 阶次和 V 阶次，还有两个方向的补片数目，即 U 向补片数和 V 向补片数。对于 Bézier 曲面来说，其 u、v 两个参数方向的补片数分别是 1，所以将这两个值改为 1，而两个方向的次数一般不超过 6 次，根据需要直接对其中的数据改为想要的次数，确定即可将曲面变成 Bézier 曲面，同时也完成了升降阶工作。当然，对于其他的 B 级曲面和 C 级曲面，其要求相对来说就宽松得多。

图 4.47　修改曲面次数命令的位置　　　　图 4.48　【X 成形】对话框

下面来看【编辑】|【曲面】|【阶次】命令。执行该命令，得到图 4.49 所示的对话框。如果用修改后的面代替原来的面，那么选择【编辑原先的片体】这个选项，如果要保留原来的面就选择【编辑副本】选项。然后选择要编辑的曲面，可以看到图 4.50 所示的对话框。在该对话框中输入希望的次数，确认即可得到修改后的曲面。但是，这种方法只能对曲面的次数进行修改，不能对曲面的补片数进行修改。

最后介绍【编辑】|【曲面】|【整修面】命令的用法。执行该命令并选择要修改的曲面，弹出图 4.51 所示的对话框。在这里可以对要修改的项目进行设置，如果想对两个方向的次数和补片数进行修改，就选择整修方向中的 UV，如果对某一个方向进行修改就选择要修改的方向。对【整修控制】选项也是选取要修改的项目。在对话框的下面则给出了修改后曲面和原来曲面的偏差大小，单击【确定】按钮后即可得到修改后的曲面。当然 Bézier 曲面的补片在两个方向上都是 1。

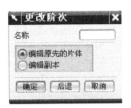

图 4.49 【更改阶次】对话框

图 4.50 用【更改阶次】命令修改曲面次数

图 4.51 用【整修面】命令修改曲面

4.4.3 曲面的修改

在汽车车身曲面光顺中经常需要对曲面进行剪切或分割,有时还需要对剪切后的曲面进行恢复,或需要对曲面进行扩大、曲面之间进行拼接,这里对这些操作进行讨论。

图 4.52 【修剪】的【片体】对话框

曲面的剪切有两种方法,一是曲面的裁剪,二是曲面的分割。曲面的裁剪命令为【插入】|【裁剪】|【修剪的片体】,执行该命令,弹出如图 4.52 所示的对话框。

根据提示,首先选择要修剪的片体,确认后选择修剪边界,确认即可对曲面进行裁剪。裁剪时注意:一要选好投影方向,其方向包括面的法向、基准轴、X 轴、Y 轴、Z 轴和矢量构造器(设计者自己指定的方向),读者根据需要选取;二是所单击的区域是保留的区域还是舍弃的区域。

现举例如下。

某车后备箱门及其光顺好的外表面如图 4.53 所示,要求根据点云提取边界,并用边界裁剪出后备箱门形状。

提取边界线时注意:边界线平坦的部分用 Bézier 曲线,曲线的次数不能太高,一般 2～3 次。车身许多边界线是对称的,如这里车身的左右方向是对称的,所以在提取后要进行对称处理。其对称的方法是使得曲线的极点(控制顶点)对称。另外提取的边界用曲率梳检查,使在两个垂直的方向上有好的品质。

用提取的边界对曲面进行裁剪可以得到后备箱门的表面模型如图 4.54 所示。利用裁剪后的外表面为基础可以进行内部结构的设计。

需要注意的是,曲面采用这种方法裁剪后,其参数性质仍然保留。如前面裁剪的后备箱门上表面(图4.55),用【X成形】命令打开其极点,可以看出,虽然曲面显示被裁剪掉了周边部分,但是其相关数据仍然存在。如因某种原因需要对原曲面进行修改,那么可以对曲面进行恢复。

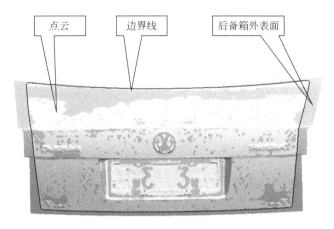

图 4.53　某车后备箱门点云及其光顺好的曲面

图 4.54　裁剪后的某车后备箱门外表面

图 4.55　裁剪后的曲面仍保留参数

曲面恢复的操作用【编辑】|【编辑曲面】|【边界】命令。执行该命令,弹出对话框如图4.56所示。由对话框可见,要恢复该曲面,有两种方法,一是将原曲面恢复,二是编辑一个副本。如果恢复原曲面,则与原曲面相关的很多操作就可能出错。而如果编辑一个副本,则与原曲面相关的操作仍然有效。所以这里建议在车身曲面光顺时采用编辑副本的办法。这样选择曲面并执行操作可以得到原曲面的一个副本。图4.57所示为该曲面恢复后的结果。

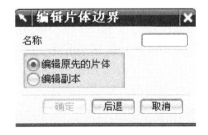

图 4.56　【编辑片体边界】对话框

图 4.57　恢复后的曲面

前面讨论了曲面的裁剪与恢复,其实曲面还有一种修剪方法,即等参数修剪或分割。其操作为【编辑】|【编辑曲面】|【等参数修剪/分割】。执行该命令,弹出如图4.58所示的对话框,这种方法是等参数修剪或分割,修剪是将曲面沿着某方向按百分比将一部分去

掉,而分割是沿着某参数方向将曲面按百分比一分为二。如单击【等参数修剪】按钮,弹出图4.59所示的对话框,可以修剪原曲面,也可编辑一个副本。

这时选取曲面(如图4.57中恢复后的那个曲面),再弹出图4.60所示的对话框,在对话框中输入想要保留的部分,如想保留v方向30%~70%的曲面,那就在【v最小值(%)】处输入"30",在【v最大值(%)】处输入"70",确定即可得到如图4.61所示修剪后的曲面。等参数分割和裁剪方法类似,只是分割后各部分都保留而已。

在进行等参数裁剪/分割时建议采用编辑一个副本方法,因为如果直接修剪原曲面,那么修剪后原曲面的信息会完全丢失,而不像前面的裁剪片体一样保留原曲面信息。图4.62所示为显示等参数裁剪后曲面的极点,由图可见,裁剪后的曲面已经没有原曲面的信息。

图4.58 【修剪/分割】对话框

图4.59 等参数修剪对话框

图4.60 选择曲面后的参数选择对话框

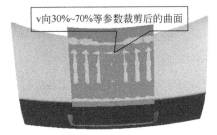
图4.61 后备箱门上表面经参数裁剪后的结果

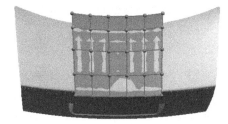
图4.62 等参数裁剪后的曲面不再保留原曲面的信息

曲面的扩大或缩小也是曲面光顺中常用的操作,该操作命令为【编辑】|【编辑曲面】|【扩大】。执行该命令,弹出图4.63所示的对话框。扩大的类型分为线性和自然两种,可以分别在u、v方向输入要扩大的百分比。线性扩大是沿着曲面边界的切线方向扩大,而自然方式则是沿边界以自然的方式扩大。单击要扩大的曲面,选好类型和扩大的数值后单击【确定】按钮即可得到扩大的曲面。图4.64所示是按自然方式扩大的曲面,深色的为原曲面,浅色的为扩大的曲面。

用该操作也可使曲面缩小,当然只有自然方式,而不能使用线性方式。

需要指出的是,曲面的扩大与曲面的极点排列有相当大的关系,如果曲面的极点排列不好,那么曲面放大后会出现扭曲。

在车身曲面光顺过程中,很多时候对曲面之间的连续性有很高的要求,所以这里讨论一下曲面之间的匹配方法。

车身曲面的连续性有位置连续(G^0)、相切连续(G^1)、曲率连续(G^2)和挠率连续(G^3)4种情况,这要视具体情况选择。在NX6中除了前述的曲面构造过程中可以直接指定曲面

连续性外，软件中还专门提供了曲面的匹配操作。该操作为【编辑】|【编辑曲面】|【匹配边】，执行该命令，弹出图 4.65 所示的对话框。

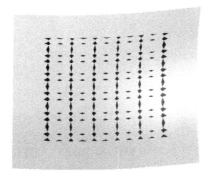

图 4.63 【扩大】对话框　　图 4.64 按自然方式扩大的曲面　　图 4.65 【匹配边】对话框

由图 4.65 可以看出，最上边是匹配的类型：边缘至边缘、边缘至面、边缘至线、边到基准。接下来是要编辑的边，再下面是目标。紧接着是匹配的连续性设置，分为 G^0、G^1、G^2 和 G^3 连续，可以根据匹配连续性的要求选用。再下面是对编辑的曲面进行的参数化控制，匹配边方向和深度方向的阶次和补片数。再下面是形状控制，如极点的匹配方法：法向、投影方向、固定起始、固定结束、固定起始和结束、沿 X、沿 Y、沿 Z、沿指定矢量方向等，这些也是设计者根据实际要求来选用的，还有精确移动、端点到端点两项；边界边的约束、边限制等。下面讨论各种匹配方法的使用。

边缘至边缘匹配是将一个曲面的边匹配到另一个曲面的边上，使其达到符合要求的连续性。如图 4.66 所示的两个曲面 S_1 和 S_2，将曲面 S_2 的边界 b_2 匹配到曲面 S_1 的边界 b_1 上。在弹出图 4.65 对话框后选好匹配方法(边缘至边缘)、连续性、移动极点方式、边界控制等，单击曲面 S_2 靠近 b_2 边界处，这时该边界变红，再单击边界 b_1，b_1 边界也变红，单击预览，会发现边界 b_2 移动到边界 b_1 上，同时在对话框的连续性处显示出各阶连续的最大误差，如果符合要求，确认即可完成，如果不符合要求，调整设置的参数，使其满足要求。这里采用 G^3 连续、法向极点移动、端点到端点、起始和结束边界都相应连续的方式，最后得到的结果如图 4.67 所示。

边缘至面匹配是将某曲面的一条边界匹配到另一个曲面上，使其符合连续性要求。如图 4.68 所示，将曲面 S_3 的边界 b_3 匹配到曲面 S_4 上，使其满足连续性要求。那么在图 4.65 的对话框中选择边缘至面匹配方法、极点移动方式、连续性方式、边界控制方式等，之后单击曲面 S_3 的边界 b_3，再单击曲面 S_4，预览后查看连续性、边界控制等是否达到要求，否则调整设置。确定后得到匹配后的曲面如图 4.69 所示。

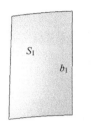

图 4.66　边缘至边缘匹配的准备

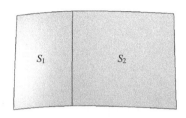

图 4.67　边缘至边缘匹配后的曲面

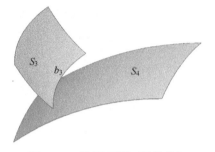

图 4.68　边缘至面匹配的准备

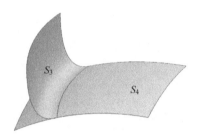

图 4.69　边缘至面匹配后的曲面

边缘至线匹配是将一个曲面的某边匹配到一条曲线上，因为是曲线所以没有连续性要求。如图 4.70 所示为一个曲面 S_5 和一条曲线 C_1，将曲面 S_5 的边 b_4 匹配到曲线 C_1 上。在弹出图 4.65 的对话框后，选择匹配方法"边缘至线"，设置极点移动方式、是否到端点等选项后，单击曲面 S_5 的边界 b_4，再单击曲线 C_1，预览是否满足要求，如不满足调整设置，直到满足要求。匹配后的结果如图 4.71 所示。

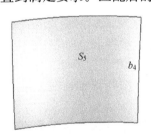

图 4.70　边缘至线匹配的准备

图 4.71　边缘至线匹配的结果

左右对称是汽车车身上很多曲面的要求。如一个汽车顶盖（图 4.72），其外表面是左右对称的。而在曲面光顺的时候常光顺其一半（左侧或者右侧），另一半则靠对称获得。但是这里有一个问题，对称后的曲面中间会出现连续性的问题。图中可见，完成一半的曲面对称后中间出现一道明显的不连续痕迹。边到基准匹配就是为了解决这个问题而设计的。

如图 4.73 中先光顺好顶盖的左半部分，要想用对称获得右半部分，必须先给出对称基准面。首先在图 4.65 所示的对话框中选择"边到基准"匹配方法，然后设置曲率连续、极点移动方式等，单击曲面左半部分靠近对称基准面的边，然后单击对称基准面，预览并确认，得到匹配后的曲面，将该曲面以对称基准对称，这时的结果如图 4.74 所示。由图可见，匹配后对称得到的曲面中间连续性满足了车身曲面要求。

图 4.72 某汽车顶盖一半对称后出现不连续

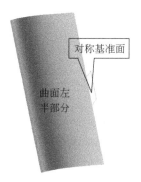
图 4.73 边到基准匹配的准备

图 4.74 边到基准匹配后对称得到的顶盖外表面

4.5 B 样条曲线曲面

由 Bézier 曲线曲面的方程式知道,它的每一个控制顶点对曲线曲面的所有点都有影响,也就是 Bézier 曲线曲面具有整体性。而在工程实践中,对于很多复杂曲线曲面都要求其局部性。为了解决这个问题,人们提出了 B 样条方法,本节就来介绍 B 样条曲线曲面及其性质。

4.5.1 B 样条曲线、B 样条的定义及其性质

B 样条曲线的定义式为

$$p(u) = \sum_{i=0}^{n} d_i N_{i,k}(u) \qquad (4-23)$$

式中,d_i,$i=0, 1, 2\cdots, n$ 是曲线的控制顶点,由它们顺序连接起来的多边形为控制多边形;$N_{i,k}(u)$,$i=0, 1, 2\cdots, n$ 为 k 次规范 B 样条基函数,它是由结点矢量的非递减参数 u 序列 $U: u_0 \leqslant u_1 \leqslant \cdots \leqslant u_n$ 决定的 k 次分段多项式。

B 样条函数由一组递推公式给出

$$\begin{cases} N_{i,0}(u) = \begin{cases} 1, & u_i \leqslant u < u_{i+1} \\ 0, & \text{其他} \end{cases} \\ N_{i,k}(u) = \dfrac{u - u_i}{u_{i+k} - u_i} N_{i,k-1}(u) + \dfrac{u_{i+k+1} - u}{u_{i+k+1} - u_{i+1}} N_{i+1,k-1}(u) \\ \text{令} \dfrac{0}{0} = 0 \end{cases} \qquad (4-24)$$

由式(4-24)可以看出,要确定第 i 个 k 次样条 $N_{i,k}(u)$ 就要用 u_i、u_{i+1}、$\cdots$、u_{i+k+1} 共 $k+2$ 个结点。所以称区间 $[u_i, u_{i+k+1}]$ 为 $N_{i,k}(u)$ 的支撑区间。由 $n+1$ 个控制顶点 d_i,$i=0, 1, 2\cdots, n$ 定义的 B 样条曲线要用到 $n+1$ 个 k 次 B 样条基函数 $N_{i,k}(u)$,$i=0, 1, 2\cdots, n$。那么这些函数的支撑区间的并集是该组 B 样条基的结点矢量 $U = [u_0, u_1, \cdots, u_{n+k+1}]$。

零次 B 样条如式(4-23)中第一式,其形状像平台(图 4.75),又称为平台函数。

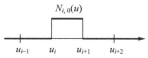
图 4.75 零次 B 样条 $N_{i,0}(u)$

一次 B 样条则是由两个零次 B 样条递推得到，相应的公式如下

$$N_{i,1}(u) = \frac{u-u_i}{u_{i+1}-u_i}N_{i,0}(u) + \frac{u_{i+2}-u}{u_{i+2}-u_{i+1}}N_{i+1,0}(u)$$

式中，$N_{i,0}(u) = \begin{cases} 1, & u_i \leqslant u \leqslant u_{i+1} \\ 0, & 其他 \end{cases}$

$N_{i+1,0}(u) = \begin{cases} 1, & u_{i+1} \leqslant u \leqslant u_{i+2} \\ 0, & 其他 \end{cases}$

将两个一次 B 样条代入可得

$$N_{i,1}(u) = \begin{cases} \dfrac{u-u_i}{u_{i+1}-u_i}, & u_i \leqslant u \leqslant u_{i+1} \\ \dfrac{u_{i+2}-u}{u_{i+2}-u_{i+1}}, & u_{i+1} \leqslant u \leqslant u_{i+2} \\ 0, & 其他 \end{cases}$$

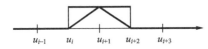

图 4.76　由两个零次 B 样条 $N_{i,0}(u)$、$N_{i+1,0}(u)$ 递推得到 $N_{i,1}(u)$

其递推过程可以参见图 4.76。用同样的方法可以得到各次 B 样条函数。据此，总结 B 样条函数的性质如下。

(1) 递推性质：这可以由上述的递推定义得到。

(2) 规范性质：$\sum_i N_{i,k}(u) = 1$。

(3) 局部性质：$N_{i,k}(u) \begin{cases} \geqslant 0, & u_i \leqslant u \leqslant u_{i+k+1} \\ =0, & 其他 \end{cases}$。

其实，这也表明该函数的非负性。

(4) 可微性质：在结点区间内，该函数是无限次可微的，但是在结点处是 $k-r$ 次可微的，即 C^{k-r} 的，其中 r 是结点的重复度。

讨论了 B 样条的性质后，下面讨论 B 样条曲线的性质。

(1) B 样条曲线的局部性质及其定义域。我们知道，第 i 个 B 样条 $N_{i,k}(u)$ 的支撑区间为 $[u_i, u_{i+k+1}]$，也就是 k 次 B 样条支撑区间包含 $k+1$ 个结点区间。那么在参数 u 轴上任何一点 $u \in [u_i, u_{i+1}]$ 处至多有 $k+1$ 个非零的 k 次 B 样条 $N_{j,k}(u)$，$j=i-k, i-k+1, \cdots, i$，其他 k 次 B 样条在该处均为零。

考察式(4-23)定义的 B 样条曲线在 $u \in [u_i, u_{i+1}]$ 上那一段，略去其中基函数为零的项，可以表示为

$$\boldsymbol{p}(u) = \sum_{j=i-k}^{i} \boldsymbol{d}_j N_{j,k}(u) \quad u \in [u_i, u_{i+1}] \tag{4-25}$$

这表示 B 样条曲线的局部性质。这说明 k 次 B 样条曲线上定义域内参数为 $u \in [u_i, u_{i+1}]$ 的点 $\boldsymbol{p}(u)$ 至多与 $k+1$ 个控制顶点 $\boldsymbol{d}_j$，$j=i-k, i-k+1, \cdots, i$ 有关系，而与其他控制顶点没有关系。这同时也说明，在曲线的定义域内，定义在非零结点区间 $u \in [u_i, u_{i+1}]$ 上的 k 次 B 样条曲线段由 $k+1$ 个控制顶点 $\boldsymbol{d}_{i-k}$、$\boldsymbol{d}_{i-k+1}$、$\cdots$、$\boldsymbol{d}_i$ 及相应的 B 样条函数所决定，与其他的控制顶点没有关系。同理，控制顶点 $\boldsymbol{d}_{i-k-1}$、$\boldsymbol{d}_{i-k}$、$\cdots$、$\boldsymbol{d}_{i-1}$ 定义了上一段 B 样条曲线段，$\boldsymbol{d}_{i-k+1}$、$\boldsymbol{d}_{i-k+2}$、$\cdots$、$\boldsymbol{d}_{i+1}$ 定义了下一段 B 样条曲线段。

根据其局部性质可以说，移动 B 样条曲线的一个控制顶点 d_i 只能对曲线的局部产生影响，其至多影响到区间 (u_i, u_{i+k+1}) 上的曲线形状，对其余的部分不会发生影响。

接下来给出整个 B 样条曲线的定义域。给定 $n+1$ 个控制顶点 d_i，$i=0,1,2\cdots,n$，相应的基函数 $N_{i,k}(u)$，$i=0,1,2\cdots,n$，共同定义了一条 k 次 B 样条曲线，其结点矢量为 $U=[u_0, u_1, \cdots, u_{n+k+1}]$。事实上这些结点矢量包含的 $n+k+1$ 个区间不都在曲线的定义域内，开始的 k 个结点区间和末尾的 k 个结点区间不在其定义域内。因为控制顶点 d_i，$i=0,1,\cdots,k$ 定义了样条曲线的首段，其定义域是 $[u_k, u_{k+1})$，d_i，$i=1,2,\cdots,k+1$ 定义了样条曲线的第二段，其定义域是 $[u_{k+1}, u_{k+2})$，$\cdots$，最后的 $k+1$ 个控制顶点 d_i，$i=n-k, n-k+1, \cdots, n$ 定义末端曲线，其定义域为 $[u_n, u_{n+1})$。所以 B 样条曲线的定义域为 $u\in[u_k, u_{n+1}]$。

下面举例说明。

给定控制顶点 d_i，$i=0,1,2\cdots,9$，定义一条 4 次 B 样条曲线，即 $n=9$，$k=4$。那么结点矢量为 $U=[u_0, u_1, \cdots, u_{n+k+1}]=[u_0, u_1, \cdots, u_{14}]$；曲线定义域为 $u\in[u_k, u_{n+1}]=[u_4, u_{10}]$；当定义域内不含有重结点时，曲线的段数为 $n-k+1=6$；在 $u\in[u_5, u_6]$ 上的曲线段由控制顶点 $[d_{i-k}, d_{i-k+1}, \cdots, d_i]=[d_1, d_2, d_3, d_4, d_5]$ 定义，与其他控制顶点没有关系；移动控制顶点 d_3 将影响定义在 $(u_i, u_{i+k+1})=(u_3, u_8)$ 上的曲线的形状。

（2）B 样条曲线的可微性及参数连续性。在每一段 B 样条曲线内是无限次可微的，在对应于结点的曲线段端部是 $k-r$ 次可微的，r 是结点的重复度。

（3）凸包性质。

（4）变差减少性质。

（5）几何不变性。

4.5.2 重结点

将顺序的 r 个结点相重合称为该结点具有 r 重结点。

当结点重复度每增加 1 时，B 样条的支撑区间减少一个非零区间，B 样条在该结点处的可微性降低一次。当 B 样条的内结点均匀分布，端结点具有重复度 $k+1$ 时，称之为准均匀的。由结点矢量 $U=[\underbrace{0, \cdots, 0}_{k+1 个}, \underbrace{1, \cdots, 1}_{k+1 个}]$ 定义的 B 样条基为 k 次 Bernstein 基，所以，Beinstein 基是 B 样条基的特例。

根据重结点对 B 样条的影响可知，在 B 样条曲线定义域内的内重结点的重复度每增加 1，曲线段数就减少 1，样条曲线在该重结点处的可微性或者参数连续性就降低一次。所以可以这样说，k 次 B 样条曲线在重复度为 r 的结点处的参数连续性为 C^{k-r}。

当结点重复度为 k 时，k 次 B 样条曲线的端点与相应的控制多边形端部控制顶点重合，且在端点处与控制多边形端切。而当曲线定义域内结点重复度为 k 时，曲线插值于相应的控制顶点。当端结点有 $k+1$ 重复度时，k 次 B 样条曲线就具有和 k 次 Bézier 曲线相同的几何性质。

如果端结点重复度是 $k+1$ 的 k 次 B 样条曲线的定义域仅有一个非零区间，那么其所定义的 B 样条曲线就是 Bézier 曲线。可见 Bézier 曲线是 B 样条曲线的特例。

4.5.3　B样条曲线的分类

按照结点矢量中结点的分布情况可以将B样条曲线划分为下面的4种类型。

(1) 均匀B样条曲线。

这种B样条曲线的结点矢量中结点是沿参数轴均匀分布的，所有结点的区间长度为

$$\Delta_i = u_{i+1} - u_i = 常数 > 0, \quad i = 0, 1, \cdots, n+k。$$

为了方便，经常将其结点矢量取成整数序列，可以表示为 $U = [u_0, u_1, \cdots, u_{n+k+1}] = [-k, 1-k, \cdots, n+1]$。相应的定义域就是 $u \in [u_k, u_{n+1}] = [0, n-k+1]$。

(2) 准均匀B样条曲线。

这种曲线结点矢量中两个端结点有重复度 $k+1$，即 $u_0 = u_1 = \cdots = u_k$，$u_{n+1} = u_{n+2} = \cdots = u_{n+k+1}$，所有的内结点均匀分布，重复度为1。定义域的内结点区间长度 $\Delta_i = 常数 > 0$，$i = k, k+1, \cdots, n$，其分布与均匀B样条定义域内结点相同，差别仅在端点。

(3) 分段Bézier曲线。

分段Bézier曲线结点矢量中两个端结点重复度和准均匀B样条相同，为 $k+1$。所不同的是，所有内结点重复度均为 k，有

$$\Delta_i = \begin{cases} 常数 > 0, & i = \lambda k \\ 0, & i = \lambda k + j, \ j = 1, 2, \cdots, k-1 \end{cases} \lambda = 1, 2, \cdots, \frac{n}{k}$$

所以这种曲线对控制顶点的个数有要求，即控制顶点个数减1，为 k 的整数倍。

(4) 一般非均匀B样条曲线。

这种类型的B样条曲线的结点矢量 $U = [u_0, u_1, \cdots, u_{n+k+1}]$ 是任意分布的，前提条件是数学上成立。这就构成了一般的非均匀B样条曲线。实际上前面3种B样条曲线是这种曲线的特例。

4.5.4　B样条曲面方程及其性质

设给定 $(m+1) \times (n+1)$ 个控制顶点 $\boldsymbol{d}_{i,j}$，$i = 1, 2, \cdots, m$；$j = 1, 2, \cdots, n$ 阵列，并组成一个控制网格。同时给定 u 向参数的次数为 k，v 向参数的次数为 l，结点矢量分别为 $U = [u_0, u_1, \cdots, u_{m+k+1}]$，$V = [v_0, v_1, \cdots, v_{n+l+1}]$，则可以定义一张 $k \times l$ 次B样条曲面，其方程为

$$\boldsymbol{p}(u, v) = \sum_{i=0}^{m} \sum_{j=0}^{n} \boldsymbol{d}_{i,j} N_{i,k}(u) N_{j,l}(v) \quad u_k \leqslant u \leqslant u_{m+1}, \ v_l \leqslant v \leqslant v_{n+1}$$

式中，B样条基 $N_{i,k}(u)$，$i = 0, 1, \cdots m$ 与 $N_{j,l}(v)$，$j = 0, 1, \cdots, n$ 由式(4-24)的递推公式给出。

B样条曲面的性质如下。

(1) B样条曲面具有局部性。定义在子区域 $u_e \leqslant u \leqslant u_{e+1}$，$v_f \leqslant v \leqslant v_{f+1}$ 上的那片B样条曲面片仅和部分控制顶点 $\boldsymbol{d}_{i,j}$，$i = e-k, e-k+1, \cdots, e$；$j = f-l, f-l+1, \cdots, f$ 有关，与其他控制顶点没有关系。

(2) B样条曲面的可微性及参数连续性在两个参数方向上与B样条曲线类似。

(3) 凸包性质。

(4) 几何不变性。

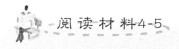
阅读材料4-5

非均匀有理B样条方法

在机械零件设计时经常遇到由二次曲线弧与二次曲面表示的形状，这些形状在设计时都由图纸精确地给出，而且在制造上往往要求精度较高。

B样条方法在表示自由曲线曲面形状时显示了强大的威力，但是在表示与设计二次曲线曲面时却遇到了麻烦，因为B样条曲线曲面，包括其特例Bézier曲线曲面都不能精确地表示二次曲线弧和二次曲面，而只能给出近似的表示。近似表示将带来处理上的麻烦，而且还带来设计误差。

为了精确表示二次曲线弧和二次曲面就要采用另外的一套数学方法，如隐函数方程表示，这样就导致一个几何设计系统要采用两套不同的数学方法，使得系统十分复杂，这是研究人员所忌讳的。

要解决这个问题，对现有的B样条方法进行改造，即保留其描述自由形状的长处，同时扩充其统一表示二次曲线曲面的能力，人们寻求的方法就是有理B样条方法。由于在形状描述实践中它更多地以非均匀类型出现，而均匀、准均匀、分段Bézier 3种类型可看成非均匀类型的特例，所以人们习惯称之为非均匀有理B样条(Non-Uniform Rational B-spline)方法，简称NURBS方法。

NURBS方法在CAD/CAM与计算机图形学领域得到了广泛的应用，现有的三维软件大多采用该表示方法，因为它具有这样一些优点。

(1) 既能表示标准解析形状(初等曲线曲面)，又为自由曲线曲面的表示与设计提供了一个公共的数学形式。所以采用一个统一的数据库即可存储两类形状信息。

(2) 通过操纵控制顶点和权因子为各种形状设计提供充分的灵活性。

(3) 计算稳定迅速。

(4) 有良好的几何解释，使得它对有良好几何知识，尤其是画法几何知识的设计员特别实用。

(5) 有强有力的几何配套技术(结点插入/细分/消去、升阶、分裂等)，能用于设计、分析和处理等各个环节。

(6) 在比例、旋转、平移、剪切和平行与透视投影变换下是不变的。

(7) NURBS是非有理B样条形式及有理与非有理Bézier形式的推广，B样条的很多技术推广也可得到。

当然，NURBS方法也存在一些问题。

(1) 需要额外的存储以定义传统的曲线曲面。如传统的整圆表示仅用圆心、半径和垂直于圆所在平面的法矢即可，而NURBS表示一个整圆至少需要7个控制顶点和10个结点。

(2) 权因子的不合适应用可能导致很不好的参数化，甚至毁掉曲面结构。

(3) 某些技术的传统形式比用NURBS工作更好。如两曲面刚好相交，求交时NURBS难于处理。

(4) 某些基本算法存在不稳定的情况。

资料来源：施法中. 计算机辅助几何设计与非均匀有理B样条. 北京：北京航空航天大学出版社，1994.

4.6 UG 软件中 B 样条曲线曲面的构建与修改

4.6.1 B 样条曲线的产生与修改

B 样条曲线的构建和修改与 Bézier 曲线的构建和修改所使用的命令是一样的，只是对于一般的 B 样条，在构建时曲线类型可以选择【多段】，这样构建的曲线即为一般的 B 样条曲线。读者可以根据第二节中曲线的构建方法试着建立 B 样条曲线。在修改时也可以改变曲线的段数，读者也可以根据第二节中曲线的修改方法试着修改 B 样条曲线。这里就不再赘述。本节根据汽车车身曲线光顺过程中的实际情况介绍几种产生与修改曲线的方法。

在车身曲面光顺时经常需要提取某些片体或实体的边界曲线或者在曲面内部产生曲线，如图 4.77 给出了光顺好的车门外表面(左)与要获得的车门形状(右)。

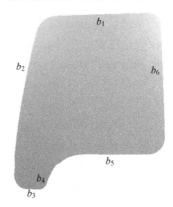

图 4.77 光顺好的车门外表面(左)与要获得的车门形状(右)

图 4.78 【抽取曲线】对话框和边界曲线

要裁剪出车门的形状，可以缩短每条边界线的长度，然后用曲线桥接的方式构建光滑的边界线。首先提取左侧、右侧、上边和下边的边界线。提取边界线可以用【插入】|【曲线】|【来自体的曲线】|【抽取曲线】命令，执行该命令，弹出【抽取曲线】对话框如图 4.78(左)所示，选择【边缘曲线】选项，并单击 4 条边，确定，得到边界曲线。【抽取曲线】对话框和抽取后的边界曲线如图 4.78(右)所示。

这样可以得到图 4.77 中的曲线 b_1、b_2、b_3 和 b_6，曲线 b_4 和 b_5 则要另外构建。曲线 b_4 可以选取曲面上合适的点直接用插入样条曲线的方法得到(见第二节)，曲线 b_5 则可以采用【插入】|【来自曲线集的曲线】|【在面上偏置】的方法在曲面上向上偏置某个数值得到，【在面上偏置曲线】对话框及其偏置过程如图 4.79 所示。

完成上述操作后，对曲线进行裁剪，得到的曲面和曲线如图 4.80 所示。

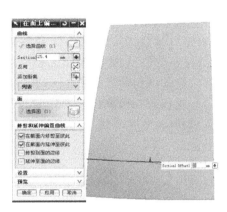
图 4.79 【在面上偏置曲线】对话框及其过程

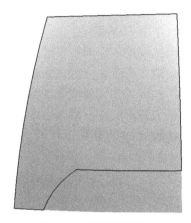
图 4.80 裁剪后的曲线

然后创建曲线交接处的过渡圆角。一般来说这些过渡圆角是相切或曲率连续的，所以 UG 中提供了很多操作方法。其中【插入】|【基本曲线】中提供的命令可以达到相切连续目的，但是这种方法主要针对平面曲线，所以不能用。【插入】|【来自曲线集的曲线】|【桥接】方法提供的操作可以达到相切或曲率连续目的，而且是针对空间曲线的，所以可以用在此处。这种方法要求要桥接的曲线两端有间隙，所以首先利用缩短曲线长度的方法使各条曲线缩短到适当的长度，缩短长度操作后的曲线如图 4.81 所示。

接下来可以进行曲线桥接。执行命令，弹出【桥接曲线】对话框，其对话框和桥接过程如图 4.82 所示。图中的【桥接曲线】对话框最上边是选择步骤：先选择曲线 b_1 桥接端，再选择曲线 b_2 桥接端；向下是连续的方式，包括相切连续和曲率连续，可根据要求选取；再向下是开始/结束位置，如果桥接曲线不合适，可以调整曲线桥接的位置；接下来是形状控制，包括有端点控制和峰值控制，可根据需要选择；再下边是相切幅值控制，可根据需要分别对两条曲线的端点切向幅值进行控制。待所有选项设置好后，确定即可得到桥接曲线。

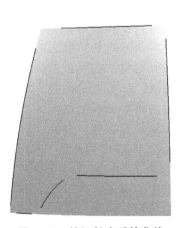
图 4.81 缩短长度后的曲线

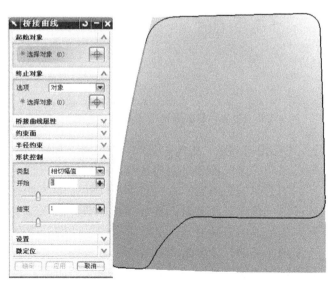
图 4.82 桥接曲线对话框及其曲线的桥接过程

最后用封闭的曲线裁剪曲面,得到车门外表面的轮廓,如图4.79(右)所示。车门玻璃处的轮廓也可以用同样的方法获得,这里不再赘述。

对于B样条曲线的产生办法还有相交线、投影线和剖面线,下面说明其用法。

相交线是两组曲面、曲面与实体的曲面、曲面与基准面或者两实体的曲面之间的交线,其操作命令为【插入】|【来自实体集的曲线】|【求交】。如要求两组曲面交线,执行该命令,弹出【相交曲线】对话框,其对话框和要求交的两组曲面如图4.83所示。

右边的曲面中一组是8个相连续的曲面,另一组仅有一个曲面。操作时先选取其中的一组,选完后单击第二组选择面,选取第二组曲面,然后确定,即可得到两组曲面的交线。

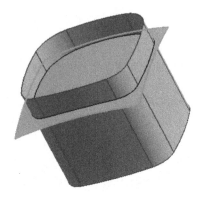

图4.83 【相交曲线】对话框及其求交过程

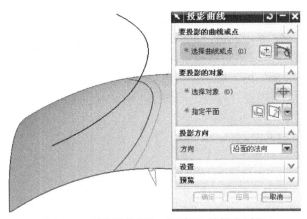

图4.84 【投影曲线】对话框及其操作过程

投影线是一条或多条曲线沿某个方向向某平面或曲面投影得到新曲线的方法。其操作命令为【插入】|【来自曲线集的曲线】|【投影】,执行该命令,弹出【投影曲线】对话框,其对话框和某曲线向某曲面投影的过程如图4.84所示。

对话框的上部是投影的具体步骤提示,首先选择要投影的曲线,选取确认后再选择投影曲面;下面是投影的方向,默认方向是"沿面的法向",读者可以根据自己的要求选择投影方向(此外还有指向一点、指向一直线、沿矢量、相对于矢量的角度等),图中曲面上的深色曲线是按照面的法向投影得到的曲线,浅色曲线是按照$-Z$方向投影得到的曲线。可以看出,不同的方向投影得到的曲线是不一样的;再下面是复制方法,有关联、复制、移动等方式,读者可根据需要选取,值得注意的是,如果选择【移动】选项而原曲线又带参数,操作时系统会提问如何处理,读者根据情况处理,这里建议选择【复制】或者【关联】选项;下面是曲线的拟合方式和曲线加入方法等,这些选项一般采用默认方式即可。

设置好各个选项后,按照步骤选择曲线与曲面,确定后得到投影曲线。

在汽车车身曲面光顺中经常应用高品质空间曲线。在光顺高品质曲线时,通常将该曲线投影到两个互相垂直的平面内,将这两条曲线光顺好,然后再利用这两条曲线获得高品质的空间曲线。如图 4.85 所示的某轿车车身腰线的光顺就是这样。

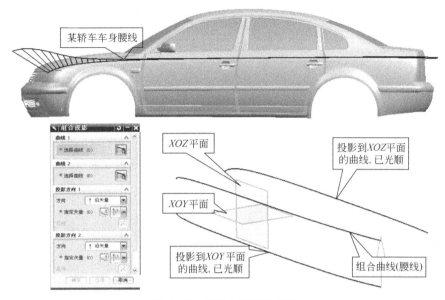

图 4.85 某轿车腰线的光顺

该轿车腰线要求在俯视图看是向外单凸的,在侧视图则是向上单凸的。要得到这样的曲线可以先将该曲线沿 Y 向投影到 XOZ 平面,将投影线在 XOZ 平面内光顺成向上单凸的,同时将该曲线沿-Z 向投影到 XOY 平面,使投影线在 XOY 平面内光顺成向外单凸,然后将两条投影线同时沿原投影的反向实行组合投影,得到原来的空间曲线(腰线)。实现组合投影的操作命令为【插入】|【来自曲线集的曲线】|【组合投影】。执行该命令弹出图中的对话框,根据提示步骤选取第一组曲线,确认;选择第二组曲线,确认;选择第一组曲线的投影方向,确认;选择第二组曲线的投影方向,确认,得到组合投影曲线,即腰线的空间位置,而且得到的曲线在侧视和俯视两个方向都是单凸的,有很高的品质。

剖面线也是经常用的一种提取曲面线的方法,如为了验证车身点云是否按照汽车坐标系对正,常用与 YOZ 平行的一组平行平面与车身点云相交得到一组曲线,看左右曲线的重合程度来判断车身点云是否对正。因为后续有汽车坐标系对正,所以这里仅介绍剖面线的获得方法。图 4.86 所示是对汽车点云小平面体的剖切方法。

剖面线操作命令为【插入】|【来自实体集的曲线】|【剖面】,执行该命令,得到图 4.86 所示左边的对话框。由对话框可知,其剖切方法有选择平面、平行平面、径向平面和垂直于曲线的平面 4 种方法,这里介绍平行平面方法,其他方法读者可根据实际情况选择,根据提示操作。

要用平行平面剖切,选择该方法后,选择要剖切的曲面或体素,这里单击点云小平面体,确认后选择基本平面,在过滤器中选择基准平面,在平面方法处选取 YOZ 平面,并设置步进、开始位置和结束位置,设置完成后单击【应用】或【确定】按钮即可在点云小平面体上产生一组平行于 YOZ 平面的曲线,根据两边曲线的对称程度即可判定车身点云是否对正。

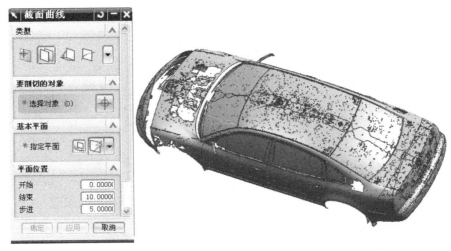

图 4.86 体素的剖切

4.6.2 B 样条曲面的产生与修改

B 样条曲面的构建方法与 Bézier 曲面的构建和修改方法基本相同,只是在构建的时候选取的补片数是多片而已,所以读者可以根据第四节中介绍的方法试着建立和修改 B 样条曲面,这里不再赘述。本节根据汽车车身曲面光顺过程中的实际情况介绍几种产生与修改曲面的方法。

首先介绍曲面的抽取、偏置和规律延伸。图 4.87 所示为某轻卡车门内板,为了加强内板的刚度,经常在内板面积较大的平坦曲面上或者安装位置上添加一些下沉的结构,图中给出了某些需要下沉的位置。

现在假设已经将内板的曲面光顺好,并且也已经剪切出了大致的形状,如图 4.88 所示。这里以最右下角的下沉部分为例说明这些下沉部分的构建方法。

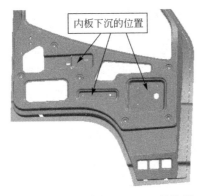

图 4.87 车门内板需要下沉的位置

图 4.88 裁剪好的部分车门内板

首先抽取曲面,该操作命令为【插入】|【关联复制】|【抽取】。执行该命令,得到对话框(图 4.89(左)),选择抽取面,可见生成曲面的类型有 3 种:相同类型的曲面、三次多项式曲面和一般 B 曲面。如果原曲面是 B 样条曲面,选第一和第三种皆可,如果不是 B 曲面,则建议选取第三种。设置完成后单击曲面,确认后可以得到曲面。将抽取后的曲面恢

复(见本章第四节曲面的恢复方法)，恢复后的曲面做半透明处理。

现在来偏置下沉曲面，所使用的操作命令为【插入】|【偏置/比例】|【偏置曲面】，执行该命令，弹出对话框，连同前面得到的恢复后抽取曲面如图4.90所示。单击要偏置的曲面，设定偏置距离与方向，确定可得偏置曲面。

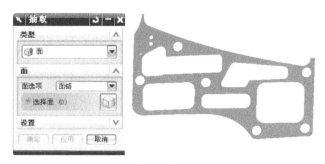

图4.89　曲面抽取操作的使用

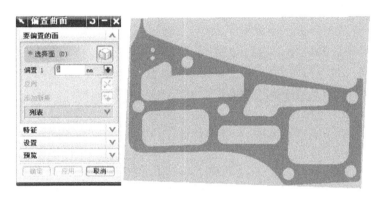

图4.90　【偏置曲面】对话框及其偏置方法

然后利用下沉处的边界做曲面规律延伸，该操作命令为【插入】|【弯边曲面】|【规律延伸】，执行该命令，弹出对话框如图4.91所示，参考方式可以是面，也可是矢量，这里选取面。然后根据提示选取内板下沉处的边界线，确认后选取参考曲面，预览可以得到规律延伸曲面。这时可以根据需要对延伸曲面的长度、角度进行调整(单击圆球可调整角度，单击箭头可调整长度)，调整合适后确定可得到规律延伸曲面。

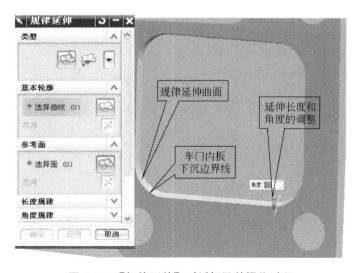

图4.91　【规律延伸】对话框及其操作过程

利用规律延伸曲面对前述的偏置曲面进行裁剪，保留内部部分。用裁剪后的下沉曲面边界裁剪规律延伸曲面，最后可得该处的下沉曲面的基本结构。其他相应的下沉曲面都可以用这种方法得到。

在这些基本结构得到之后，曲面之间的连接部分是尖角，而在车身钣金件中还需要圆角过渡。圆角过渡的方法很多，这里介绍边倒圆、面倒圆和样式圆角几种常用方法。

边倒圆本来是对实体进行的操作，但是经过缝合后的曲面边界尖角处的过渡也可以用该方法来处理。在车身设计中，看不见的内板一般是用这种方法处理，选择其与基本曲面的连续性为相切连续即可。

图 4.92 所示为某车门内板下沉部分的结构图，该图的结构比前面讲述的还要复杂一点。曲面之间是尖角的，要用边倒圆来过渡，首先执行【插入】|【细节特征】|【边倒圆】命令，弹出图 4.92 所示对话框，设置半径大小，如这里选取 5mm，然后单击需要过渡的尖角边，确定即可得到过渡圆角，通过边倒圆得到的过渡曲面及其相关曲面自动缝合在一起。值得指出的是，对不封闭的倒圆角该方法的圆角半径可以是变化的。

图 4.92　【边倒圆】对话框及其操作过程

面倒圆是对两组曲面之间进行的过渡，这里仅以两个曲面为例进行说明。

执行【插入】|【细节特征】|【面倒圆】命令，弹出图 4.93(左)所示的对话框。由对话框可见，上部是面倒圆的两种类型：滚动球和扫略曲面，在车身曲面光顺中选择滚动球方法即可。下面是选择步骤、横截面的方式、修剪和缝合选项等，读者可根据需要设置各项。设置好各项后，单击第一组曲面，选完后单击【第二步】按钮选取第二组曲面，根据需要

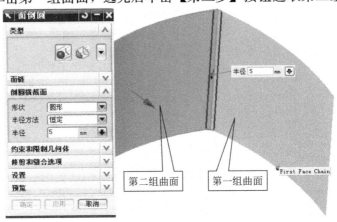

图 4.93　【面倒圆】对话框及其操作方法

选取半径方式和半径大小，确定后可得过渡曲面。

面倒圆的过渡曲面与基本曲面之间的连续性仅是相切连续，所以可以用在要求不高的内板曲面的光顺中。当然，对于两组复杂的过渡曲面的求解比单纯的两张曲面要麻烦得多，这将在第 5 章中介绍。

软倒圆方法命令为【插入】|【细节特征】|【软倒圆】，执行该命令，弹出图 4.94 所示的对话框，对话框最上面给出了选择步骤，下面依次给出法向反向、附着方法、光顺性、Rho 和歪斜的控制方式、定义脊线等选项，读者可以根据需要设置。设置后单击第一组曲面，单击【第二步】按钮后单击第二组曲面，单击【第三步】按钮后单击第一组曲面上的相切曲线，选取【第四步】按钮后单击第二组曲面的相切曲线，完成这些后单击【定义脊线】按钮，选取脊线后确定可得过渡曲面。

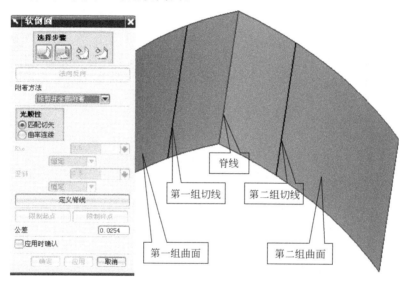

图 4.94 【软倒圆】对话框及其操作方法

该过渡曲面与基本曲面的光顺性有两种选择：匹配切矢和曲率连续。所以该方法可以用在车身内板或者外表面的光顺中。这里的脊线相当于过渡圆角的指引线，该线的性质影响过渡曲面的品质。

样式圆角的光顺性、弦高、半径大小等很多方面可调，所以是车身 A 级曲面光顺中常用的构建过渡曲面的方法。该方法命令为【插入】|【细节特征】|【样式圆角】，单击该命令可得图 4.95 所示的对话框。由对话框可见，其类型有规律、曲线和外形轮廓 3 种。对话框向下有中心曲线、截面方位、边界连续性约束、形状控制等。

其中规律方法是对两组相交的曲面求过渡曲面，如图 4.95 所示的两组曲面；而曲线方法则是指定过渡曲面的边界，然后建立过渡曲面；外形轮廓方法则是有了过渡曲面边界的大体形状后，软件根据形状给出过渡曲面。

这里仅以规律方法为例进行说明。执行命令，弹出对话框后，设置好参数，选取第一组曲面，确认后选取第二组曲面，确认后选取曲线集 1，确认，选取曲线集 2，确认，选取脊线，确认并预览，认为合适后，确定可得过渡曲面。

对于控制类型，可以对半径进行控制，也可以对弦高进行控制，读者可选择合适的设定对过渡曲面进行控制。

汽车车身计算机辅助设计

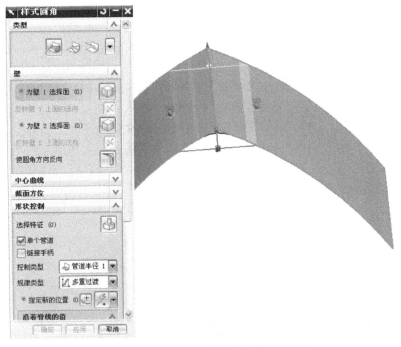

图 4.95 【样式圆角】对话框及其操作方法

1. 思考题

(1) 在三维软件中常采用哪些方法表示曲线曲面?

(2) 在曲线曲面的表示中,Bézier 表示方法和一般的 B 样条表示方法各有什么优缺点?

(3) Bézier 曲线升阶后和原来的曲线有没有不同?降阶呢?

(4) 在 UG 中如何构造 Bézier 曲线?如何构造 B 样条曲线?

(5) 在 UG 中如何对已有曲线进行修改?

(6) UG 中如何构造 Bézier 曲面?如何构造 B 样条曲面?

(7) 对于曲面如何进行阶次和补片数的修改?

(8) 对曲面进行匹配有哪几种方法?各在什么情况下使用?

(9) 曲面等参数分割和曲面裁剪有什么区别?

(10) 试在 UG 中使用边倒圆、面倒圆、软倒圆、样式圆角几种倒圆方法构建过渡曲面,并看它们各能达到什么样的连续性。

(11) 如何从已有的体素得到边界线?

(12) 曲线投影有哪些方法?

第 5 章
汽车车身覆盖件反求建模与评价方法

 本章学习目标

- ★ 了解汽车车身点云的采集与处理方法;
- ★ 掌握汽车点云的坐标对正方法;
- ★ 掌握车身曲面的反求方法;
- ★ 曲线曲面的连续性;
- ★ 车身曲面的评价方法;
- ★ 车身零部件的划分。

 本章教学要点

知识要点	能力要求	相关知识
汽车车身点云的采集与处理	了解汽车车身点云的采集与处理方法	点云数据的采集、点云的预处理
汽车点云的坐标对正	掌握汽车点云的坐标对正方法	车身坐标系、车身坐标系的对正和补拍点云坐标的对正
车身曲面的反求	掌握车身曲面的反求	车身曲面分类和光顺要求、A级曲面的光顺流程、特征分解、A级曲面基本曲面的构建,A级曲面过渡曲面光顺与局部特征的光顺方法,零部件边界的划分,特殊曲面的处理技术
曲线曲面的连续性	掌握曲线曲面的几何连续性,了解其参数连续性	Bézier曲线曲面的几何连续性条件及其在车身曲面光顺工程中应用
车身曲面的评价方法	掌握车身曲面的评价方法	利用控制顶点法、曲率梳法、斑马线法和高斯曲率法等对曲线曲面品质进行评价,曲面连续性精度的评价,评价体系的建立
车身零部件的划分	掌握车身零部件的划分	车身曲面零部件的边界构建、划分零部件边界

 本章学习方法

　　本章学习时,首先了解汽车车身点云数据的采集方法和预处理方法,掌握汽车车身坐标系及其对正方法。在对正坐标系以后,先分析车身点云的特征,根据特征制定反求的先后顺序:先构建基本曲面,再构建过渡曲面,之后进行局部特征的构建。在构建过程中和完成后,要及时对曲面进行质量评价,曲面质量达到要求后,根据零部件的边界进行零部件的划分。

汽车车身计算机辅助设计

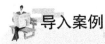

  图 5.1 左图为 Passat 轿车的外表面点云，其形状非常复杂，且点云有些杂乱。右图则为其光顺后的外表面，曲面连接光滑，线条流畅。汽车车身由点云表示到曲面表示需要做大量的工作，如测绘的点云需要处理、坐标需要对正，复杂曲面需要合适的构建方法以保证其质量和构建速度，构建好的曲面还需要进行质量的检查与评价。

图 5.1　Passat 轿车外表面点云与光顺后的数字模型

  在这个过程中设计师必须快速、高质量地获得符合造型和工程需要的数字模型。要快速高质量地完成设计任务，就必须有一套合适的处理流程、正确的处理方法。
  本章给出的是基于 UG 的车身曲面光顺与评价方法。

▶ 资料来源：范大辉，尹鹏举，朱强. Passat 轿车外表面光顺. 山东理工大学毕业设计资料，2007.

5.1　汽车车身点云的采集与处理

  在现代汽车车身设计中利用非接触测量设备（如 ATOS 等）进行汽车模型或者样车的测绘，并对测绘获得的点云数据进行处理。本节将从汽车车身点云数据的采集、点云处理与评价等几个方面进行讲述。

5.1.1　点云数据的采集

  点云数据采集是指采用某种设备和测量方法获取实物表面的几何信息，并将所获数据存储或输出。数据采集是汽车车身曲面光顺的基础，数据采集方法直接影响着最终车身模型的质量和整个工程的效率，高效、高精度地实现样件表面的数据采集是汽车车身曲面光顺中的一项关键技术。实际应用中常因模型表面数据采集的问题而影响重构模型的精度。因此，如何取得较佳的物体表面数据一直是反求工程的一个主要研究内容，本节介绍在采用 ATOS 非接触式光学三维扫描仪进行反求工程的应用与实践情况。
  ATOS 是一种非接触式光学三维扫描仪，由于它能够快速地采集到实物的表面数据点，扫描精度较高，特别适于外形流畅、表面复杂零件的测量。但是，对于深孔、夹缝等不能被光照射到的部位，ATOS 三维扫描仪无法采集到该部位的数据，会造成这些表面数据的丢失，另外其对零件表面的粗糙度有敏感性。

ATOS 测量系统的数据采集可以用图 5.2 所示的过程来描述，首先由卤素灯光源产生编码光栅，光栅投影到被测样件表面产生图像，这一系列的图像被 CCD 相机摄取到，再通过图像处理方法对这些图像进行处理，被测实物表面点的空间位置就被计算出来。

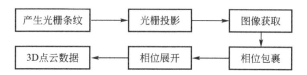

图 5.2　ATOS 测量系统的数据采集方法

ATOS 系统是一种基于结构光的测量系统，它综合了光学三角化、条纹投影和相位移动等原理对实物样件做非接触高速测量。所以其测量精度随着光线入射角的增大而降低，入射角一般不宜大于 45°，否则会出现盲区，使得测量失效而无法捕捉到数据，因此在测量时应不断调整被测实物与测量镜头的角度，分片采集物体表面的数据。为了获得实物表面完整数据，需要用一定的方法整合不同角度所获的点云数据。所以扫描前应在被测物表面设置（粘贴）足够的参考点，以用作从不同视角进行多次测量得到点云片的对齐。

参考点的设置应当确保每次扫描时相邻点云片间至少有重复的 3 个不共线的公共参考点，各个点云片以这 3 个参考点为基准，用统一的坐标系描述，从而实现点云的拼合。贴参考点时应注意：参考点粘贴的位置应尽量位于零件较为平缓的表面上，不能将参考点贴在曲率变化较大的部位，以免影响点云数据。

因为汽车模型或者样车材质不同、曲面凹凸程度不同，其对照射光线的反射也会不同，而曲面上的反射光会影响两个 CCD 传感器检测点数据。所以，通常在汽车模型或者样车扫描之前先将需要扫描的部位或全部喷成白色，喷涂材料可采用专用的喷粉。

图 5.3 所示为贴好参考点并喷洒专用喷粉后的某车前翼子板。

完成测绘前的准备工作后就可以进行扫描仪软硬件的标定。所有的测量系统都需要精确的标定，以确定坐标原点和系统误差，并使得误差在可以接受的范围内。同时用专用的数码相机测取各参考点的空间位置，并导入 ATOS 主测量系统中，为后续测量数据的拼合做准备。

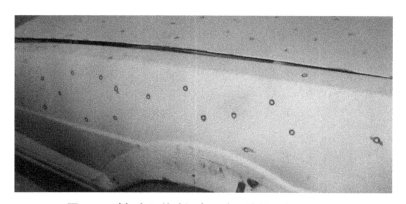

图 5.3　贴好点云并喷洒专用喷粉的某汽车前翼子板

在测量的过程中，由于环境的变化可能使得标定值发生偏移，所以要及时跟踪测绘精度，如果精度超出可接受的误差极限，要对系统重新标定。更换被测件时也应该重新进行标定。同时，精度与测量设备和测量状态有关，而多视拼合会降低整体测量的精度，所以在测量前应该进行合理的规划，以减少拼合的次数。

另外，在测量中受被测件的结构等因素的影响会发生测量干涉，这可以通过多次测量来弥补。但是有些结构（如孔等）的数据不可能完全获得，所以可以在后续的光顺中利用周边关系进行正向设计得到。

对于测绘数据的噪声点，其排除是十分困难的。其产生的原因很多，如测绘时的抖动，或者是光的反射，这可以在数据的处理阶段进行剔除。而对于曲面曲率变化大的区域，其测绘数据也不准确，这也可以在后续的光顺处理阶段根据周边的数据信息进行插补，以恢复其原貌。

测绘中如出现点云与实物严重不符的情况，此时应删去错误点云，重新选择参考点进行测量，同时应弃用误差较大的参考点，以免因误差累积而影响精度。最需要注意的是边界问题，边界点云不完整是 ATOS 扫描的一大缺陷，因此在测量的过程中应加强边界测量。

图 5.4 所示是用 ATOS 进行扫描时的投影光栅。

图 5.5 所示是用 ATOS 扫描某轿车左侧车门外板所得到的点云数据。

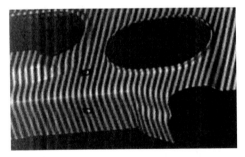 

图 5.4　ATOS 系统扫描时的投影光栅　　　图 5.5　某轿车左侧车门点云数据

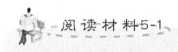

测量方法

实物原型的数字化测量是逆向工程实现的基础和关键技术之一，只有选用合理的测量方式和操作过程才能高效地获得高精度的点云数据。根据测量探头是否与实物表面接触，物体表面数据获得方式可分为接触式、非接触式和断层扫描 3 类。接触式有基于力学变形原理的触发式和连续扫描式数据采集和基于磁场、超声波的数据采集等；而非接触式主要有激光三角测量法、激光测距法、光干涉法、结构光学法、图像分析法等。其分类如表 5-1 所示。

接触式测量典型的测量系统为三坐标测量机（CMM），已有几十年的历史，发展相当成熟，有较高的准确性和可靠性，且与被测件表面的反射性、颜色及曲率等关系不大。但其测量速度慢，需对测量探头半径进行补偿，接触力将使探头与被测件之间发生局部变形而影响测量精度。因此当要求较高的测量速度或被测件表面材料较软时不宜采用接触式测量。

非接触式测量主要运用光学原理进行数据采集,其测量系统通常称为3D扫描仪,测量方法有激光三角形法、激光测距法、结构光法、干涉法、结构分析法等。非接触式测量因测量速度快、不必做探头半径补偿、被测件材料不受限制等原因,近年来发展十分迅速,在实际应用中越来越占主导地位。非接触式测量的精度易受工件表面反射特性及环境光线等的影响,噪声较高。

表 5-1 数据测量的一般方法

接触法			非接触法												其他
触发式	连续式	电磁	超声波法	声波	电磁	工业CT	立体视觉	激光测距	激光三角形	结构光			干涉条纹	图像分析			层析法
				声纳测量仪	核磁共振					投影光栅	线扫描	点扫描		莫尔等高线	光栅编码	数字莫尔	

工业计算机断层扫描成像法(ICT)是对被测件进行逐层扫描,获得一系列断层图像切片和数据的方法,包括内部结构的完整信息,因此适用于任何结构形状,但精度较低。

▶ 资料来源:王婷婷. 汽车车门内板设计与门锁运动校核. 山东理工大学毕业设计论文,2010年.

5.1.2 汽车车身点云的预处理

采集的汽车车身原始点云是非常庞大、无序散乱且包含大量的冗余点的,需进行点云的预处理。光顺前的点云预处理是逆向工程中的重要环节,这里介绍软件Imageware中常用的一些处理方法:①点云的显示;②点云的三角化;③点云的简化;④点云的圈选。

下面分别来说明点云数据在光顺前的预处理。

1. 点云的显示

要对点云显示方式进行改变,首先在Imageware中打开点云文件,在点云上右击,弹出图5.6所示的图像,并将鼠标拉到点云显示按钮处,松开鼠标,出现点云显示对话框如图5.7所示。

由图5.7的对话框可见,点云的显示方式有:Scatter(散乱点方式)、Polyline(多义线方式)、Polygon Mesh(多义线网格方法)、Flat - Shaded和Gouraud - Shaded(渲染方式)。不同的显示方式显示的点云不同,读者可根据需要选取。在汽车车身曲面光顺中,常用的显示方式有散乱点方式、渲染方式,下面给出这两种显示方式。

图5.8(左)所示为某轻卡车门点云的散乱点显示,而右图则是该车门的渲染显示。需要注意的是,要进行渲染显示必须先进行点云的三角化处理。

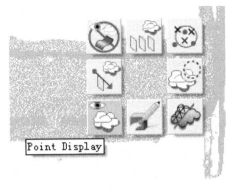

图 5.6　点云操作图像

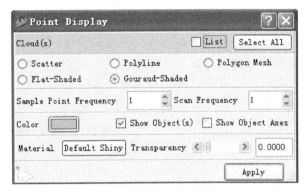

图 5.7　点云显示对话框

图 5.8　点云的散乱点显示(左)和渲染显示(右)

2. 点云的三角化

点云的渲染显示可以使设计者比较直观地观察零部件的特征,而要想渲染显示必须先进行点云的三角化。

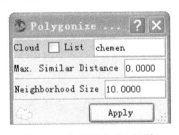

图 5.9　点云三角化对话框

右击要三角化的点云,弹出图 5.6 所示的点云操作图像,按住鼠标右键将鼠标移动到点云三角化按钮(Polygnize Cloud)处,松开鼠标,弹出点云三角化对话框如图 5.9 所示。

对话框的上部是选择点云的显示,向下为 Max. Similar Distance,即点云之间的点距离小于该值则认为需要用三角形平面填充,大于该值则认为是零部件上的孔,所以该值越大,三角化的速度越快。一般汽车车身点云距离大小可选择 0~2;再下面为 Neighborhood Size,该值是围绕某个点向周围搜寻临近点的球半径,该值越大,三角化的速度越慢。一般情况下该值在 5~10 之间选择。

3. 点云的简化

在车身曲面的光顺中,如果数据量太大,则会使电脑运行变慢,所以对于太大的点云可以适当地进行简化。

要简化点云，右击点云得到图 5.6 所示的点云操作图像，按住鼠标右键移动到右上角的按钮后松开，弹出图 5.10 所示的对话框。对话框的上部是点云的选择，中间是简化的方式（根据点云的点之间的距离和根据点云的点总数），最下是简化的结果。

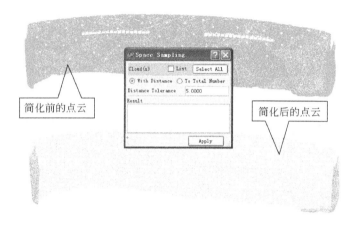

图 5.10　点云简化对话框及其简化方法

图中是某轻卡仪表板点云，图 5.10（上）是简化之前的点云，图 5.10（下）是设置点云的点之间距离为"5"，由简化之后的点云可以看出，简化后的点云比简化之前的点云稀疏了很多。

4. 点云的圈选

在汽车车身曲面光顺中经常要光顺某一部分曲面，如要光顺车门上的扣手。要光顺这样小的曲面，如果将整个的车门点云导入显然是不合适的。原因有二：一是大的三角化点云数据在光顺过程中要占用机器很大的显存，使得在操作时计算机的运行速度变慢；二是其他点云数据对于要光顺的曲面来说也没有什么用途。

圈选点云是由鼠标圈选局部点云的功能。首先用鼠标在屏幕上构造出圈选的封闭多边形。然后计算机计算出点云中每一点的空间点所对应的屏幕点位置，并判断该点是否在封闭多边形内。最后根据对话框中输入的不同模式生成新的圈选点云。现有的商业软件 Imageware 提供了点云数据的圈选功能，要执行点云圈选，首先右击点云，弹出图 5.6 所示操作图像，按住鼠标右键移动到右侧中间的按钮，松开鼠标，弹出图 5.11 所示的点云圈选对话框。

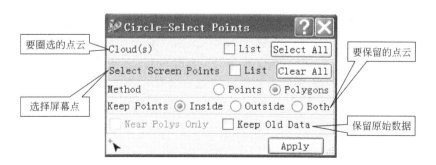

图 5.11　Imageware 的点云圈选对话框

对话框的上边是要圈选的点云，向下依次为拾取屏幕点以圈选点云，点云的表现方法（点、多义线），保留的点云部分（选择框内部、选择框外部、两部分都留下），是否保留原始数据等，读者可以根据实际情况进行选择。在执行该操作时，建议读者保留原始数据，以备以后使用。

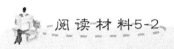

逆向工程数据处理技术

数据处理是逆向工程的一项重要的技术环节，它决定了后续CAD模型重建过程能否方便、准确地进行。根据测量点的数量，测量数据可以分为一般数据点和海量数据点；根据测量数据的规整性，测量数据又可以分为散乱数据点和规矩数据点；不同的测量系统所得到的测量数据的格式是不一致的，且几乎所有的测量方式和测量系统都不可避免地存在误差。因此，在利用测量数据进行CAD重建前必须对测量数据进行处理。数据处理工作主要包括：数据格式的转化、多视点云的拼合、点云过滤、数据精简和点云分块等。

每个CAD/CAM系统都有自己的数据格式，目前流行的CAD/CAM软件的产品数据结构和格式各不相同，不仅影响了设计和制造之间的数据传输和程序衔接，而且直接影响了CMM与CAD/CAM系统的数据通信。目前通行的办法是利用几种主要的数据交换标准（IGES、STEP、AutoCAD的DXF等）来实现数据通信。

在逆向工程实际的过程中，由于坐标测量都有自己的测量范围，因此无论采用什么测量方法都很难在同一坐标系下将产品的几何数据一次性完全测出。产品的数字化不能在同一坐标系下完成，而在模型重建的时候又必须将这些不同坐标下的数据统一到一个坐标系里，这个数据处理过程就是多视数据定位对齐（多视点云的拼合）。多视数据的对齐主要可以分为两种：通过专用的测量软件装置实现测量数据的直接对齐；事后数据处理对齐。采用事后数据处理对齐又可以分为：对数据的直接对齐和基于图形的对齐。对数据的直接对齐研究中出现了多种算法，如ICP算法、四元数法、SVD法、基于3个基准点的对齐方法等。

数据平滑的目的是消除测量数据的噪声，以得到精确的数据和好的特征提取效果。目前通常是采用标准高斯、平均或中值滤波算法。其中高斯滤波能较好地保持原数据的形貌，中值滤波消除数据毛刺的效果较好。因此在选用时应该根据数据质量和建模方法灵活选择滤波算法。

运用点云数据进行造型处理的过程中，由于海量数据点的存在，使存储和处理这些点云数据成了不可突破的瓶颈。实际上并不是所有的数据点都对模型的重建起作用，因此可以在保证一定的精度的前提下缩减数据量，对点云数据进行精简。目前采用的方法有：利用均匀网格减少数据的方法；利用减少多边形三角形达到减少数据点的方法；利用误差带减少多面体数据点的方法。数据分割是根据组成实物外形曲面的子曲面的类型将属于同一曲面类型的数据成组划分为不同的数据域，为后续的模型重建提供方便。数据分割方法可以分为基于测量的分割和自动分割两种方法。目前的分割方法有：基于参数二次曲面逼近的数据分割方法、散乱数据点的自动分割方法、基于CT技术的数据分割方法。

➡ 资料来源：http://china.toocle.com/cbna/item/2010-02-24/5011338.html.

5.2 汽车坐标系及其对正方法

所测绘点云的坐标系一般和车身坐标系是不统一的，而且由于点云也不是一次就测绘好的，有时需要多次测绘才能完成。因此首先要将车身点云对正到车身坐标系下，这样便于后续的光顺与协作。所以本节首先介绍车身坐标系，在此基础上给出 UG 中点云的对正方法。

5.2.1 车身坐标系

在车身设计中，车身坐标系采用右手定则。在坐标系中，X 指汽车的前后方向，Y 为左右方向，Z 为上下方向，如图 5.12 所示。

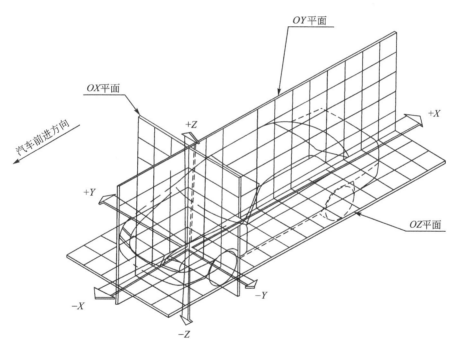

图 5.12　坐标系及零平面确定示意图

汽车零平面按汽车满载时确定，如图 5.12 所示。

Z 方向：一般取车架纵梁上表面较长一段平直面所在平面作为 Z 方向（上下方向）的坐标零平面，无车架的车辆可沿车身地板下表面较大平面的一段所在平面作为高度方向坐标的零平面。零平面向上为正，零平面向下为负。

X 方向：将通过理论上的汽车前轮中心线，且垂直于 Z 方向零平面的平面作为 X 方向（前后方向）的坐标零平面。零平面向前为负，零平面向后为正。

Y 方向：将汽车的纵向垂直对称面作为 Y 方向（左右方向）的坐标零平面，当与汽车正向行驶方向一致时，零平面向左为负，零平面向右为正。

变型车零平面采用基本车型零平面。注意以下几点。

(1) 货车在满载行驶时货箱接近水平,所以货车的车架上平面在满载静止位置时一般和地面有 0.5°~1.5°的夹角。为了作图或者处理的方便,通常将地面设计成前高后低,使车架上平面为水平。

(2) 在实际的点云处理中,首先由总布置确定车身坐标系,然后将测绘的点云对正到车身坐标系下。

采集到的点云进行预处理后通常还要进行对正工作,这包含两方面的内容:一是点云坐标的对正,二是补拍点云对正。下面对这两种情况都进行讨论。

5.2.2 点云坐标的对正

汽车车身在采集到点云数据后,其坐标系与上述国标中的坐标系一般不一致,所以要先将点云数据放置到国标规定的坐标系下,并将补拍的点云也对正到这个坐标系下,以顺利地完成后续的工作。

根据上述讨论,要进行这些工作首先要根据汽车点云数据的特征找出其纵向对称平面。从理论上说,只要找出纵向对称平面上不共线的 3 个特征点就找到了纵向对称面。但是在工程实践中,由于特征点在拟合时可能存在误差,或者汽车模型在制作时本身就存在左右的不对称问题,所以寻找纵向对称平面的同时也是对所采集到的数据对称性进行检验的过程。

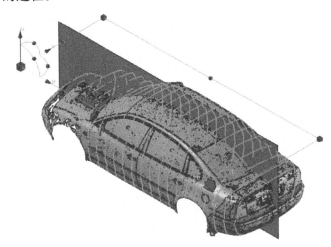

图 5.13 纵向对称平面

下面讨论纵向对称平面的寻找(也是对汽车车身对称性进行检验的过程)。首先根据点云特征大概地找到一个纵向对称平面,如图 5.13 所示。有了对称平面,可以将左侧的点云进行对称,然后将对称过去的点云和右侧原始点云进行比较。

对称的检查是一项非常复杂的工作,首先找出一系列平行平面,这些平面垂直于对称平面,用这些平面截切点云,看对称过去的点云与相应的点云有什么样的差别。然后根据各处点云的偏差来调整对称平面,利用调整好的对称平面再次进行对称,直到误差在可以接受的范围内结束。

图 5.14 所示是对某车对称点云的检查情况。由图可见,对称过来的点云和原来的点云是有偏差的,而且偏差还比较大,所以需要找到出现偏差的原因:是汽车模型做得有问题,还是对称平面选取不合理。找出原因后再对点云进行综合分析,调整对称平面,直到满足要求为止。

找出对称平面之后就可以进行汽车坐标系的建立。根据国标规定的坐标系要求,找出 $X=0$ 平面和 $Z=0$ 平面,那么这两个平面和对称面的交点就是汽车坐标系的坐标原点。然后给出汽车坐标系如图 5.15 所示。

建立了汽车坐标系之后还要使得汽车坐标系和系统的世界坐标系(WCS)相一致,这是为了方便以后的光顺工作。汽车坐标系和系统的世界坐标系相一致,实际上就是坐标系的坐标变换,这包含平移和旋转两个方面。

要想将汽车坐标系与系统坐标系相重合,首先将汽车车身点云数据从汽车坐标系坐标原点平移到系统坐标系的坐标原点上去。设汽车坐标系 $o'-x'y'z'$ 的坐标原点在系统坐标系 $o-xyz$ 中的坐标是 (x_0, y_0, z_0),下面用齐次坐标的变换矩阵来说明。

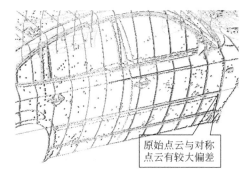

图 5.14 汽车对称检查

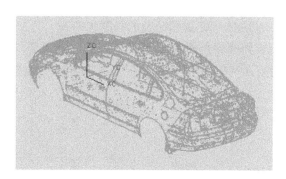

图 5.15 根据国标建立的汽车坐标系

点云上每一个点 (x', y', z') 的齐次坐标记为 $[x'\ y'\ z'\ 1]$,其相应的变换矩阵为一个 4×4 的方阵

$$T=\begin{bmatrix} a & b & c & \vdots & p \\ d & e & f & \vdots & q \\ h & i & j & \vdots & r \\ \cdots & \cdots & \cdots & \vdots & \cdots \\ l & m & n & \vdots & s \end{bmatrix}$$

该 4×4 方阵由 4 个子矩阵组成,其作用分别是:3×3 阶子矩阵是立体产生比例、对称、错切和旋转变换;1×3 阶子矩阵使立体产生平移变换;3×1 阶子矩阵使立体产生透视变换;1×1 阶子矩阵使立体产生整体比例变换。

对于一个在空间中平移的形体,沿着系统坐标系的 3 个坐标轴平移量分别为 l、m、n,那么坐标变换式为

$$[x\ y\ z\ 1]=[x'\ y'\ z'\ 1]\begin{bmatrix} 1 & 0 & 0 & 0 \\ 0 & 1 & 0 & 0 \\ 0 & 0 & 1 & 0 \\ l & m & n & 1 \end{bmatrix}=[x'+l\ x'+m\ x'+n\ 1]。$$

那么将汽车车身点云数据从汽车坐标系坐标原点平移到系统坐标系的坐标原点上去,其变换式为

$$[x\ y\ z\ 1]=[x'\ y'\ z'\ 1]\begin{bmatrix} 1 & 0 & 0 & 0 \\ 0 & 1 & 0 & 0 \\ 0 & 0 & 1 & 0 \\ -x_0 & -y_0 & -z_0 & 1 \end{bmatrix}=[x'-x_0\ x'-y_0\ x'-z_0\ 1]。$$

变换矩阵为

$$T_0 = \begin{bmatrix} 1 & 0 & 0 & 0 \\ 0 & 1 & 0 & 0 \\ 0 & 0 & 1 & 0 \\ -x_0 & -y_0 & -z_0 & 1 \end{bmatrix}$$

将点云数据从汽车坐标系的坐标原点平移到系统坐标系的坐标原点之后，再将点云数据绕系统坐标系坐标原点从平移后的汽车坐标系的 z' 轴旋转到系统坐标系的 z 轴。这个过程可以通过三维基本变换的级联来实现。

设汽车坐标系的 z' 轴在系统坐标系中如图5.16所示，oN 是单位长度，其方向余弦为 $(\cos\alpha, \cos\beta, \cos\gamma)$，$\alpha$、$\beta$、$\gamma$ 为该轴分别与 x、y、z 轴的夹角。

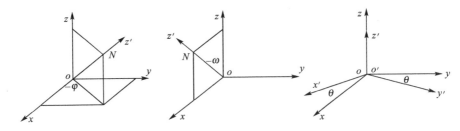

图5.16 点云的旋转变换

第一步，点云连同汽车坐标系一起绕 z 轴旋转 $-\varphi$ 角，使汽车坐标系的 z' 轴与 xoy 平面相重合，其变换矩阵为

$$T_1 = \begin{bmatrix} \cos\varphi & -\sin\varphi & 0 & 0 \\ \sin\varphi & \cos\varphi & 0 & 0 \\ 0 & 0 & 1 & 0 \\ 0 & 0 & 0 & 1 \end{bmatrix}$$

式中，$\sin\varphi = \cos\beta/\sqrt{(\cos^2\alpha + \cos^2\beta)}$；$\cos\varphi = \cos\alpha/\sqrt{(\cos^2\alpha + \cos^2\beta)}$。

第二步，使点云连同汽车坐标系绕 y 轴旋转 $-\omega$ 角，则汽车坐标系的 z' 轴与系统坐标系的 z 轴重合，其变换矩阵为

$$T_2 = \begin{bmatrix} \cos\omega & 0 & \sin\omega & 0 \\ 0 & 1 & 0 & 0 \\ -\sin\omega & 0 & \cos\omega & 0 \\ 0 & 0 & 0 & 1 \end{bmatrix}$$

式中，$\sin\omega = \sqrt{(\cos^2\alpha + \cos^2\beta)}$；$\cos\omega = \cos\gamma$。

现在汽车坐标系的 $x'o'y'$ 平面和系统坐标系的 xoy 平面重合，那么只要将点云连同汽车坐标系绕 z 轴旋转 θ 角就可以使得汽车坐标系和系统坐标系相一致了。其变换矩阵为

$$T_3 = \begin{bmatrix} \cos\theta & \sin\theta & 0 & 0 \\ -\sin\theta & \cos\theta & 0 & 0 \\ 0 & 0 & 1 & 0 \\ 0 & 0 & 0 & 1 \end{bmatrix}$$

综上所述，要使得汽车坐标系和系统坐标系相一致，其级联的变换矩阵 T 为

$$T=T_0T_1T_2T_3$$

$$=\begin{bmatrix} 1 & 0 & 0 & 0 \\ 0 & 1 & 0 & 0 \\ 0 & 0 & 1 & 0 \\ -x_0 & -y_0 & -z_0 & 1 \end{bmatrix} \begin{bmatrix} \cos\varphi & -\sin\varphi & 0 & 0 \\ \sin\varphi & \cos\varphi & 0 & 0 \\ 0 & 0 & 1 & 0 \\ 0 & 0 & 0 & 1 \end{bmatrix} \begin{bmatrix} \cos\omega & 0 & \sin\omega & 0 \\ 0 & 1 & 0 & 0 \\ -\sin\omega & 0 & \cos\omega & 0 \\ 0 & 0 & 0 & 1 \end{bmatrix} \begin{bmatrix} \cos\theta & \sin\theta & 0 & 0 \\ -\sin\theta & \cos\theta & 0 & 0 \\ 0 & 0 & 1 & 0 \\ 0 & 0 & 0 & 1 \end{bmatrix}$$

$$=\begin{bmatrix} \cos\varphi\cos\omega\cos\theta+\sin\varphi\sin\theta & \cos\varphi\cos\omega\sin\theta-\sin\varphi\cos\theta & \cos\varphi\sin\omega & 0 \\ \sin\varphi\cos\omega\cos\theta-\cos\varphi\sin\theta & \sin\varphi\cos\omega\sin\theta+\cos\varphi\cos\theta & \sin\varphi\sin\omega & 0 \\ -\sin\omega\cos\theta & -\sin\omega\sin\theta & \cos\omega & 0 \\ H_1 & H_2 & H_3 & 1 \end{bmatrix}$$

式中，

$H_1=-(x_0\cos\varphi+y_0\sin\varphi)\cos\omega\cos\theta+z_0\sin\omega\cos\theta-(x_0\sin\varphi-y_0\cos\varphi)\sin\theta$；

$H_2=-(x_0\cos\varphi+y_0\sin\varphi)\cos\omega\sin\theta+z_0\sin\omega\sin\theta+(x_0\sin\varphi-y_0\cos\varphi)\cos\theta$；

$H_3=-(x_0\cos\varphi+y_0\sin\varphi)\sin\omega-z_0\cos\omega$。

根据上述原理，在工程实践中通常用3点拟合的方法来实现上述转换。其方法是在系统坐标系的坐标原点分别沿着3个坐标轴构造3条线段，长度分别为 a_x、a_y、a_z。通过汽车坐标系的坐标原点沿着其坐标轴分别构造3条线段，长度也分别是 a_x、a_y、a_z。将点云连同汽车坐标系中的3条线段移动，使3条轴上的线段的非坐标原点一端与系统坐标系3条轴上线段的非坐标原点一端对应重合，这样就可以使得汽车坐标系和系统坐标系相一致，该过程如图5.17所示。

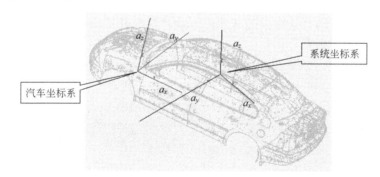

图5.17　3点拟合使汽车坐标系和系统坐标系一致的过程

至此，完成了汽车坐标系和系统坐标系的对正工作。

5.2.3　补拍点云的对正

在拍摄点云的时候，由于各种原因可能漏掉某些部位的点云拍摄，或者不能一次拍摄完成，所以就要对点云进行补拍。这样也需要将补拍的点云对正到先前对正好的汽车坐标系上去。

要将补拍的点云对正到汽车坐标系下，首先要找到补拍点云的3个特征点，而且这3个特征点在对正好的点云上也能找到。下面用实例来说明这个对正的过程。

图5.18所示左图是以前拍摄的点云，而且已经对正到汽车车身坐标系下，右图是后来补拍的点云。在这两部分点云中有一些点云两次都拍摄了。在两次都拍摄的点云处找到

3个不共面的点,这3个点一般是孔的圆心,或者其他易取的特征点。如先在图5.18中以前拍摄的点云上找到这样的3个点P_1、P_2、P_3,利用点P_1做坐标原点,有向线段$\overrightarrow{P_1P_2}$的方向为x正方向,再根据点P_3确定出y正方向,建立一个用户坐标系,该用户坐标系表示为"UCS1"。从该坐标系的坐标原点沿着x、y和z 3个坐标轴正方向构造长度分别为b_x、b_y、b_z的线段。然后在补拍的点云上相同的部分找到相对应的这3个点P'_1、P'_2、P'_3,注意这3个点和以前拍摄的部分找到的3个点一一对应。利用点P'_1做坐标原点,用有向线段$\overrightarrow{P'_1P'_2}$做$x$轴正方向,再根据点$P'_3$确定出$y$轴正方向,建立一个用户坐标系,该坐标系表示为"UCS2"。在该用户坐标系下沿着3个坐标轴分别构造长度为b_x、b_y、b_z的线段。

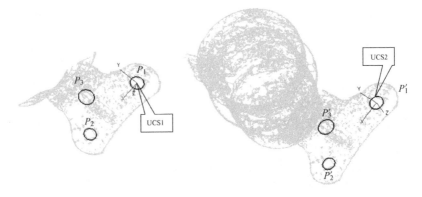

图5.18 补拍点云的对正

利用3点拟合的办法将补拍点云从过UCS1坐标原点的3条线段的非原点一端分别对正到过UCS2坐标原点的3条线段的非原点一端,这样补拍的点云就对正到以前拍摄的点云上,即其位于汽车坐标系下。

这里需要说明的是,如果找到的3个点P_1、P_2、P_3之间的空间相对位置与另外3个点P'_1、P'_2、P'_3之间的空间相对位置完全一样,那么不用建立用户坐标系,直接将补拍的点云从P'_1、P'_2、P'_3对证到P_1、P_2、P_3上去就可以完成补拍点云的对正。但是,因为这里的点都是根据点云拟合的,通常情况下点之间的空间相对位置是不相同的,所以一般要建立用户坐标系。

5.3 车身曲面的反求

汽车车身曲面的反求是一项复杂的工作。车身曲面按照可见性的高低可分为A级曲面、B级曲面和C级曲面,其中以A级曲面的要求最高,C级要求最低,B级介于两者之间。在曲面的反求中,不同的曲面要求不同,所采用的方法有所差别,其目的是快速地获得满足要求的高质量曲面。本节以介绍A级曲面为主,同时对车身内板等不可见件的反求与设计做些说明。

首先介绍车身曲面的分类、要求和反求的流程,然后以某零部件为例详细介绍A级曲面的操作过程和评价方法、特殊曲面的反求方法、内板件的处理方法,使读者对各类曲面有一个大致了解,并掌握用UG软件反求曲面的方法和评价方法。

5.3.1 汽车车身曲面分类、要求及 A 级曲面的光顺流程

1. 汽车车身曲面分类及要求

汽车车身 A 级曲面是指汽车车身外表面中的高可见区域曲面,这些曲面因为是高可见的,所以对其要求非常高。它包括发动机引擎罩、前后翼子板、前后保险杠、车门、A 柱、B 柱、C 柱、后背门、顶盖、侧围,以及内饰件中的高可见区域曲面。

对于汽车车身 A 级曲面,在工程实践中要求非常高。首先,车身曲面要符合造型特征要求,曲面拼接的连续性在理想的 G^2(二阶几何连续)或者以上,当然,造型特征要求不连续者除外。单个曲面的补片数(patch 数)在 u、v 两个参数方向上都是 1(即通常说的 Bézier 曲面),其控制顶点数目要控制在 6 排(5 次)以内,控制顶点分布规则有序,各行控制顶点间角度变化均匀;单个曲面上尽量没有反凹现象;曲面之间的拼接连续性要在曲率(G^2)或者以上连续,其连续性误差 $G^0<0.002mm$,$G^1<0.02°$,$G^2<0.5mm^{-1}$。

在曲面光顺时,曲面与测绘点云的精度要求要根据实际情况而定。如果逆向一个整车,或者油泥模型制作精确,则精度要求在 0.3~0.5mm 之内就能很好地表达汽车的特征。如果油泥模型制作得比较差,还要根据具体情况制定其精度误差。不过一个总的原则是,外表面在曲面与点云精度可以接受的情况下尽量以曲面光顺为主。

C 级曲面是指汽车车身曲面中的不可见曲面或极少可见曲面,这些曲面的连续性要求达到相切(G^1)或者以上连续,局部可达位置(G^0)连续,但以不影响制造为前提。这包括车身内板、内饰件中的不可见部分、地板等。

C 级曲面之间的拼接位置误差小于 0.01mm,角度误差小于 0.1°。对于极难拼接处位置误差可放宽为 0.02mm,角度误差可在 0.5°内,有些不重要的易成形小件的位置误差甚至可放宽到 0.05mm,角度误差可为 1°内。一般在 UG 软件中使用默认的误差设置即可(位置误差为 0.0254mm,角度误差为 0.5°)。

C 级曲面的补片数可为多片,次数也可放宽到 6~12 次,这样可以在保证质量的前提下提高建模的效率。

B 级曲面汽车车身曲面中的少可见曲面是介于 A 级曲面和 C 级曲面之间的一类曲面,如门框面、仪表板下部曲面、顶棚和某些内饰件的下部少可见曲面。

对于 B 级曲面,如果条件允许,还是尽量地向 A 级曲面的标准靠拢。如果难以处理,则可适当放宽要求,如其连续性可适当放宽到相切(G^1)连续,且其位置连续误差可放松到 0.005mm,角度为 0.05°,其补片数两个方向可放松为 5。UG 软件中默认值改为 0.005mm 和 0.05°。

当然,上述 3 种曲面还要满足这样的要求:造型形状面数模要符合所有已知的结构、制造和人机工程标准,保持造型特征或属性不变,并保证不丢失特征或添加特征,同时要满足所有的模具制造和工装夹具的要求。在不改变造型风格基础上或造型能接受的情况下可尽量放松曲面与点云之间的误差,以获得光顺的曲面质量,这对 A 级曲面尤其重要。

2. 汽车车身 A 级曲面光顺流程

目前在汽车车身 A 级曲面光顺实践中有两种方法十分流行,一是断面线法,二是四边形法,下面分别来介绍。

1) 断面线方法

所谓断面线法是指将三角化的点云在某个方向上用平行的平面截切，得到一组截面线，然后将截面线进行光顺，利用光顺好的曲线构造曲面的方法。这里以某汽车的发动机罩为例进行说明。图 5.19 所示是某汽车发动机罩三角化后的点云。

断面线法是在三角化后的点云上给出一些截面网格线，图 5.20 给出的是对发动机罩三角化点云进行网格化得到的曲线。这些曲线是直接利用点云得到的，因为点云有厚度，所以这些曲线的性质非常差，其品质之差，甚至连曲率梳都没有办法显示。图 5.21 所示是利用一组水平曲线光顺出的曲面，由于截面曲线品质非常差，所以用这样的曲线光顺得到的曲面品质也非常差，一张曲面是由若干个小曲面组成的，小曲面之间仅能达到位置连续。对于汽车发动机罩这样的外表面来说，这是不能满足要求的。

图 5.19　三角化后的某汽车发动机罩

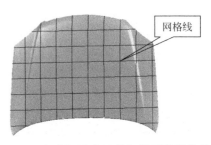

图 5.20　发动机罩点云截切得到的网格曲线

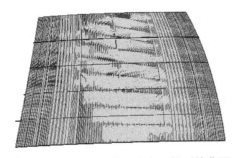

图 5.21　根据水平截面线光顺得到的曲面

造成这种情况的原因是截面线是一般的 B 样条曲线，所以根据这样的曲线光顺得到的曲面必然是一般的 B 样条曲面，而且其补片数非常多，补片之间的连续性也很难保证。这样造成了曲面的品质极差。

为了得到高品质的曲面，在进行曲面光顺之前必须对这些网格曲线进行光顺处理。光顺的办法是，将曲线的段数降下来，使曲线变成 B 样条曲线的特殊情况——Bézier 曲线，而且曲线的次数也不要太高，一般限制在 3~5 次，最多不能超过 7 次，对于过渡曲面可以适当放宽。图 5.22(左)所示为光顺后的曲线用曲率梳检查的情况，可以看出，光顺后的曲线有很好的品质。将利用这些曲线光顺出的曲面 [图 5.22(右)] 打上斑马线可以看出，曲面也有很好的品质。

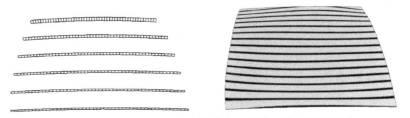

图 5.22　光顺后的曲线曲率梳检查及其曲面的斑马线检查

将发动机罩的每一个特征都光顺出来，并对曲面之间的连续性进行调整，使其达到 A 级曲面的要求就完成了发动机罩的光顺工作，最后完成的发动机罩曲面如图 5.23 所示。

2) 四边形法

四边形法实际上就是在点云的基础上用 4 个点组成一个四边形的曲面，然后将这个四边形逐步增加控制顶点，并对控制顶点进行调整，最后完成光顺的过程。下面以某汽车顶盖为例进行说明。

图 5.24 所示为某汽车顶盖三角化后的点云。在顶盖点云的 4 个顶点上取 4 个点，构造一个曲面，如图 5.25 所示。所给出的曲面比顶盖点云小，所以首先要调整 4 个控制顶点，在 u 和 v 的一个或两个方向上调整控制顶点，使得曲面比顶盖点云略大，以便曲面光顺好后顶盖

图 5.23　发动机罩光顺曲面

的裁剪，图 5.26 给出的曲面就是调整过的曲面，其边界比顶盖点云略大。但是所构造的曲面与点云之间偏差很大，所以用一组平行平面在点云上砍出一些截面线，然后用同一组平面在构造的曲面上也给出分析线，那么对应截面曲线和分析线之间的距离就是所光顺曲面与点云之间的偏差。

图 5.24　某汽车顶盖三角化点云

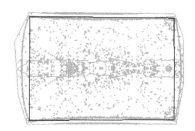

图 5.25　4 点构造一个曲面

图 5.26 也给出了曲面截面线与点云截面线之间的对比情况，其中深色曲线是截切点云得到的截面线，浅色曲线是截切曲面的得到的分析线。由截面线和分析线之间的比较可以看出，点云和曲面在 4 个顶点之间的偏差小，而中间位置曲面与点云偏差大，这可以通过增加曲面的 u 和 v 两个方向的次数来增加控制顶点，并将控制顶点沿着曲面的法线方向进行调整，使曲面接近点云。需要注意的是，控制顶点的排数是逐渐增加的，这样一方面可以控制曲面的总体趋势，同时又利用尽可能少的控制顶点进行曲面的调整。如果感觉控制顶点的排列有问题，那么也可以对控制顶点的排列进行调整。图 5.27 所示是调整得到的曲面与点云之间的偏差情况，可以看出光顺的曲面和点云之间的偏差极小。如果偏差在要求的精度范围内，那么该曲面的光顺即可结束。

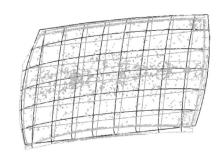

图 5.26　曲面与点云对应截面线之间的偏差

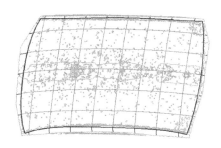

图 5.27　调整后的曲面与点云之间的偏差

利用 Gauss 曲率和控制顶点方法对最终完成的顶盖曲面进行分析，如图 5.28 所示。

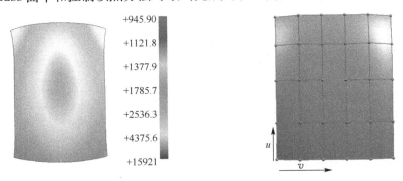

图 5.28　光顺后的顶盖 Gauss 曲率及控制顶点分析

从图中可以看出，得到的曲面 Gauss 曲率颜色图的色彩是逐渐变化的，控制顶点排列均匀有序，而且曲面的控制顶点在 u 和 v 两个方向的次数很低，达到了 A 级曲面的要求。

上述两种方法对于光顺 A 级曲面来说都是可行的，光顺工程师可以根据自己的习惯，根据曲面的不同特点选择合适的方法，快速高质量地完成汽车车身曲面的光顺任务。

虽然不同的光顺工程师光顺的具体方法有所不同，但是其总的流程一般都包含下面的几个步骤。

首先，将测绘好的点云进行坐标对正。测绘后的点云数据一般不是在国家标准中规定的汽车坐标系下，而一个整车的光顺工作一般是由几个光顺工程师共同工作来完成，而且后续补拍的点云也要对正到前期测绘的点云上来。为了防止不同的光顺工程师光顺的曲面在后续的工作中出现问题，通常将测绘的点云进行对正，使整车点云放在国家标准规定的汽车坐标系下。整车对正的另一个目的是检验所做汽车模型的对称性。其具体方法可见 5.2。

在点云数据对正并且验证汽车模型对称之后即可进行点云数据的分析工作。在这个过程中，用点云数据处理软件对点云进行三角化处理，以便于汽车模型的特征分析，根据点云特征构思车身基本曲面和过渡曲面的构造方法。

根据构思好的车身曲面构造方法进行汽车车身基本曲面的构造。所构造的基本曲面要满足 A 级曲面的各项要求：控制顶点的排列、曲面之间的连续性和理论交线的光顺等。在基本曲面的基础上进行过渡曲面的构造，并使其符合 A 级曲面的要求，然后进行局部特征构造。

最后根据汽车车身零部件边界轮廓对曲面进行划分，并完成汽车车身曲面的光顺工作。其总的光顺流程可以用图 5.29 所示的流程图来表示。

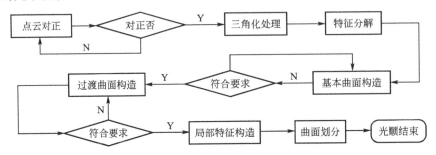

图 5.29　汽车车身曲面光顺流程图

5.3.2 特征分解与 A 级曲面中基本曲面的光顺

在得到汽车模型点云数据以后，先对点云进行对正，使其放在国标规定的汽车坐标系中，并进行三角化处理，图 5.30 所示为用 Imageware 软件对某汽车模型后部进行三角化的点云。这里利用 UG 软件对某汽车后风挡玻璃和行李厢盖进行光顺，以说明车身基本曲面的光顺方法。

根据对三角化点云进行特征分解可以将后挡风玻璃的一个基本曲面进行光顺，而行李厢盖上面总体平坦，但在前后方向上靠近后挡风玻璃处曲率变化剧烈，所以将其在合适的位置分成两个基本曲面来光顺，或者用一个曲面根据曲率变化趋势来布控制顶点，而在左右方向上其变化不大，可以用一个面来光顺。图 5.31 所示为行李厢盖上面的截面线光顺后的曲率梳分析，从曲率梳分析也可以看出，上述分析是正确的。行李厢盖立面根据特征分成 3 个基本曲面来处理。所光顺的基本曲面都必须是 Bézier 曲面（即 u、v 两个方向上是单补片的 B 样条曲面），且次数在 5 次以内。

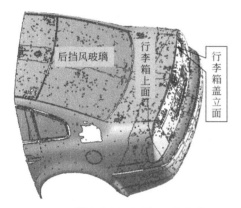

图 5.30　某汽车模型后部三角化点云

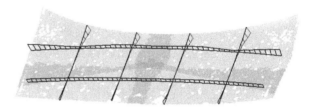

图 5.31　行李厢盖截面线曲率梳分析

由第 4 章的论述及其结论知道，一般的 B 样条曲面在 u、v 两个方向上是多补片，这使得一般的 B 样条曲面有太强的局部性，同时又要照顾补片之间的连续性，导致其品质不高，不利于高品质 A 级曲面的获得，所以通常用 Bézier 曲面来表示 A 级曲面。图 5.32 所示是在 u 方向由 6 排控制顶点，v 方向由 2 排控制顶点确定的 Bézier 曲面，所以该 Bézier 曲面是 5×1 的曲面。对该曲面进行曲率梳和斑马线分析可以看出，其曲率梳都在

图 5.32　Bézier 曲面及其曲率梳斑马线分析

曲面的一侧，而且非常平滑；斑马线排列也比较均匀有序，其粗细也较均匀，呈"S"形。由此看出，Bézier 曲面有较高的品质。当然，要获得更高品质的基本曲面还要进行处理，这在后面讨论。

如果用同样的控制顶点，现在构建的是一般的 B 样条曲面，如使得该曲面在 u 方向是 3 次的，即在这个方向上曲面的补片数是 3，那么曲面在这个方向上的第 1~4 排控制顶点

图 5.33 B 样条曲面及其曲率梳斑马线分析

确定第一个补片,第 2~5 排控制顶点确定第二个补片,第 3~6 排控制顶点确定第三个补片,而在另一个方向上只有一个补片,所以是 1 次的。该曲面及其各种分析如图 5.33 所示。

由分析可以看见,该曲面由于在 u 方向上是由 3 个补片组成的,补片之间要照顾到它们之间的连续性,所以曲率梳分析显示曲面出现反凹现象,而且其斑马线分析也呈"Z"字形,这对于汽车车身 A 级曲面来说是不允许的。

所以,在光顺汽车车身 A 级曲面的基本曲面时必须保证曲面用 Bézier 曲面,而且曲面要单凸,不能出现反凹;曲面的次数不能太高,如有可能则尽量用低次,一般取 2~5 次;曲面控制顶点的排列要均匀,或者根据车身造型特征有所变化,且其变化要均匀。

所光顺的曲面边界要超过各零部件的边界,但是边界也不要超过太多。这一方面是为基本曲面和周边曲面的过渡搭接做准备,另一方面也为后续的光顺或结构工程师延伸曲面以满足实体建模、设计修改、工艺补充面、钻模和夹具需要,并且曲面进行正常延伸后不能出现扭曲现象。

在进行行李厢盖立面光顺时,要撇开后牌照下陷部分、上部凸出的标志和文字,即光顺该基本曲面时先不要考虑这些局部特征,待光顺好基本曲面后再来考虑这些局部特征。

对于汽车的发动机盖、前后挡风玻璃、顶盖和后备箱等对称件,在光顺过程中一定要注意其对称性。因为很多光顺工程师在光顺对称件时只做出一半,然后利用软件的对称命令做出另一半,这可能造成曲面中间的连续性出现问题。图 5.34 所示为后挡风玻璃,是先做好一侧,另一侧通过对称得来的,所以中间出现了明显的位置连续,这在光顺中是不允许的(除非是造型要求如此)。所以建议对称曲面用一个曲面来表示,这样就不会出现这种情况(其对称方法在后续讨论)。

根据这些要求做出图 5.35 所示的后挡风玻璃和行李厢盖基本曲面。

图 5.34 由对称造成的位置连续现象

图 5.35 后挡风玻璃和行李厢盖基本曲面

对于光顺后的每一个基本曲面都要进行评价,这些评价方法包括控制顶点、曲率梳、斑马线和高斯曲率等(评价方法见后续章节)。利用这些方法检验曲面是否达到 A 级曲面的要求,如果不满足要求则进行修改,直到达到要求为止。同时还要检验光顺曲面与点云之间的偏差也在要求的误差范围内。

总之，汽车车身 A 级曲面的基本曲面光顺原则可以总结如下。

（1）在光顺基本曲面时，抛开局部特征，待基本曲面光顺完成后再在基本曲面上面架构局部特征。

（2）A 级曲面必须是 Bézier 曲面，即曲面为在 u 和 v 两个方向上的补片数都是 1 的 B 样条曲面，基本曲面在 u 和 v 两个方向上的次数控制在 5 次（6 排）以内，当然也不能过低，通常在 2～5 次。

（3）要光顺过渡曲面的基本曲面之间的交线必须有良好的品质。

（4）基本曲面做得比零部件边界稍大，这为基本曲面和周边曲面的过渡搭接做准备，也为后续的光顺或结构工程师延伸曲面以满足实体建模、设计修改、工艺补充面、钻模和夹具需要，并且曲面进行正常延伸后不能出现扭曲现象。

（5）对于汽车上的对称件要采取措施保证其对称性。

5.3.3 A 级曲面中过渡曲面与局部特征的光顺

1. 过渡曲面的光顺方法

在基本曲面完成了光顺并按照其要求检查无误后即可对相关的过渡曲面进行光顺。如上节的行李厢盖上面和立面之间需要一个过渡曲面。光顺过渡曲面有两个问题需要考虑：一是过渡曲面和基本曲面之间的连续性；二是基本曲面之间的理论交线对过渡曲面有重要的影响。

由 A 级曲面的要求可知，曲面之间的连续性是在曲率或者以上连续的，而一般的商用软件（如这里使用的 UG 软件）为了适用于各类曲面的要求给出了不同的构造方法，这些方法有的仅满足相切连续，有的可以达到曲率连续，有的甚至可以达到挠率（G3）连续。所以在光顺 A 级曲面的过渡曲面时要选择能达到曲率或者是挠率连续的构造方法。首先看看商用软件提供的各类光顺过渡曲面方法的连续性，然后根据 A 级曲面的要求讨论其使用范围。商用软件很多，虽然其处理方式有些不同，但是其基本的原理是一样的，所以这里以 UG 软件为例来讨论过渡曲面的光顺方法。

1）过渡圆角曲面的光顺

现有两曲面 F_1 和 F_2，如图 5.36 所示，要光顺两曲面之间的过渡圆角曲面，在软件 UG 中可用 3 种方法求得：面倒圆法、软倒圆法和样式圆角法。用这 3 种方法得到的过渡圆角曲面如图 5.37 所示。

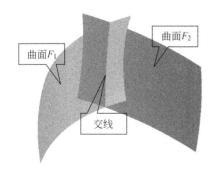

图 5.36 光顺过渡圆角曲面的准备

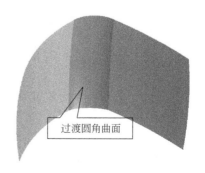

图 5.37 获得的过渡圆角曲面

面倒圆方法：用这种方法构造的过渡圆角面与原曲面的连续性仅达到相切连续，所以这样得到的曲面只能用在少数难以拼接的 B 级曲面和 C 级曲面上。

用拼接方向上的曲率梳进行检查可知，过渡曲面和原基本曲面之间的曲率梳在拼接处没有夹角，但是曲率梳的外缘高度不同，如图 5.38 所示。

软倒圆方法：这种方法构造的过渡曲面与原曲面的连续性可以根据需要进行设定，最高可以达到曲率连续（即 G2）。则该方法可用来构造 A 级曲面、B 级曲面和 C 级曲面。

如果在构造过渡曲面时所设定的连续性为相切连续，那么所得到的过渡圆角曲面也会如图 5.37 所示，其拼接方向上的拼接处曲率梳没有夹角，但是曲率梳外缘高度不同。如果在构造曲面时所设定的连续性为曲率连续，那么在拼接方向上曲率梳在拼接处不但没有夹角，而且曲率梳外缘高度相等，如图 5.39 所示。

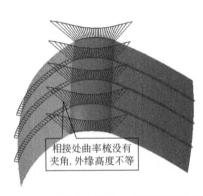

图 5.38　用曲率梳检查曲面相切连续

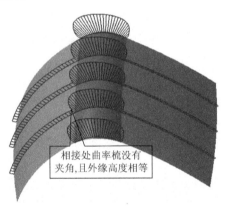

图 5.39　用曲率梳检查曲面曲率连续

样式圆角方法：该种方法构造的过渡圆角曲面和原曲面的连续性有 3 种情况：相切连续（G^1）、曲率连续（G^2）和挠率连续（G^3），所以这种方法对于 3 种曲面都适用。

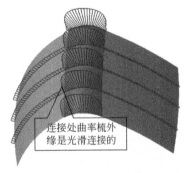

图 5.40　用曲率梳检查挠率连续

在构造的过程中，如果其连续性的设置为 G^1，那么用曲率梳对其进行检查，其结果如图 5.38 所示。如果在构造的过程中连续性设置为 G^2，用曲率梳对这组曲面进行检查就如图 5.39 所示。在构造过渡曲面的过程中，如果连续性设置为 G^3，检查该组曲面结果如图 5.40 所示。在图中可以看到，曲率梳不但满足曲率连续的要求，而且曲率梳的外缘还是光滑连接的。

截面方法是指所光顺的过渡曲面在与基本曲面相拼接的方向上的截面线是二次曲线。在 CAGD 中二次曲线有 3 种：椭圆曲线、抛物线和双曲线。

二次曲线是用平面截取圆锥表面得到的曲线，所以又称圆锥曲线，属于平面曲线。如图 5.41 所示的 3 个控制顶点和曲线上的一点 p，用有理二次 Bézier 曲线表示，其表达式为

$$p(u)=\frac{(1-u)^2\omega_0\boldsymbol{b}_0+2u(1-u)\omega_1\boldsymbol{b}_1+u^2\omega_2\boldsymbol{b}_2}{(1-u)^2\omega_0+2u(1-u)\omega_1+u^2\omega_2} \quad 0\leqslant u\leqslant 1 \quad (5-1)$$

式中，p 为二次曲线上的点，$\boldsymbol{b}_0$、$\boldsymbol{b}_1$、$\boldsymbol{b}_2$ 分别为二次曲线的控制顶点，ω_0、ω_1、ω_2 分别为控制顶点 $\boldsymbol{b}_0$、$\boldsymbol{b}_1$、$\boldsymbol{b}_2$ 对应的权因子，u 是参数。

在式(5-1)中，3个控制顶点 b_0、b_1、b_2 包含 4 个独立条件，权因子 ω_0、ω_1、ω_2 和参数 u 中有一个是独立的。

当 $\omega_1 = +\infty$ 时，点 $p(u_0)$ 与点 b_1 重合，二次曲线退化成一对直线段 $\overline{b_0 b_1}$ 和 $\overline{b_1 b_2}$。

当 $\omega_1 = 0$ 时，点 $p(u_0)$ 是直线段 $\overline{b_0 b_2}$ 的中点 m，二次曲线是直线段 $\overline{b_0 b_2}$。

当 $\omega_1 = 1$ 时，点 $p(u_0)$ 是二次曲线上一点 n，二次曲线是一条抛物线。

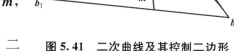

图 5.41 二次曲线及其控制二边形

根据上述 ω_1 取值的范围讨论可以将二次曲线用下式分类

$$\omega_1 = \begin{cases} +\infty, & p(u_0) = b_1，二次曲线退化成 \overline{b_0 b_1} 和 \overline{b_1 b_2} \\ (1, +\infty), & 二次曲线是双曲线弧 \\ 1, & 二次曲线是抛物线弧，即非有理 Bezier 曲线 \\ (0, 1), & 二次曲线是椭圆弧(-\omega_1 得到补弧) \\ 0, & p(u_0) = m，二次曲线退化成 \overline{b_0 b_2} \end{cases}$$

除上述分类外，二次曲线也可以用形状因子 ρ(rho)进行分类。形状因子的表达式为

$$\rho = \frac{\overline{pm}}{\overline{b_1 m}} = \frac{\omega_1}{1 + \omega_1}$$

在工程上，也常用形状因子来给出二次曲线的类型：

$$\rho = \begin{cases} 1, & p(u_0) = b_1，二次曲线退化成 \overline{b_0 b_1} 和 \overline{b_1 b_2} \\ (1/2, 1), & 二次曲线是双曲线弧 \\ 1/2, & 二次曲线是抛物线弧，即非有理 Bezier 曲线 \\ (0, 1/2), & 二次曲线是椭圆弧\left(\frac{-\rho}{1-2\rho} 得到补弧\right) \\ 0, & p(u_0) = m，二次曲线退化成 \overline{b_0 b_2} \end{cases}$$

根据二次有理 Bézier 曲线理论，UG 软件提供了一系列的截面命令，如【插入】|【网格曲面】|【截面】。截面的构建方法共有 20 种，见表 5-2。虽然种类繁多，但是都是由上述基本方法变化而来的。

表 5-2 截面体曲面类型

	端线-顶线-肩线		端线-斜率-肩线		圆角-肩线		三线圆弧
	端线-顶线-Rho		端线-斜率-Rho		圆角-Rho		两线-半径
	端线-顶线-高亮线		端线-斜率-高亮线		圆角-高亮线		端线-斜率-弧

(续)

	四线-斜率		端线-斜率-三次		圆角-桥接		线-半径-角度-弧
	五线		线性-相切		圆弧-相切		圆

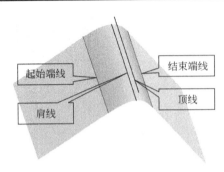

图 5.42 【端点-顶点-肩点】命令的构造说明

表中第一排的第一个命令【端点-顶点-肩点】就是按照二次有理 Bézier 曲线给定的条件来构造的,它需要起始两条端部曲线、肩线和顶线,如图 5.42 所示。

在这里起始端线和结束端线相当于二次曲线的起始和结束控制顶点 b_0、b_2,肩线则相当于曲线上的点 p,顶线相当于二次曲线的控制顶点 b_1。

如果要求过渡二次曲面与两基本曲面相切连续,则必须保证每一个截面上起始端线上的点与顶线上点的连线方向和基本曲面在拼接处的切线方向相同,结束端线上点与顶线点连线方向和另一基本曲面在拼接处的切向相同。

第一排的第二个命令【端点-斜率-肩线】则是将第一个命令进行了变换,去掉了顶线,将顶线换成了两条确定起始端线和结束端线斜率的斜率线。在每一个截面上,起始端线上的点与接近起始端线的斜线上点的连线是起始端线上点的切线方向;结束端线上的点与接近结束端线上点的连线是结束端线上点的切线方向。

第一排的第三个命令【圆角-肩线】是将第一个命令中的顶线去掉,直接取基本曲面在过渡曲面处的切向,即每一个截面上过渡曲面在拼接处的切向取基本曲面在此处的切向。

第一排第四个命令【三点圆弧】则是直接给定 3 条线,过这 3 条线作二次曲面,其每一个截面都是圆弧的一部分。

现在竖着看表 5-2 可以知道,第二排的每一个命令与对应第一排的命令基本一样,所不同的是,第二排命令中用 Rho 取代了第一排命令中的肩线,或者说第一排命令是用肩线来确定二次曲面的形状的,而第二排命令则是用 Rho 值来确定二次曲面的形状的。第三排的每一个命令则使用高亮线代替第一排命令中的肩线。

第四、五两排的每一个命令与上述对应的命令相比变化较大,除了构造过渡曲面的条件有一些替换外,还在所构造的过渡曲面的形状上作了变化。

在使用截面方法来构造过渡曲面时要特别注意的是,必须要很好地给出顶线的位置或者斜率线的位置,如果这样的位置给得不正确,那么所构造的二次曲面与基本曲面之间就不能达到相切连续。同时,在拼接方向上过渡曲面的次数一般有 2 次、3 次和 5 次 3 个选项,这可以根据情况进行选择,但是要注意的是,尽管有时选择 5 次,但是过渡曲面与基本曲面之间的连续性只能是相切连续的。如果希望达到曲率连续,那么必须在构造过渡曲面之后用拼接命令来实现。

所以，建议在使用这组命令时先了解二次曲面的构造条件，根据光顺的具体情况来合理地选用。

2）网格曲面与桥接曲面方法

在过渡曲面的光顺中，网格曲面也是很好的一种方法。该方法包含通过曲线组、通过曲线网格、艺术曲面的 $1×2$、$2×0$、$2×2$、$n×n$ 等几个命令。下面结合实际情况介绍这些命令的使用。

【通过曲线组】命令是通过一组曲线在两个基本曲面之间构造过渡曲面，其中的起始曲线和结束曲线可以和基本曲面之间有连续性要求，可根据需要给出位置连续、相切连续和曲率连续。如图 5.43 所示的两张曲面之间要通过一组曲线光顺其过渡曲面。如果光顺的是外表面，构造过渡曲面的曲线一定要光顺好，曲线一定要用 Bézier 曲线，其次数不能太高，一般控制在 3~5 次；控制顶点的排列要均匀，或者根据过渡曲面的特征要求变化有序。图 5.44 所示是用斑马线对光顺后的过渡曲面进行分析的结果，过渡曲面与基本曲面之间是曲率连续的，可见用这种方法光顺的曲面有较好的品质。

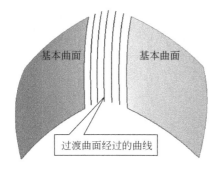

图 5.43 【通过曲线组】命令光顺过渡曲面前的准备

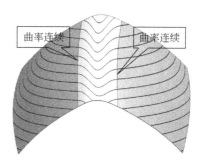

图 5.44 光顺后得到的过渡曲面

【通过曲线网格】命令通过一组网格曲线在 4 个曲面之间构造过渡曲面。图 5.45 所示是利用该方法构造过渡曲面前的准备情况，所构造的过渡曲面与周边 4 个曲面的连续关系可以根据需要选择位置连续、相切连续和曲率连续。要获得高品质的曲面，网格线也必须有高的质量，同时周边的基本曲面也要满足 A 级曲面的要求，特别是曲面之间的连续性一定要满足要求，且周边曲面之间的连续性不能低于过渡曲面与基本曲面之间连续性的要求。图 5.46 所示是光顺后获得的过渡曲面，过渡曲面与基本曲面之间是曲率连续的。$n×n$ 方法与这个方法有些类似。

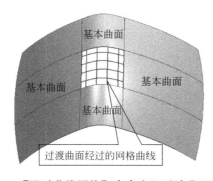

图 5.45 【通过曲线网格】命令光顺过渡曲面的准备

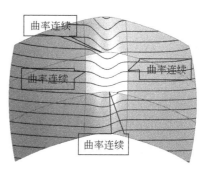

图 5.46 光顺后得到的过渡曲面

艺术曲面的"2×0"方法是利用基本曲面的两个边界直接构造过渡曲面的，而"2×2"方法是在4个曲面之间利用基本曲面的边界构造过渡曲面的。这两种方法所构造曲面与基本曲面之间有位置连续、相切连续和曲率连续3种情况可供选择。

桥接曲面的构造如图5.47所示，在两个基本曲面之间桥接的过渡曲面与基本曲面之间可以是相切连续的，也可以是曲率连续的。图5.48所示是桥接后的过渡曲面与基本曲面之间曲率连续。

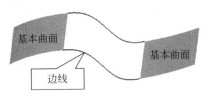
图5.47　桥接过渡曲面构造前的准备

图5.48　桥接后的过渡曲面

在上述这些构造过渡曲面的方法中，软导圆、样式圆角、通过曲线组、通过网格曲线、艺术曲面和桥接曲面等方法在构造中可以直接选择曲率或者以上的连续性方法以构建A级曲面，不过要注意，基本曲面要满足A级曲面要求，基本曲面之间如果有连续性要求，则其连续性要求在曲率连续或者以上。而面导圆、截面方法一般仅能达到相切连续，可以用于B级曲面和C级曲面的光顺，如果要应用于A级曲面的光顺，还需进行曲率或者挠率连续的拼接。

2. 基本曲面理论交线和过渡曲面边界曲线的评价与修改

在光顺过渡曲面时，除了要选择合适的光顺方法外，还必须注意基本曲面之间的交线品质，因为交线的品质直接影响过渡曲面的总体趋势和品质，同时还可以借以检验基本曲面的品质。如果理论交线出现异常，那么生成理论交线的基本曲面的品质必然存在问题，建立在基本曲面上的过渡曲面也不会符合A级曲面的要求。所以在这种情况下要对基本曲面的控制顶点排列、次数等进行调整，使生成的理论交线单凸，且曲率梳也不能出现异常。所以这里以前述的行李厢盖上面与立面之间的过渡曲面为实例来讨论基本曲面之间的交线品质。

上述行李厢盖的上面与立面的交线是空间曲线，所以对其评价必须从两个互相垂直的方向进行。图5.49给出的白线梳是行李厢盖上面和立面交线从俯视方向和后视方向的曲率梳图，在两个方向上的曲率梳显示曲线是单凸的，该交线具有很好的品质。

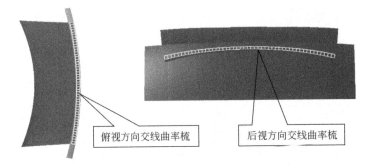

图5.49　行李厢盖上面与立面交线的曲率梳分析

基本曲面交线经过检验达到要求后，根据前面讨论的过渡曲面光顺方法，这里选择"样式圆角"方法光顺过渡曲面。光顺后的过渡曲面边界要对基本曲面进行修剪，而且修剪后的基本曲面与过渡曲面之间必须保持在曲率或者以上的连续性，所以过渡曲面的边界也必须进行评价。其检验方法是评价边界曲线曲率梳形状，要求每段边界曲线单凸，且曲率梳没有突变或者异常。图 5.50 给出了后视方向过渡曲面上下两条边界的曲率梳评价，由图可见，上下两条边界的曲率梳中间部分较好，但是在上边界的两端曲率梳突然上翘，下边界则显示曲线出现了反凹现象。

由于要满足曲线段之间的连续性，也为了满足过渡曲面和基本曲面之间的连续性而在过渡曲面两端的边界线处产生了异常。如果用这两条边界剪切基本曲面，那么剪切后的边界品质不理想，这导致过渡曲面与基本曲面的连续误差值很大，同时过渡曲面的控制顶点数目必然过多，达不到 A 级曲面的要求。所以必须对边界加以修正，用新的边界来裁剪基本曲面。

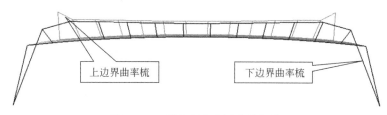

图 5.50　过渡曲面边界曲线评价

鉴于上述原因，抽取过渡曲面的两条边界，然后对其进行光顺处理，使边界线为 1 段曲线，即 Bézier 曲线，同时将其次数降为 5 阶，得到图 5.51 所示光顺后的曲线。可以看出，光顺后的曲线具有很好的品质。

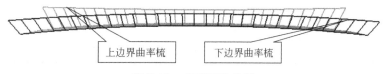

图 5.51　光顺后的曲线

用光顺后的曲线对基本曲面进行剪切可以得到高品质的边界，然后重新构造过渡曲面，将过渡曲面 u、v 两个方向的补片数都设为 1，其次数也在 5 次之内，并使其与基本曲面的连续性满足要求。用同样的方法光顺出其他过渡曲面，则行李厢盖基本曲面和过渡曲面如图 5.52 所示。

3. 局部特征的光顺

在基本曲面光顺好的基础上进行后牌照等局部特征的光顺工作。在这个过程中同样先光顺局部特征的基本曲面，然后再光顺其过渡曲面。

光顺好局部特征的基本曲面后不要急于光顺过渡曲面，而是先查看这些曲面之间的理论交线及它们与行李厢立面的理论交线。图 5.53 所示是后牌照特征基本曲面之间，以及它们与行李厢立面理论交线的检验，从交线曲率梳可以看出有较好的理论交线。

在此基础上可以很容易地构造出过渡圆角，使这些曲面满足 A 级曲面要求，并用光顺好的过渡圆角边界曲线裁剪基本曲面,这样就完成了局部特征的光顺。

图 5.52　光顺好的行李厢盖曲面

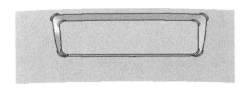

图 5.53　后牌照特征理论交线的检验

5.3.4　汽车车身零部件边界的划分

将基本曲面、过渡曲面和局部特征光顺好并检验无误后,根据点云对汽车车身零部件进行划分。划分汽车车身零部件要注意两点:一是边界曲线的对称;二是相配合的零部件之间间距的等距问题。

下面来构造后挡风玻璃和行李厢盖的边界。后挡风玻璃有 4 条边界线,光顺时分别用 Bézier 曲线表示,而且曲线的次数必须很低,并用曲率梳进行检验,使曲线具有很好的品质,这保证剪切后曲面边界的光顺性。在挡风玻璃的 4 个顶点上还要用小的圆角连接起来,且小圆角曲线与 4 条曲线分别是曲率连续的。同时注意挡风玻璃上下边界线的对称性。

用同样的方法将行李厢盖的边界曲线构造出来。在构造行李厢盖曲面边界时要特别注意其与周边零件边界的间隙,如行李厢盖上曲面的前部边界与后挡风玻璃下边界存在等距关系,所以通常用光顺好的挡风玻璃下边界线通过等距得到该线,这保证了其等距关系。

最后,根据边界线对曲面进行剪切,得到图 5.54 所示的后挡风玻璃和行李厢盖外表面的最终结果。图 5.55 所示为用斑马线对外表面的评价,可以看出,这些曲面有很高的品质。

图 5.54　后挡风玻璃和行李厢盖外表面图

图 5.55　后挡风玻璃和行李厢盖外表面评价

汽车车身 A 级曲面的光顺是一项复杂的工作,要根据车身的特征对点云进行细致的分解,找出最合适的光顺方法。据此光顺基本曲面,所光顺的曲面必须符合 A 级曲面的要求。在基本曲面的基础上光顺过渡曲面,并将复杂特征部位曲面补上。最后用边界裁剪出需要的曲面。

对于曲面的评价不是在曲面光顺完成之后再做的，而是在构造曲面的过程中进行的。这样可以及时发现曲面的造型问题、光顺问题和工艺问题，以便减少设计缺陷和制造成本，顺利地完成光顺任务。

5.3.5 特殊曲面的处理技术

在汽车车身曲面的光顺过程中，有几种曲面的光顺要特别注意，这些曲面包括对称曲面、含有特征消失的曲面，以及复杂的过渡曲面等。所以本节专门来讨论这几种曲面的光顺方法。

1. 对称曲面的光顺方法

汽车总体上是一个对称件，所以车身曲面中有很多对称曲面，如发动机罩、顶盖、前后挡风玻璃，以及后行李厢盖等曲面是关于汽车中心面对称的，所以在光顺这些曲面时必须保证其对称性。现有的软件中，有的软件（如 CATIA）可以在光顺过程中进行对称调整，但是有的软件（如 UG）却必须人工进行对称。

如何构造对称曲面对于车身设计非常重要，这里给出一种光顺对称曲面的方法。由第 4 章知道，汽车车身外表面都是 Bézier 曲面，而决定曲面形状的根本就是曲面的控制顶点，所以光顺的曲面对称实际就是使控制顶点对称，那么由这些对称控制顶点决定的 Bézier 曲面是绝对对称的。

根据以上原理，结合光顺汽车顶盖的实例来说明如何光顺对称面。首先根据三角化的点云光顺出一个 Bézier 曲面，该曲面比汽车顶盖边界略大，两个参数方向的次数在 5 之内。调整曲面的控制顶点，使曲面与点云截面线的偏差控制在 0.5mm 之内，图 5.56 所示是调整好的曲面与点云截面线，其中的黑线是点云截面线，白线是曲面上与点云截面线对应的截面线。

虽然这时曲面与点云较好地贴近，但是一般来说曲面是不对称的。为了使得曲面对称，将曲面在 v 方向的控制顶点排数变成偶数，然后在曲面的控制顶点处产生点，如图 5.57 所示。观察汽车中心对称面两边的曲面，看哪一边与点云误差更小，斑马线趋势更好，保留这一面的控制顶点，删除另一侧的点，如图 5.58 所示。将保留的点关于中间面镜像，就在中间面另一侧产生了对应的点，这些对应点是关于中间面绝对对称的，如图 5.59 所示。调整控制顶点，使其与对应的点重合，得到完全对称的汽车顶盖曲面，图 5.60 所示为光顺好的汽车顶盖曲面斑马线分析，图 5.61 所示是对该曲面进行裁剪后的高斯分析，由分析可见，该顶盖是对称的，而且有极高的品质。

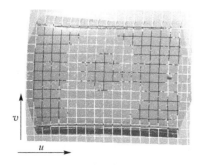

图 5.56 光顺并调整的曲面与点云

图 5.57 曲面控制顶点处产生点

图 5.58 保留较好一侧的控制顶点

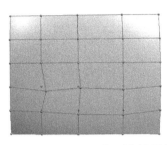

图 5.59 对称后的点与原曲面控制顶点有差距

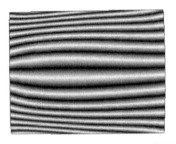

图 5.60 光顺好的汽车顶盖曲面

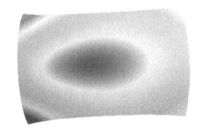

图 5.61 裁剪后的汽车顶盖高斯分析

2. 汽车车身曲面特征消失的光顺方法

在汽车车身曲面的光顺中经常碰到特征消失的现象。所谓特征消失是指车身曲面上的特征逐渐减弱，以至在某一位置消失的现象。图 5.62 给出了一个特征消失的实例，由图

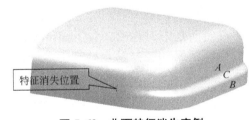

图 5.62 曲面特征消失实例

可知，右侧曲面 A 与 B 之间有一个台阶曲面 C，这个台阶曲面随着向左推移逐渐变得模糊，最后消失于图示的特征消失位置。

特征消失的光顺需要掌握好的方法才能够快速地光顺出高质量的数字模型，否则费时费力也不能得到高品质的数字模型，这里给出特征消失光顺的方法。

图 5.63 所示是特征消失光顺的一个例子，左图是最终的光顺结果。由图可见，曲面的下部有三部分特征 D、E、F，以及之间的过渡部分，最后都在所示位置消失到上面的曲面上。所以在光顺这个特征消失的时候就可以先光顺基本曲面，如右图所示。在上部光

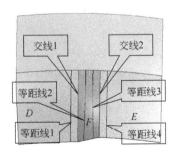

图 5.63 特征消失的光顺

顺出一个曲面，该曲面与下部曲面的分界处位于特征消失的位置，而下部左右两边比较平坦的部位各光顺一个曲面，将特征消失的部分光顺为一个曲面。这些曲面的连续性一定要满足这样的要求：曲面 D、E、F 分别与上部曲面是曲率以上连续的，曲面 D 与 F、F 与 E 之间分别为位置连续的。

完成基本曲面的光顺之后，将曲面 D 与 F 之间的交线 1 分别在曲面 D 与 F 上向两边等距得到两条等距线 1 和 2，用曲率梳检验这两条线，确保有良好的品质，然后用等距线 1 和 2 分别裁剪曲面 D 与 F。同理，将 F 与 E 之间交线在曲面 F 与 E 上等距得到的等距线 3 和 4，然后用具有良好品质的等距线 3 和 4 分别裁剪曲面 F 与 E，如图 5.64 左图所示。

然后在曲面 D 与 F 之间光顺过渡曲面，该曲面与两曲面之间保证曲率以上连续，同时该曲面与上部曲面在拼接处也要达到曲率以上连续。在曲面 F 与 E 之间也光顺一个过渡曲面，该曲面与两曲面之间也保证曲率以上连续，与上部曲面同样保证曲率以上连续。这样就完成了特征消失的光顺，如图 5.64 所示。

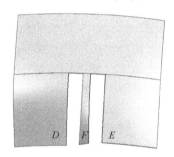 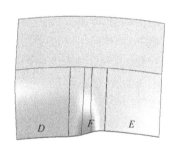

图 5.64　裁剪后的曲面及过渡曲面的光顺

其实上述特征消失也可以在开始时不光顺曲面 F，而直接在曲面 D 与 E 之间光顺一个过渡曲面，该曲面与上部曲面、曲面 D 和 E 之间都是曲率以上连续的。图 5.65 给出了两种方法得到的特征消失曲面的斑马线分析，左图是上述第一种方法得到的，右图是第二种方法得到的。由图可见，两种方法都可以得到高品质的特征消失曲面。

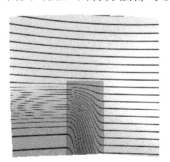 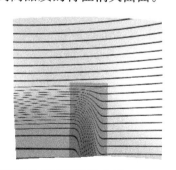

图 5.65　两种方法得到的特征消失曲面斑马线分析

3. 复杂过渡曲面的光顺

前述 5.3.3 节中给出了过渡曲面的光顺方法，该方法对于一般的简单过渡曲面可以轻松的处理，但是对于复杂的过渡曲面就显得力不从心了。所以这里通过一些轮包和腰线处曲面的光顺来讨论车身复杂过渡曲面的处理技术。

如图 5.66 左图所示的轮包点云，在光顺时就要利用两组基本曲面来构造。根据轮包的特征将其分成两组基本曲面，第一组基本曲面是上面颜色较深的 5 个曲面，这 5 个曲面之间必须在曲率以上连续，第二组基本曲面为下边颜色较浅的 5 个曲面，这 5 个曲面之间也要求在曲率连续以上。两组曲面最好是边界对齐，同时第一组曲面与第二组曲面之间达到位置连续，其拼接误差要在 0.002mm 以内，这样有利于后续过渡曲面的构建。

图 5.66 轮包点云(左图)及其基本曲面(右图)

在满足上述条件的同时还必须保证第一组曲面与第二组曲面之间理论交线(公共边界)的品质。通常也用曲率梳对该交线进行评价，图 5.67 所示为该交线的曲率梳评价，可以看出，交线曲率梳在轮包变化比较平缓处曲率小，而在变化比较剧烈处曲率较大，而且曲率梳外缘是光滑变化的，说明两组曲面交线有很高的品质。要达到这样的要求，必须在两组基本曲面的光顺方面采取正确的方法：每个曲面都采用 Bézier 曲面，曲面的次数限制在 2～5 次，两组曲面在分块时分别对齐等。

只要按照上述要求来处理就会得到高品质的交线，那么过渡曲面的特征品质自然会很高。在用过渡曲面边界裁剪基本曲面时同样要先对边界线进行分析，如果边界线品质高，则可以直接裁剪，否则要进行调整。图 5.68 给出的过渡曲面边界线有很高的品质，所以可以用该边界裁剪。用裁剪后的新边界重新光顺出过渡曲面，并进行处理使其满足 A 级曲面的各项要求，结果如图 5.69 所示。

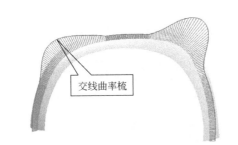 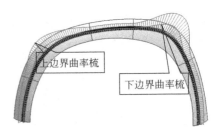

图 5.67 轮包基本曲面间交线的曲率梳评价　　图 5.68 过渡曲面边界线的曲率梳评价

图 5.69 用斑马线分析轮包曲面结果

下面以某轿车的腰线处过渡曲面为例再给出一个车身复杂过渡曲面光顺的实例。图 5.70 所示是某汽车车身点云，在该车车身侧围曲面光顺过程中，其腰线过渡曲面是一个难点，该腰线前部下垂，中间比较平直，而后部又有所下沉。腰线贯穿整个车身侧围的前后，牵涉到众多曲面，如果处理不好会给车身的整体效果带来不利的影响，所以合理的处理方法就显得非常重要。

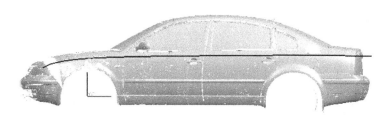

图 5.70　某汽车车身点云及车身腰线处两组基本曲面的理论交线

要光顺其腰线过渡曲面，前述的方法是先光顺腰线处的基本曲面，然后评价其理论交线的品质，再选择合适的过渡曲面光顺方法给出过渡曲面。但是，该方法要保证两组曲面分别达到曲率以上连续，而且基本曲面的理论交线还要品质良好，这在光顺中是非常困难的，即便费时费力也难以取得高品质的理论交线。

因此，在汽车车身复杂过渡曲面的光顺过程中一般先粗略地给出理论交线，图 5.70 也给出了两组基本曲面的理论交线。该曲线是先在腰线处的点云上找出，然后做出交线上、下两组曲面，再根据两组曲面的情况对理论交线进行调整，一方面使得曲面能够贴近点云，同时也要保证曲线在两个方向上有好的品质。图 5.71 所示为调整好的理论交线在两个垂直的方向用曲率梳进行评价的情况，同时图中也给出了上、下两组基本曲面。

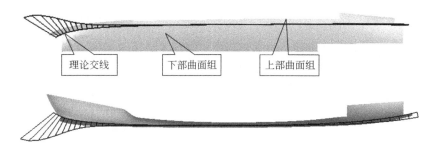

图 5.71　某汽车车身腰线处基本曲面及其理论交线品质评价
（上图为侧视图，下图为俯视图）

调整好理论交线后再对基本曲面进行调整。基本曲面要求在两个方向上都为单片体，曲面的次数一般不超过 5 次，同时每组曲面内部是曲率或以上连续。首先将上、下两组曲面分别拼接到理论交线上（位置连续），同时保证各组曲面内部达到曲率以上连续，而且靠近理论交线的一侧边界线也达到曲率或以上连续，并对曲面靠近理论交线以外的其他控制顶点进行调整，使其贴近点云，这样就完成了基本曲面的光顺工作。

现在选择合适的过渡曲面构造方法构造过渡曲面。基于前面的讨论，选取样式圆角方法。之所以选择样式圆角方法，是因为该方法可以达到所要求的曲率以上连续，同时对于过渡曲面的弦高可以调整得贴近点云。

确定之后便可以进行过渡曲面的光顺。在光顺过程中有两种方法可以获得过渡曲面，一是通过曲面 f_1 和 f_2 分别与 f_6 求得两个过渡曲面，曲面 f_3 与 f_7 求得过渡曲面，曲面 f_4 和 f_5 分别与 f_8 求得两个过渡曲面，如图 5.72 上图所示。利用这种方法求得的过渡曲面分为 5 段，段与段之间的连续性精度一般不能满足要求。

图 5.72 上图为光顺前的准备，下图为光顺后的曲面局部放大。由图可见，曲面 f_3 与 f_7 之间的过渡曲面和曲面 f_4 与 f_8 之间的过渡曲面存在很大的连续性偏差，其最大位置偏

差为 1.628mm，而 f_4 与 f_8 之间的过渡曲面和 f_5 与 f_8 之间的过渡曲面最大位置偏差则为 2.261mm。其他的几个过渡曲面之间也存在较大的偏差，这不满足汽车车身 A 级曲面的要求，所以必须将过渡曲面进行拼接。同时拼接后还要进行过渡曲面边界检查，以裁剪基本曲面。

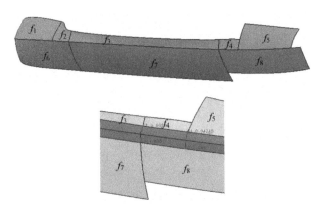

图 5.72　过渡曲面的光顺
（上图为光顺前的准备，下图为光顺后的过渡曲面局部放大）

另一种方法是用样式圆角在两组曲面之间光顺一个过渡曲面，这样不会存在上述问题，而且所得到的过渡曲面品质更好，所以建议采用这种方法光顺过渡曲面。用这种方法得到的过渡曲面如图 5.73 所示。

图 5.73　用一个曲面光顺得到的过渡曲面

无论采用哪种方法，由于各种原因所得到的过渡曲面边界都存在问题，所以必须提取过渡曲面边界线并进行光顺，以得到高品质边界，这样的边界裁剪的基本曲面才有高质量的边界性质，那么过渡曲面与基本曲面之间的连续性精度才能得到保证。

然后用光顺好的过渡曲面边界裁剪两组基本曲面，并对过渡曲面按照 A 级曲面要求进行处理，得到最终结果。图 5.74 所示是光顺好的某汽车车身数字模型，由模型可见，腰线处的过渡曲面有很好的品质。

图 5.74　光顺好的汽车车身数字模型

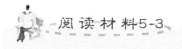

阅读材料5-3

逆向模型重建技术

在整个逆向工程中，产品的三维几何模型CAD重建是最关键、最复杂的环节。因为只有获得了产品的CAD模型才能够在此基础上进行后续产品的加工制造、快速成形制造、虚拟仿真制造和再设计等。在进行模型重建之前，设计者不仅需要了解产品的几何特征和数据的特点等前期信息，而且需要了解结构分析、加工制作模具、快速成形等后续应用问题。

目前使用的造型方法主要有以下几种。

（1）曲线拟合造型：用一个多项式的函数通过插值去逼近原始的数据，最终得到足够光滑的曲面。曲线是构成曲面的基础，在逆向工程中常用的模型重建方法为，首先将数据点通过插值或逼近拟合成样条曲线，然后采用造型软件完成曲面片的重构造型。优点是原理比较简单，只要多项式的次数足够高就可以得到满意的曲面，但也容易造成计算的不稳定，同时边界的处理能力也比较差，一般用于拟合比较简单的曲面。

（2）曲面片直接拟合造型：该方法直接对测量数据点进行曲面片拟合，获得曲面片，经过过渡、混合、连接形成最终的曲面模型。曲面拟合造型既可以处理有序点，也可以处理散乱数据点。算法有：基于有序点的B样条曲面插值，B样条曲面插值，对任意测量点的B样条曲面逼近。

（3）点数据网格化：网格化实体模型通常是将数据点连接成三角面片，形成多面体实体模型。目前已经形成两种简化方法：基于给定数据点，在保证初始几何形状的基础上反复排除结点和面片，构建新的三角形，最终达到指定的结点数；寻找具有最少的结点和面片的最小多面体。

📚 资料来源：http://china.toocle.com/cbna/item/2010-02-24/5011338.html.

5.4 曲线曲面的连续性

汽车车身曲面是复杂的曲面，很难用单个曲面进行刻画，而经常用多个曲面拼接来表达复杂的车身曲面，所以曲面之间的连续性是曲面光顺评价的一个重点。要准确地评价曲面的连续性，首先要清楚曲线曲面的连续性条件，所以本节介绍曲线曲面的连续性。

在车身曲面光顺与评价中，能用到的连续性包括位置连续、相切连续和曲率连续。

5.4.1 Bézier曲线的连续性条件

关于曲线的光滑连接，通常有两种度量：一种方法是沿用多年的函数可微性；另一种是几何连续性。关于曲线的可微性是将组合在一起的参数曲线构建成在连接处具有直到n次连续可微的曲线，通常称为C^n或者称为n阶参数连续性。而对于几何连续性，和参数连续性有某些相类似，但是其连续的约束条件又有一些不同，这里简记为G^n。评价一组曲线的连续性是以其最低连续性为标准的。

本节简单介绍参数曲线的参数连续性和几何连续性，然后介绍参数曲线几何连续性的条件，用以指导在光顺中曲线的拼接，以提高曲线光顺的质量和效率，并为光顺评价做准备。

1. Bézier 曲线的参数连续性

通常一组 Bézier 曲线的次数是不相等的，为方便处理，将低次曲线的次数升阶，使它们和这组曲线中次数最高的那条曲线相同，则可得到一组 n 次 Bézier 曲线。在一般情况下，Bézier 曲线是定义在 $t\in[0,1]$ 区间上的，而为了区别指明是哪一段曲线，还要给曲线加上段号。如果用统一的控制顶点编号来表示这些组合 Bézier 曲线，其方程为

$$s_i(t)=\sum_{j=0}^{n}\boldsymbol{b}_{ni+j}B_{j,n}(t) \quad t\in[0,1], \quad i=0,1,\cdots,l-1 \quad (5-2)$$

式中，$i=0,1,\cdots,l-1$ 为曲线的段序号，也就是说曲线是 l 段的；而控制顶点 $\boldsymbol{b}_{ni}$，$i=0,1,\cdots,l-1$ 表示各条曲线段的端点。若组合曲线是闭合的，那么有 $\boldsymbol{b}_0=\boldsymbol{b}_{nl}$，否则有 $\boldsymbol{b}_0\neq\boldsymbol{b}_{nl}$，其余的曲线段是首尾相接的。

现在考察组合曲线的第 $i-1$ 和第 i 段曲线的连续情况。如果要求两条曲线是 C^r 连续的，那么根据前面的叙述，有

$$\overset{(k)}{s}_{i-1}(1)=\frac{n!}{(n-k)!}\Delta^k\boldsymbol{b}_{ni-k} \quad k=0,1,\cdots,r \quad (5-3)$$

$$\overset{(k)}{s}_{i}(0)=\frac{n!}{(n-k)!}\Delta^k\boldsymbol{b}_{ni} \quad k=0,1,\cdots,r$$

相等，这样其连续条件为

$$\Delta^k\boldsymbol{b}_{ni-k}=\Delta^k\boldsymbol{b}_{ni} \quad k=0,1,\cdots,r$$

当 $r=0$ 时，有 $\boldsymbol{b}_{ni}=\boldsymbol{b}_{ni}$，也就是其位置是连续的。而当 $r=1$ 时，还有

$$\Delta\boldsymbol{b}_{ni-1}=\Delta\boldsymbol{b}_{ni} \quad \text{或} \quad \boldsymbol{b}_{ni+1}-\boldsymbol{b}_{ni}=\boldsymbol{b}_{ni}-\boldsymbol{b}_{ni-1} \quad (5-4)$$

这说明了 3 个控制顶点 $\boldsymbol{b}_{ni-1}$、$\boldsymbol{b}_{ni}$、$\boldsymbol{b}_{ni+1}$ 是共线的，并且按照顺序成等距分布。如果相邻段端点连线的长度相差很大，则会带来一些问题，如使得较长的那段曲线比较平缓，而较短的那段曲线过分膨胀，甚至有尖点或者重合点，这是在工程实践中要避免的。所以要采用统一的整体参数 u 来表示。首先将局部参数化为整体参数，对于曲线段的控制顶点 $\boldsymbol{b}_{ni}$，$i=0,1,\cdots,l$ 在空间中的分布实行新的参数化，那么其相应的参数值 u_i，$i=0,1,\cdots,l$ 可以得到对应的参数分割 Δ_u：$u_0<u_1<\cdots<u_l$。用整体参数 u 表示组合曲线为

$$\boldsymbol{p}(u)=\boldsymbol{s}_i(t)=\sum_{j=0}^{n}\boldsymbol{b}_{ni+j}B_{j,n}(t) \quad u\in[u_i,u_{i+1}], \quad i=0,1,\cdots,l \quad (5-5)$$

式中，$t=\dfrac{u-u_i}{\Delta_i}$，$\Delta_i=u_{i+1}-u_i$。

根据求导数的链式法则，组合曲线对参数 u 的导矢为

$$\boldsymbol{p}^{(k)}(u)=\frac{1}{(\Delta_i)^k}\boldsymbol{s}^{(k)}(t), \quad u\in[u_i,u_{i+1}]$$

组合曲线在 $u=u_i$ 处关于整体参数 u 的左右 k 阶导矢分别为

$$\boldsymbol{p}_{-}^{(k)}(u_i)=\frac{n!}{(\Delta_{i-1})^k(n-k)!}\Delta^k\boldsymbol{b}_{ni-k}$$

$$p_+^{(k)}(u_i)=\frac{n!}{(\Delta_{i-1})^k(n-k)!}\Delta^k\boldsymbol{b}_{ni}$$

要想使得组合曲线在参数 $u=u_i$ 处对参数 u 具有 C^r 连续性，即 $\boldsymbol{p}_-^{(k)}(u_i)=\boldsymbol{p}_+^{(k)}(u_i)$，$i=0,1,\cdots,r$，就必须有

$$(\Delta_i)^k\Delta^k\boldsymbol{b}_{ni-k}=(\Delta_{i-1})^k\Delta^k\boldsymbol{b}_{ni} \quad k=0,1,\cdots,r \tag{5-6}$$

当 $k=1$ 时，除了位置连续外，还要有

$$\Delta_i\Delta\boldsymbol{b}_{ni-1}=\Delta_{i-1}\Delta\boldsymbol{b}_{ni}，也就是 \boldsymbol{b}_{ni+1}-\boldsymbol{b}_{ni}=\frac{\Delta_i}{\Delta_{i-1}}(\boldsymbol{b}_{ni}-\boldsymbol{b}_{ni-1}) \tag{5-7}$$

这说明 $\boldsymbol{b}_{ni-1}$、$\boldsymbol{b}_{ni}$、$\boldsymbol{b}_{ni+1}$ 3 点共线，距离比为 $\Delta_i:\Delta_{i-1}$。如图 5.75 所示。如果 $\Delta_{i-1}=\Delta_i$，式(5-7)就和式(5-4)一样。可以这样说，组合 Bézier 曲线在局部参数表示式(5-2)下的参数连续性就是整体参数式(5-5)表示下取均匀参数化时的参数连续性。如果根据曲线端点实际分布来确定参数分割就可以消除在局部参数时因为相邻段的端点弦长相差悬殊带来的问题。那么如果控制顶点给定，则可以通过调整比值 $\Delta_i:\Delta_{i-1}$ 来改变两段的形状，这也相当于提供了曲线控制的又一个自由度。

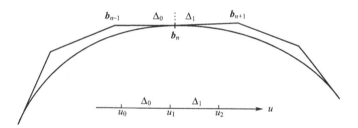

图 5.75　两 n 次 Bézier 曲线在整体参数下的 C^1 连续条件

对于 C^2 的连续条件，不仅包含了 C^1 的连续条件，同时根据式(5-6)还必须有

$$(\Delta_i)^2\Delta^2\boldsymbol{b}_{ni-2}=(\Delta_{i-1})^2\Delta^2\boldsymbol{b}_{ni}$$

就是要 $\boldsymbol{b}_{ni-2}$、$\boldsymbol{b}_{ni-1}$、$\boldsymbol{b}_{ni}$、$\boldsymbol{b}_{ni+1}$、$\boldsymbol{b}_{ni+2}$ 5 个控制顶点共面，并且以前两个边为邻边的平行四边形对角线矢量和后两条边对应的平行四边形对角线矢量平行，而且长度比值是 $(\Delta_{i-1})^2:(\Delta_i)^2$。

同理可以得到高阶参数连续的条件。

注意，如果组合曲线内部相邻的 3 个控制顶点 $\boldsymbol{b}_{ni-1}$、$\boldsymbol{b}_{ni}$、$\boldsymbol{b}_{ni+1}$ 相重合，那么在 $\boldsymbol{b}_{ni}$ 处虽然满足一阶可微的条件，但是曲线在此处仍然不能光滑，甚至有的时候形成尖角。同时，由 Bézier 曲线的性质也可以知道，3 个相邻的控制顶点 $\boldsymbol{b}_{ni-1}$、$\boldsymbol{b}_{ni}$、$\boldsymbol{b}_{ni+1}$ 共线，并且 $\boldsymbol{b}_{ni-1}$ 和 $\boldsymbol{b}_{ni+1}$ 分布在 $\boldsymbol{b}_{ni}$ 两侧，那么在公共连接点 $\boldsymbol{b}_{ni}$ 处有公共的切线就满足最低的光滑连续，但是，根据参数一次连续的条件，这时却不一定是 C^1 连续的。也就是说，光滑曲线不一定是可微的。

2. Bézier 曲线的几何连续性

由前面讨论可知，在连接处一次可微的两 Bézier 曲线有时不一定是光滑的，而有的时候光滑的曲线却又不一定就是可微的。这就出现了光滑性与可微性不一致的问题。而且在

工程实践中,人们凭直觉发现,两条曲线在连接处只要有一样的切线方向就认为是光滑的。但是以参数连续的观点来看则必须有相同的长度才是 C^1 连续的。

所以,具有切向连续的曲线可以满足某些情况下的要求,没有必要是具有连续的一般参数的切矢。同样,在某些情况下曲线具有曲率连续就可以,也没有必要去使得其为有连续的对一般参数的切矢和二阶导矢。可以说,参数的选取和参数化影响参数连续性,但是形状的几何特征是不依赖参数选取及参数化的。正因如此,人们引进了曲线的几何连续性。

对于二阶以下的连续性,前面已经涉及了一些,这里给出更明确的解释。所谓零阶几何连续,即 G^0 连续是和参数 C^0 连续相一致的,即两条 Bézier 曲线在公共的连接处有公共的控制顶点。而两条 Bézier 曲线在公共连接处具有公共的单位切矢(也就是关于弧长的一阶导矢),就说它们在该点是一阶几何连续的或者是 G^1 连续的。如果在公共连接处有公共的曲率矢(即关于弧长的二阶导矢),则说它们在该点是二阶几何连续的或者是 G^2 连续的。

由此可以给出参数曲线的几何连续性定义:当且仅当两条曲线段的相应弧长参数化在公共连接点具有 C^n 连续性时,称它们在该点具有 G^n 连续性,或者说是 G^n 连续的。也就是说,在弧长参数化下,曲线的几何连续性和参数连续性是一致的。

下面来讨论组合 Bézier 曲线几何连续的几何关系。

设两 n 次 Bézier 曲线方程式为

$$s_i(t) = \sum_{j=0}^{n} b_{ni+j} B_{j,n}(t) \quad t \in [0, 1], \quad i = 0, 1 \tag{5-8}$$

在公共连接点处的位置连续(即 G^0 连续)是 $b_n = b_n$,即第一条曲线的末控制顶点和第二条曲线的第一个控制顶点重合。而两条曲线的 G^1 连续条件除了前面要求的位置连续外,要有

$$\Delta b_n = \delta \Delta b_{n-1}, \quad 即 \quad b_{n+1} - b_n = \delta (b_n - b_{n-1}) \quad \delta > 0 \tag{5-9}$$

也就是 3 个控制顶点 b_{n-1}、b_n、b_{n+1} 按顺序排列,并且共线。它们所在的这条公共直线就是曲线在公共点处的切线。

如果要求曲线是 G^2 连续的,由第 4 章式(4-11)和式(4-12)可知,两曲线在公共点处的曲率分别为

$$\kappa_0(1) = \frac{n-1}{n} \frac{|\Delta b_{n-2} \times \Delta b_{n-1}|}{|\Delta b_{n-1}|^3} = \frac{n-1}{n} \frac{h_1}{a_1^2} \tag{5-10}$$

$$\kappa_1(0) = \frac{n-1}{n} \frac{|\Delta b_n \times \Delta b_{n+1}|}{|\Delta b_n|^3} = \frac{n-1}{n} \frac{h_2}{a_2^2} \tag{5-11}$$

式中,$a_1 = |\Delta b_{n-1}|$,$a_2 = |\Delta b_n|$,h_1 和 h_2 分别是点 b_{n-2} 和 b_{n+2} 到连接点 b_n 处公切线的距离,如图 5.76 所示。

点 b_{n-1} 是直角三角形 $Ab_{n-1}C$ 的直角顶点,a_1 是斜边上的高,将斜边分成 h_1 和 g 两部分,根据直角三角形的性质,有 $a_1^2 = h_1 g_1$。对于右边进行同样的分析也可以得到 $a_2^2 = h_2 g_2$,那么式(5-10)和式(5-11)就可以改写为

$$\kappa_0(1)=\frac{n-1}{n}\frac{1}{g_1}, \quad \kappa_1(0)=\frac{n-1}{n}\frac{1}{g_2} \tag{5-12}$$

可见，要想使得两曲线的曲率相等，就必须使

$$g_1=g_2=g$$

也就是

$$\frac{a_1}{a_2}=\left(\frac{h_1}{h_2}\right)^{1/2}$$

或者是

$$\frac{S_{b_{n-2}b_{n-1}b_n}}{a_1^3}=\frac{S_{b_nb_{n+1}b_{n+2}}}{a_2^3}$$

$S_{b_{n-2}b_{n-1}b_n}$ 和 $S_{b_nb_{n+1}b_{n+2}}$ 分别为三角形面积。

所以要想在公共点有公共的曲率矢，就要使得曲率值相同的同时有公共的密切平面。这就必须使控制顶点 b_{n-2}、b_{n-1}、b_n、b_{n+1}、b_{n+2} 共面，b_{n-2} 和 b_{n+2} 与其余 3 点所在的公切线同侧。

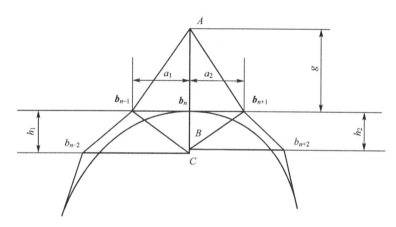

图 5.76 两 Bézier 曲线曲率连续的几何关系

根据这些条件知道，$\overline{b_{n-1}b_n}$ 和 $\overline{b_nb_{n+1}}$ 越大，$\overline{b_{n-2}b_{n-1}}$ 和 $\overline{b_{n+1}b_{n+2}}$ 越小，可以在公共控制顶点具有相同的法向位置偏差时具有更小的 G^1 和 G^2 拼接误差。在光顺实践中就可以调整控制顶点的位置来满足曲线连续的条件，以达到好的拼接效果和提高拼接的效率。

5.4.2 曲面的连续性

曲面的连续性比曲线的连续性复杂得多，因为其在拓扑结构上增加了复杂性。同时，曲线的弧长参数化在曲面中已经不存在了，重新参数化也变得更加复杂。尽管如此，在实践中人们总是采用最简单的办法来积极地解决一些困难问题。

本节将简单介绍曲面的参数连续性和几何连续性，在此基础上根据车身曲面光顺的实际给出曲面控制顶点排列对曲面拼接连续性的影响，以提高曲面光顺与评价的效率和质量。

1. 曲面的参数连续性

首先来看曲面参数连续性的概念。

当且仅当两个曲面沿它们的公共连接线处处有直到 n 阶偏导矢时,称它们沿该连接线具有 n 阶参数连续性(即 C^n 连续)。

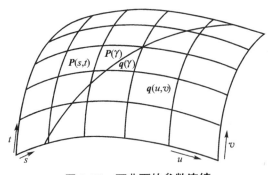

图 5.77 两曲面的参数连续

如图 5.77 所示,要使得曲面 $\boldsymbol{P}(s,t)$ 和 $\boldsymbol{q}(u,v)$ 两曲面在公共连接线 $\boldsymbol{p}(\gamma)=\boldsymbol{q}(\gamma)$ 处达到 C^n 连续,就要满足

$$\frac{\partial^{i+j}}{\partial s^i t^j}\boldsymbol{p}(\gamma)=\frac{\partial^{i+j}}{\partial u^i v^j}\boldsymbol{q}(\gamma) \quad i+j=1,2,\cdots,n$$

此处公共连接线不一定是曲面上的等参数线,它只是曲面上的线。如果两个曲面有公共的连接线,那么说明两曲面是位置连续的,也就是具有零阶参数连续,记为 C^0。如果要使两曲面是 C^1 连续的,就要求有

$$\boldsymbol{p}_s(\gamma)=\boldsymbol{q}_u(\gamma) \text{ 和 } \boldsymbol{p}_t(\gamma)=\boldsymbol{q}_v(\gamma)$$

如果要两曲面达到 C^2 连续,还意味着添加下面的条件。

$$\boldsymbol{p}_{ss}(\gamma)=\boldsymbol{q}_{uu}(\gamma),\quad \boldsymbol{p}_{st}(\gamma)=\boldsymbol{q}_{uv}(\gamma),\quad \boldsymbol{p}_{tt}(\gamma)=\boldsymbol{q}_{vv}(\gamma)。$$

对于上面的两个曲面 $\boldsymbol{p}$ 和 $\boldsymbol{q}$,如果它们采用的是局部参数,且都定义在单位正方形区域内,而且其连接边界就是两曲面的公共边界线 $\boldsymbol{p}(1,t)=\boldsymbol{q}(0,v)$,那么沿公共边界的 C^n 连续性为

$$\frac{\partial^{i+j}}{\partial s^i t^j}\boldsymbol{p}(1,t)=\frac{\partial^{i+j}}{\partial u^i v^j}\boldsymbol{q}(0,v) \quad i+j=1,2,\cdots,n$$

如果将上述两曲面的定义域改写为整体参数,设组合曲面 $\boldsymbol{p}(u,v)$ 定义在分割 $\Delta u:u_0<u_1$ 和 $\Delta v:v_0<v_1<v_2$ 上,其中定义在 $u_0\leqslant u\leqslant u_1$ 和 $v_0\leqslant v\leqslant v_1$ 区域上的是一个子曲面片,定义在 $u_0\leqslant u\leqslant u_1$ 和 $v_1\leqslant v\leqslant v_2$ 上的是另一个子曲面片。两个曲面片有公共的边界 $\boldsymbol{p}(u,v_{1-})=\boldsymbol{p}(u,v_{1+})$。如果要求两个曲面片在公共边界处达到 C^n 连续,那么就要满足

$$\frac{\partial^{i+j}}{\partial u^i v^j}\boldsymbol{p}(u,v_{1-})=\frac{\partial^{i+j}}{\partial u^i v^j}\boldsymbol{q}(u,v_{1+}) \quad i+j=1,2,\cdots,n$$

和曲线的参数连续性一样,曲面的参数连续性是和参数的选取及参数化有关的。如果对已经 C^n 连续的两曲面中的一个重新参数化,一般来说它们就不再是 C^n 连续的。

2. 曲面的几何连续性

两曲面的零阶几何连续(G^0)和零阶参数连续(C^0)是一致的,都是要求两曲面的连接边是公共的。

两参数曲面的一阶几何连续性是指两曲面沿着它们的公共连接边处处有公共的切平面(或者说有公共的曲面法线),所以 G^1 连续又称为切平面连续。

设两曲面 $\boldsymbol{P}(s,t)$ 和 $\boldsymbol{q}(u,v)$ 有公共连接线 $\boldsymbol{p}(\gamma)=\boldsymbol{q}(\gamma)$,而且该公共连接线不是曲面的等参数线。那么沿着公共连接线的每一点都有互相不重合的 4 个切矢 $\boldsymbol{p}_s(\gamma)$、$\boldsymbol{p}_t(\gamma)$、$\boldsymbol{q}_u(\gamma)$ 和 $\boldsymbol{q}_v(\gamma)$。要使得两曲面在公共连接线在每一个点上都具有公共的切平面,那么这 4 个切矢就必须共面,如图 5.78 所示。如果省写"(γ)",在数学上共面的条件可以表示为

$$(\boldsymbol{p}_s\times\boldsymbol{p}_t)\times(\boldsymbol{q}_u\times\boldsymbol{q}_v)=(\boldsymbol{p}_s,\boldsymbol{p}_t,\boldsymbol{q}_v)\boldsymbol{q}_u-(\boldsymbol{p}_s,\boldsymbol{p}_t,\boldsymbol{q}_u)\boldsymbol{q}_v=0$$

如果公共连接线是两条曲面的等参数线 $\boldsymbol{p}(s,t_0)=\boldsymbol{q}(u,v_0)$,当 $u=u(s)$ 时,公共等

参数线上任何一点的 p_s 和 q_u 平行,所以就变成了 p_t、q_u 和 q_v 3 个矢量共面,如图 5.79 所示。在数学上表示为 $(p_t, q_u, q_v)=0$

或者是将一个矢量改写为其他两个矢量的线性组合

$$p_t = h(u)q_v + g(u)q_u \quad h(u)>0 \tag{5-13}$$

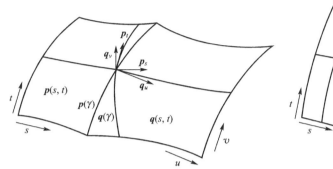
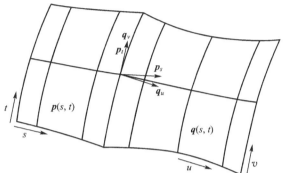

图 5.78 4 个矢量 p_s、p_t、q_u 和 q_v 共面　　　　图 5.79 3 切矢 p_t、q_u 和 q_v 共面

式中,若假设两个跨界导矢 p_t 和 q_v 之一的方向指向公共的等参数线,另一个则背离公共等参数线。$h(u)>0$ 是为了保证两个曲面在公共等参数线处不至于形成尖棱。当 $g(u)=0$ 时,说明曲面 p 的 t 线与曲面 q 的 v 线跨公共等参数线是 G^1 连续的。

在光顺实践中,G^1 连续的曲面看似光滑,但是在进行斑马线分析时会发现曲面在连接处的斑马线有折弯,甚至是尖角。G^1 连续只是使用在难以拼接,而且要求不高的少可见区或者是不可见区域。在车身 A 级曲面的光顺中,G^2 以上连续是基本的要求。当然,如果造型要求就是位置连续或者是相切连续的除外。

G^2 连续又称为曲率连续,它要求沿公共的连接线处处在所有的方向上有公共的法曲率。所以人们给出其定义是:两曲面 G^2 连续,当且仅当沿着公共连接线处处有公共的切平面,同时又有公共的主曲率,并在两个主曲率不相等的时候有公共的主方向,或者是一致的杜潘标线。用数学表示时,除了满足 G^1 连续的条件外,还要满足

$$p_{ts} = gq_{uv} + hq_{vv} + aq_u + bq_v$$
$$p_{tt} = g^2 q_{uu} + 2gh q_{uv} + h^2 q_{vv} + cq_u + dq_v$$

式中,等式右边的系数都是参数 u 的函数。

对于一般的曲面,其几何连续性(即 G^n)定义为:如果两个曲面 $p(s, t)$ 和 $q(u, v)$ 其中之一可以重新参数化,则可使得它们沿公共连接线是 C^n 连续的。

例如曲面 $q(u, v)$ 重新参数化为 $\bar{q}(\bar{u}, \bar{v})$,那么如果有

$$\frac{\partial^{i+j}}{\partial s^i t^j} p(\gamma) = \frac{\partial^{i+j}}{\partial u^{-i} v^{-j}} \bar{q}(\gamma) \quad i+j=1, 2, \cdots, n$$

就说曲面 $p(s, t)$ 和 $q(u, v)$ 是 G^n 连续的。

3. Bézier 曲面 G^1、G^2 连续在实践中的应用

由前面的讨论可知,曲线曲面的连续非常复杂。但是在光顺实践中还要对这些条件进行简化处理,并将其应用到实践中去。

在车身 A 级曲面的光顺中经常将 B 样条曲面的 u、v 两个方向的片数设置为 1,也就是通常所说的 Bézier 曲面。所以这里讨论 Bézier 曲面 G^1、G^2 连续的条件,希望能为车身

表面的光顺与评价有所帮助。

设两 $m \times n$ 次 Bézier 曲面的方程式为

$$\left. \begin{array}{l} q(u, v) = \sum_{i=0}^{m} \sum_{j=0}^{n} a_{i,j} B_{i,m}(u) B_{j,n}(v) \\ p(u, v) = \sum_{i=0}^{m} \sum_{j=0}^{n} b_{i,j} B_{i,m}(u) B_{j,n}(v) \end{array} \right\} \quad 0 \leq u, v \leq 1$$

式中，控制顶点 $a_{i,j}$ 和 $b_{i,j}$ 分别定义了 Bézier 曲面 $q(u,v)$ 和 $p(u,v)$。两个 Bézier 曲面有公共的连接边，即

$$p(u, 0) = q(u, 1)$$

这就是所说的位置连续(G^0)，那么有

$$a_{i,n} = b_{i,0} \quad i = 0, 1, \cdots, m$$

若沿着公共边界还要求一阶几何连续，根据式(5-13)还应该有

$$p_v(u, 0) = h(u) p_v(u, 1) + g(u) q_u(u, 1) \tag{5-14}$$

为了不使两曲面在公共边处形成尖棱，就要使与两曲面公共边界对应的两条边界在公共边界的两侧，同时还要使 $p(u,v)$ 的次数不发生变化，则有

$$\begin{array}{l} h(u) = \alpha > 0 \\ g(u) = (1-u)\beta + u\gamma \end{array} \tag{5-15}$$

式中，α、β、γ 是实常数。将式(5-14)中的各阶偏导矢用控制顶点给出，将式(5-15)代入，整理后可以得到 Bézier 曲面 G^1 的连续条件为

$$\Delta^{0,1} b_{k,0} = \alpha \Delta^{0,1} a_{k,n-1} + \beta \frac{m-k}{n} \Delta^{1,0} a_{k,n} + \gamma \frac{k}{n} \Delta^{1,0} a_{k-1,n} \quad k=0, 1, \cdots, m \tag{5-16}$$

式中有向前差分

$$\Delta^{0,1} b_{k,1} = b_{k,1} - b_{k,0} = b_{k,1} - a_{k,n} \quad \Delta^{1,0} a_{k,n} = a_{k+1,n} - a_{k,n} = b_{k+1,n} - b_{k,0}$$

上式表示，两个面上跨过公共边界的对应控制顶点要满足一定的关系才能达到 G^1 连续，如图5.80所示。

在式(5-16)中含有可以独立变化的3个标量系数 α、β、γ，从理论上来说可以为曲面的光顺拼接带来优势，但是在实践中更喜欢用最简单的一种情况，即令 $\beta = \gamma = 0$，只保留一个系数 α 非零。这样两个曲面在参数 $u=$常数的等参数线上沿着公共边界处处是 G^1 连续的，也就相当于在 u 方向上两曲面对应的控制顶点类似于两曲线的控制顶点的连续条件。如图5.81所示，在 u 方向上，每一个公共控制顶点和它两侧的控制顶点在一条直线上，并且所构成的两网格长度的比值都是相同的。

讨论了 G^1 连续的情况，下面来讨论 G^2 连续的情况。

设由控制顶点 $a_{i,j}$、$b_{i,j}$，$i=0, 1, \cdots, m$；$j=0, 1, \cdots, n$ 定义的两 $m \times n$ 的 Bézier 曲面 $q(u,v)$ 和 $p(u,v)$ 有公共的边界 $p(u,0) = q(u,1)$。如果两曲面在 G^1 连续的基础上沿着公共边界还满足

$$p_{vv} = h^2 q_{vv} + 2hg q_{uv} + g^2 q_{uu} + c q_v + d q_u$$

那么两个曲面就是 G^2 连续的。为保持曲面 p 的次数不变，c 必须是常数，d 是参数 u 的线性函数。

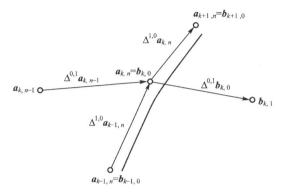

图 5.80 两 Bézier 曲面的 G^1 连续

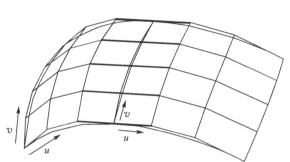

图 5.81 两 Bézier 曲面 G^1 连续的最简单情况（粗线满足关系）

考虑 $c=d=0$ 的特殊情况，用控制顶点取代上式中的偏导矢，比较两边的系数可以得出差分关系如下。

$$\Delta^{0,2}\boldsymbol{b}_{k,0}=\alpha^2\Delta^{0,2}\boldsymbol{a}_{k,n-2}+2\alpha\beta\frac{m-k}{n-1}\Delta^{1,1}\boldsymbol{a}_{k,n-1}+2\alpha\gamma\frac{k}{n-1}\Delta^{1,1}\boldsymbol{a}_{k-1,n-1}+\beta^2\frac{(m-k)(m-k-1)}{n(n-1)}\Delta^{2,0}\boldsymbol{a}_{k,n}+$$

$$2\beta\gamma\frac{(m-k)k}{n(n-1)}\Delta^{2,0}\boldsymbol{a}_{k-1,n}+\gamma^2\frac{k(k-1)}{n(n-1)}\Delta^{2,0}\boldsymbol{a}_{k-2,n} \quad k=0,1,\cdots,n \qquad (5-17)$$

式中，$\Delta^{2,0}\boldsymbol{a}_{i,j}=\boldsymbol{a}_{i+2,j}-2\boldsymbol{a}_{i+1,j}+\boldsymbol{a}_{i,j}$，$\Delta^{0,2}\boldsymbol{a}_{i,j}=\boldsymbol{a}_{i,j+2}-2\boldsymbol{a}_{i,j+1}+\boldsymbol{a}_{i,j}$；

$\Delta^{1,1}\boldsymbol{a}_{i,j}=\boldsymbol{a}_{i+1,j+1}-\boldsymbol{a}_{i,j+1}-\boldsymbol{a}_{i+1,j}+\boldsymbol{a}_{i,j}$。

式(5-17)和式(5-14)给出了两 Bézier 曲面 G^2 连续的条件，如图 5.82 所示。

在光顺实践中，对于 G^2 连续常用的仍然是最简单的一种情况，即取 $\beta=\gamma=0$，保留 α 非零。这时两个曲面有如图 5.81 所示的一阶几何连续的关系，而且每个公共控制顶点一侧的两个控制顶点构成的二阶差分和另一侧的那个二阶差分平行，即这 5 个控制顶点共面，而且一侧的二阶差分矢量和另一侧的二阶差分矢量之比都为 α^2。这和 Bézier 曲线的 G^2 连续条件有些类似，如图 5.83 所示。

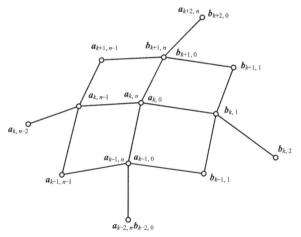

图 5.82 两 $m\times n$ 次 Bézier 曲面的 G^2 连续

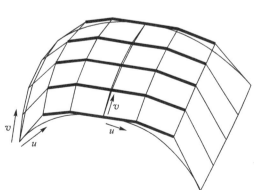

图 5.83 两 Bézier 曲面 C^1 连续的最简单情况（粗线满足关系）

阅读材料5-4

Bézier 曲面拼接误差的影响因素与减小误差的措施

根据 Bézier 曲面拼接误差的影响因素，减小误差的措施如下。

（1）两拼接 Bézier 曲面在拼接方向上的控制顶点——对齐可减小相拼接的各级误差。

（2）相拼接的 Bézier 曲面的 G^0 连续仅与拼接的公共控制顶点有关，与其他控制顶点无关。

（3）相拼接的 Bézier 曲面的 G^1 连续仅与拼接的公共控制顶点及两侧各一排相邻的控制顶点有关，与其他控制顶点无关，而且拼接的对应控制顶点之间偏差越大，相切误差在有的情况下会增大，有的情况下却减小。

（4）相拼接的 Bézier 曲面的 G^2 连续仅与拼接的公共控制顶点及两侧各两排控制顶点有关，与其他的控制顶点无关，而且位置误差越大，曲率误差也越大。

根据汽车车身曲面拼接误差的影响因素，实践中给出减小拼接误差的措施如下。

（1）相拼接的 Bézier 曲面的控制顶点排列要按照曲面连续的条件对齐。

（2）减小公共控制顶点之间的位置偏差，特别是法向位置偏差。

（3）在公共控制顶点不再变化的情况下可以适当增加公共控制顶点与两侧相邻控制顶点之间的距离，减小邻近第一排与第二排之间的距离。

（4）如果一个 Bézier 曲面两个对应边都有曲面相拼接，其在拼接方向上的控制顶点排数与其连续性要求有关，如果两边是相切连续，则该曲面的控制顶点至少是 4 排两边拼接才互不影响，如果两边是曲率连续，则该曲面的控制顶点至少是 6 排两边拼接才互不影响，且每增加一阶连续要求则增加两排控制顶点。

➡ 资料来源：徐家川．Bézier 曲面拼接误差影响因素．汽车技术，2007(9)．

5.5 汽车车身曲面的评价方法

按照汽车零部件的可见性，车身曲面分为 A 级曲面、B 级曲面和 C 级曲面 3 类。由于各类曲面的可见性不同，所以对各类曲面的要求也就不一样。由于 A 级曲面要求最高，所以本节以 A 级曲面的评价为例来讨论，B 级曲面和 C 级曲面的评价只要降低相应的要求即可。

汽车车身曲面的评价包括两个方面，一是曲面特征的评价，二是曲面质量的评价。特征评价是造型人员根据汽车造型要求评价所做的曲面是否符合造型意图。这里主要阐述曲面质量的评价方法。曲面质量评价的主要方法有控制顶点法、曲率梳法、斑马线法、曲率颜色图法和连续性精度的评价等。

5.5.1 利用控制顶点评价汽车车身 A 级曲面

控制顶点是决定汽车车身曲面质量的根本原因，所以根据汽车车身 A 级曲面的要求，以某汽车引擎罩部分曲面为例来讨论用控制顶点评价 A 级曲面品质的方法。图 5.84 所示的是某车引擎罩曲面及其控制顶点。

由于该引擎罩前部和后部的曲率变化较大，中间部分曲率变化较小，根据曲率变化的不同将其分成 3 个曲面来光顺，而且前部和后部的曲面控制顶点较为密集，而中间部分的控制顶点稀疏。该引擎罩总体呈梯形，所以 3 个曲面的控制顶点排列也呈梯形状，在 u 向每排控制顶点之间变化是在一条较为光滑的曲线上，总体上该引擎罩控制顶点排列根据特征变化而呈现出规律性的变化。

为了保持曲面内部的连续性，每个曲面在 u、v 两个方向补片数都为 1，即用 Bézier 曲面表示。前部（左侧）曲面根据曲率变化大的特点在 u 向较小的区域内采用 5 次（6 排控制顶点），而后部曲面在 u 向曲率变化稍缓，所以采用了 4 次（5 排控制顶点），中间曲面在 u 向较大的区域内则采用 4 次（5 排控制顶点），每个曲面的控制顶点都分布在该曲面的同一侧，所以这些都符合 A 级曲面的光顺要求。

在相拼接的 u 方向上，每一排控制顶点相对齐，而且在接近拼接边界的各 3 个控制顶点（或者 4 个控制顶点）满足或者近似满足曲率（或者挠率）连续的条件。这样可以使得相拼接曲面之间的位置误差、相切误差和曲率误差尽量减小，也便于后续的光顺工作。

如果将图 5.84 中间曲面的控制顶点按照图 5.85 所示情形排列，可见其控制顶点有些紊乱，但是所得到的新曲面与原曲面最大偏差为 0.37mm，对车身曲面光顺来说该精度满足要求。中间曲面与右侧曲面之间的相切误差为 0.06°以上，该误差较大，不满足要求。而图 5.84 中间曲面的排列可以使得曲面之间的相切误差达到 0°，这不但满足要求，而且使得这几个拼接曲面联合与其他曲面进行拼接时的误差也能控制在极小的范围内，从而提高拼接的质量和效率。

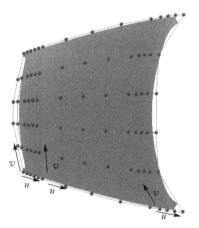 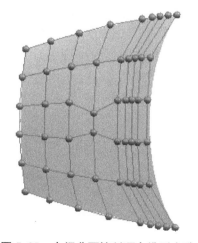

图 5.84　某车后引擎罩曲面及其控制顶点　　图 5.85　中间曲面控制顶点排列紊乱

曲面的控制顶点不但从正面看去要排列有序，而且从侧面看去也应该与曲面的形状相一致。图 5.86 所示为侧面看去的发动机罩中间曲面控制顶点排列，左图曲面圈中的两个控制顶点沿法向下移，而周边的控制顶点适当上移，所得曲面与原曲面最大偏差为 0.47mm，右侧曲面与该曲面拼接后曲率梳检查，发现曲率梳出现异常波动。

造成这种情形的原因是左侧曲面拼接方向的控制顶点在法向没有按照曲面的特征形状进行合理排列，所以尽管曲面与原曲面偏差不大，但由于要满足拼接的连续条件，使得右侧曲面出现了异常波动。

而图 5.87 控制顶点排列规则，右侧曲面向左侧曲面拼接时容易满足连续条件，则右侧曲面拼接后有较高的品质。

所以，在光顺评价时一定要从曲面的正面和侧面两个交叉的方向来看曲面控制顶点的排列，曲面不仅要贴近点云，而且其控制顶点在两个交叉方向上要按照点云的走势有规则地排列，这样不仅单个曲面品质高，而且对后续的曲面拼接有利，并能提高曲面的光顺质量和效率。

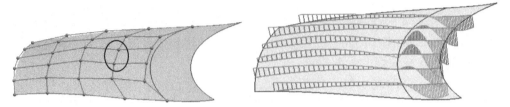

图 5.86　曲面控制顶点的法向排列及其曲率梳检查

图 5.87　理想曲面控制顶点法向排列及其曲率梳检查

5.5.2　利用曲率梳对 A 级曲面进行评价

利用曲率梳评价 A 级曲面实际上是在曲面上取一系列的断面曲线，对断面曲线的曲率梳进行分析，从而评价曲面本身及曲面间连续性的品质。

Bézier 曲线的曲率是曲线单位切矢对弧长的变化率，其绝对值可以用下式来表达

$$\kappa = |\boldsymbol{t}'| = \left|\frac{\mathrm{d}\boldsymbol{t}}{\mathrm{d}s}\right|$$

式中，κ 是曲线的曲率绝对值；t 是曲线某点的单位切矢；s 是曲线的弧长。

在一般参数表示下，曲线的曲率可以为

$$\kappa = \frac{|\dot{\boldsymbol{p}} \times \ddot{\boldsymbol{p}}|}{|\dot{\boldsymbol{p}}|^3}$$

式中，$\dot{\boldsymbol{p}}$、$\ddot{\boldsymbol{p}}$、$\dddot{\boldsymbol{p}}$ 分别为曲线在某点对参数 u 的一阶、二阶、三阶导数，且

$$\overset{(k)}{\boldsymbol{p}}(u) = \frac{u!}{(n-k)!} \sum_{j=0}^{n-k} \Delta^k \boldsymbol{b}_j B_{j,n-k}(u) \quad k=1, 2, 3$$

利用曲率梳分析曲面断面线就是检验曲率梳外缘的变化情况和拼接曲线之间曲率梳的情况，首先用曲率梳分析单条曲线的品质。一条曲线要求曲率梳没有扭曲和波浪，外缘平坦，或者从一端向另一端逐渐变化。

相拼接的曲线，根据其几何连续的条件，有图 5.88 所示的几种情况。图 5.88(a)所示的是曲线位置(G^0)连续的曲率梳检查情况。可以看出，当曲线只满足位置连续时，只有拼

接处的控制顶点重合,曲线曲率梳则在连接处有夹角,而且一般来说其外缘高度也不相同。在光顺实践中,除非是曲面的特征要求这样,否则一般是不允许出现这种情况的。图5.88(b)所示的是曲线相切(G^1)连续的曲率梳评价情况。在拼接处两曲线的控制顶点重合,左侧曲线右端两控制顶点与右侧曲线左端两控制顶点共线,曲率梳在公共点处没有夹角,但是其外缘高度存在差距。除非曲面特征要求这样,否则这种情况在高可见区的曲面也是不允许出现的。

图5.88(c)所示的是曲线曲率(G^2)连续的曲率梳评价。这种情况下,两曲线在拼接处控制顶点排列符合曲率连续的几何条件,曲率梳在公共点处没有夹角,而且曲率梳外缘也是等高的,对于A级曲面来说,这种情况是可以接受的。图5.88(d)所示的是理想的曲率连续的曲率梳评价。此时曲线的控制顶点排列接近三阶(挠率)连续的几何条件,曲率梳在公共点处没有夹角和差距,而且曲率梳外缘也是光滑过渡的,是理想的曲率连续情况。所以对于A级曲面构建来说,这是一种理想情况。

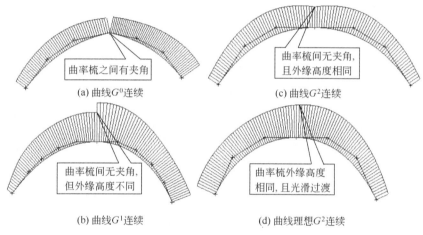

图 5.88 曲线连续的评价

图5.89所示的是某车门曲面曲率梳评价的情况。从图中可以看出,车门由几个曲面拼接而成。对于单个曲面来说,其曲率梳在u向平坦,没有扭曲和波浪,v向曲率梳从一端到另一端由大到小逐渐变化。拼接曲面之间的曲率梳都是曲率连续的,而且大多是理想的曲率连续。由于曲面在u方向上比较平坦,曲率变化小,所以沿着曲面的u方向曲率梳变化很小,其外缘具有相同的形状。而沿着v方向曲率变化较大,所以曲率梳由大到小逐渐变化,呈现出从一种形状向另一种形状的均匀光滑过渡。

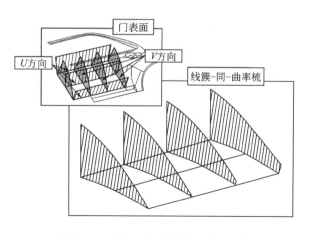

图 5.89 某车门曲面及其曲率梳评价

无论从每个曲面还是曲面之间的连续性来看都可以看出该车门曲面具有良好的品质。

如果在评价时或者在光顺阶段发现曲率梳不符合A级曲面的要求,则要从相关曲面的控制顶点查找其问题,并进行修改,直到完全满足要求为止。

5.5.3 利用斑马线(反射线)评价 A 级曲面

在光顺评价的实践中,对于多个相拼接的曲面,有的曲面平坦(曲率很小),有的曲面弯曲(曲率很大),在用曲率梳评价时难以找到合适的放大系数。所以工程上也经常用斑马线(反射线)来评价 A 级曲面的品质。反射线法是用日光灯照射到车身曲面上来检查车身曲面光顺性的一种方法。用直线近似表示日光灯,如图 5.90 所示,设其参数方程为

$$q(t) = q_0 + tq_d \quad t \in R$$

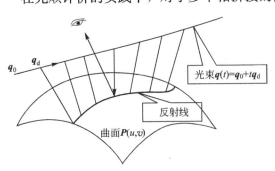

图 5.90 反射线模型

式中,q_0 为直线上的一点;q_d 为直线的方向矢量;R 表示实数集合。

设给定的曲面为 $P(u, v)$,视点为 v,对于曲面上一点 $P(u_0, v_0)$,该点到视点的反射光方向 r 为

$$r = v - P(u_0, v_0)$$

因为入射角等于反射角,进入该点的入射光方向应为

$$s = -r + 2(r, n(u, v))$$

在参数 (u, v) 处,若以 $P(u_0, v_0)$ 为始点,以 s 为方向的射线(称为入射光线)和 $q(t)$ 相交,说明日光灯发出的光线照射在曲面 $P(u, v)$ 上可以反射到视点,称这样的点 $P(u_0, v_0)$ 为 $q(t)$ 在曲面上的反射点,该束光线反射点的集合为一条反射线。

那么平行的、等间距的日光灯 $q_i(t)$ 在曲面 $P(u, v)$ 上得到一组反射线,利用反射线的品质可以评价曲面的光顺性。

首先,在车身外表面中,单个曲面的曲率变化平缓,斑马线的走向应该很光顺,粗细变化均匀。图 5.91(a)所示为某车型前挡风玻璃大面,该曲面斑马线粗细均匀或者变化均匀,斑马线之间间隔均匀。而图 5.91(b)所示的曲面斑马线出现波浪状,所以曲面品质较差。

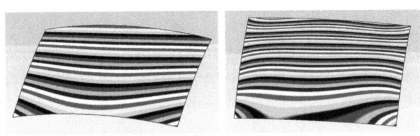

(a) 斑马线分布均匀,曲面有极高的品质　　(b) 斑马线分布混乱曲面品质较差

图 5.91 某车前风挡玻璃曲面

图 5.92 所示的前挡风玻璃曲面斑马线出现紊乱,在上部中间位置出现漩涡,显示其品质极差。

对于曲面相拼接,用图 5.93 所示的两个曲面拼接后的斑马线情况来说明。在图 5.93

(a)中的两曲面是位置连续,所以其斑马线在公共边界处的斑马线相互错开。在做 A 级曲面时,除非特征要求这样,否则一般是不允许的。图 5.93(b)中两个曲面是相切连续的,两曲面的斑马线是对齐的,但是斑马线之间在拼接公共边界处有尖角,一般的 A 级曲面大面拼接也是不允许的。图 5.93(c)所示的是两曲面曲率连续的情况,这时的斑马线在拼接处是光滑过渡的,一般的 A 级曲面必须达到这样的要求。图 5.93(d)所示是理想的曲率连续情况。

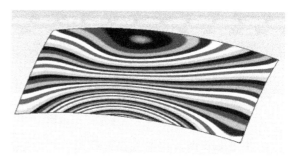

图 5.92　前挡风玻璃曲面斑马线紊乱,出现漩涡,品质极差

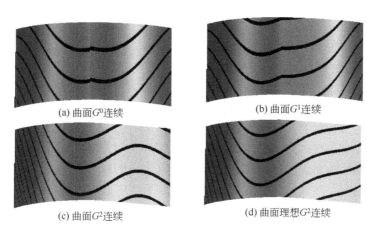

(a) 曲面G^0连续　　　　　　(b) 曲面G^1连续

(c) 曲面G^2连续　　　　　　(d) 曲面理想G^2连续

图 5.93　曲面连续的斑马线评价

图 5.94　某车后备门大面斑马线评价

如果斑马线不符合 A 级曲面要求,要从相关曲面的控制顶点查找原因,并进行修正,使其满足 A 级曲面的要求。

图 5.94 所示的是某车后备门曲面的斑马线评价情况。由图中可以看出,该车的后备门曲面斑马线及其间隔均匀,在过渡曲面处的斑马线及其间隔是逐渐变化的。连接处的斑马线是"S"形状的,这说明曲面间连续至少在曲率连续以上,表示该曲面具有很好的品质。

5.5.4　利用曲率颜色图评价 A 级曲面

利用控制顶点、曲率梳和斑马线虽然可以较好地对曲面进行评价,但是对于要求极高的高级轿车 A 级曲面来说还有些欠缺,所以工程上有时用曲率颜色图来对曲面进行评价。在自由曲面的曲率颜色图评价中,常用的曲率有这样几个:高斯曲率、平均曲率、最大曲率、最小曲率。

过曲面的一点有无数条曲面的截面线,通常这些截面线的曲率是不相等的。在该点处这些截面线的法曲率中有一个最大值 κ_{max} 和一个最小值 κ_{min}，高斯曲率 K 和平均曲率 H 可以用下式表示

$$K = \kappa_{max}\kappa_{min} = \frac{LN - M^2}{EG - F^2}$$

$$H = \frac{\kappa_{max} + \kappa_{min}}{2} = \frac{EN - 2FM + GL}{2(EG - F^2)}$$

式中，$E = p_u^2$；$F = p_u p_v$；$G = p_v^2$，$L = p_{uu} n$；$M = p_{uv} n$；$N = p_{vv} n$，其中 n 为曲面在该点的单位法矢。

用曲率颜色图评价曲面品质就是将曲面的曲率用颜色显示出来，调整其参数，使曲率颜色变化处于要检测位置处。如果颜色变化自然，那么说明该区域的曲率变化均匀。如果该区域颜色变化不自然，或者呈现跳跃，则该处的曲面曲率变化异常，需要对该处的曲面进行调整。

曲率颜色图可以用来评价曲面相拼接的情况，图 5.95 给出了两曲面相拼接的示例，下面来分析其各阶连续情况。

图 5.95 所示的是两曲面连续的高斯曲率评价情况。图 5.95(a) 是两曲面位置连续，由图中可以看出，当曲面位置连续时，两拼接曲面在边界处有剧烈的颜色变化。图 5.95(b) 是两曲面相切连续的情况，可以看出两曲面拼接边界处的颜色变化比位置连续时要好些，但还是有比较大的变化，所以该处仍然有明显的分界线。图 5.95(c) 是两曲面曲率连续的情况，这时的两曲面颜色变化比较均匀，看不出明显的分界线，这是做 A 级曲面的基本要求。图 5.95(d) 是两曲面理想的曲率连续情况，两曲面的拼接处完全没有分界线，颜色过渡自然，品质非常好。

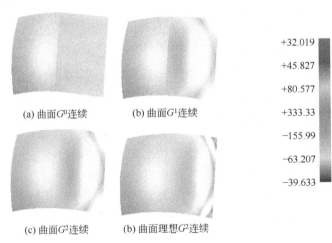

(a) 曲面 G^0 连续　　(b) 曲面 G^1 连续

(c) 曲面 G^2 连续　　(b) 曲面理想 G^2 连续

图 5.95　曲面连续的高斯曲率评价(单位：mm^{-1})

在光顺评价过程中，如果发现曲面高斯曲率图颜色发生异常变化，同样要从相关曲面的控制顶点的排列位置查找问题，并进行修改，直到满足要求为止。

如果是对多个曲面进行整体分析，那么一般来说用高斯曲率和平均曲率比较合适。图 5.96 所示的是某车前翼子板高斯曲率分析示例。在颜色变化剧烈的地方，曲率值的变化大，反之则小。由分析可见，该翼子板总体来说无论是大面内部品质还是面与面之间的拼接都是比较好的，因为其颜色变化是根据曲面曲率大小的变化而逐渐变化的，没有突变的

地方，所以曲面的总体品质非常好。

如果是对曲率变化比较剧烈的曲面进行评价，则用最大曲率比较合适。如图 5.97 所示，用最大曲率评价同一个翼子板时的情况。由图可见，右侧曲率较小，所以其颜色基本一致，而在左侧曲率变化比较显著处，其颜色变化比较大，这样容易发现大曲率曲面，以及曲面之间的品质是否符合 A 级曲面的要求，该图左侧显示大曲率处曲面有良好的品质。

图 5.96　某车前翼子板高斯曲率分析图（单位：mm^{-1}）

如果想评价小曲率曲面处的质量，则用最小曲率颜色图比较合适。图 5.98 所示就是用最小曲率颜色图来对同一个翼子板曲面进行评价的。由图可见，右侧曲面的曲率相对来说较小，所以曲率颜色变化较大，对于曲面及其之间的关系暴露得比较明显，而左侧曲面由于曲率大，所以其颜色变化就不很明显，所以用最小曲率颜色图来评价是合适的。该图也显示，右侧小曲率曲面有很高的品质。

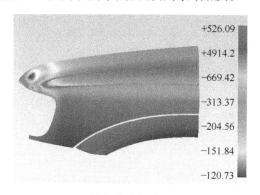

图 5.97　用最大曲率颜色图对某翼子板进行评价（单位：mm^{-1}）

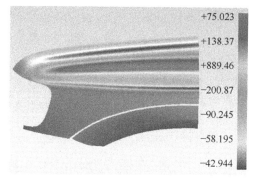

图 5.98　用最小曲率颜色图对某翼子板进行评价（单位：mm^{-1}）

5.5.5　曲面拼接连续性精度的评价

在工程实践中，除了对 A 级曲面进行上述的评价之外，还要对曲面拼接连续性的精度进行评价。一般的 A 级曲面拼接连续性精度包括位置连续、相切连续和曲率连续三项内容。对于高可见 A 级曲面，位置连续的最大偏差值小于 0.002mm，相切连续的最大偏差值小于 0.02°，而曲率达连续的最大偏差值小于 0.5mm^{-1}。

当然，曲面的曲率连续和理想曲率连续也不是必须的，如有的过渡曲面比较小，或者为了造型特征的要求有时可设计为相切连续。在一些少可见部位，对于曲面的几何连续性次数和精度也可以适当放宽。

5.5.6　A 级曲面质量综合评价标准及权重

对于前述曲面的评价，根据其各自在评价中的作用，用百分制来建立一个综合评价体系。

对于汽车车身 A 级曲面,在评价的时候首先要关注其基本曲面。基本曲面的内部质量及其连续性评价可以从曲面 u、v 两个参数方向的补片数目、阶次、控制顶点的排列及其截面线的曲率梳、斑马线和高斯曲率图颜色变化等方面着手。因为基本曲面还要影响后续过渡曲面的构造和连续性,在评价体系中占有重要的位置,所以给出了 50% 的权重。

过渡曲面内部质量及其连续性同样也可以从曲面 u、v 两个参数方向的补片数目、阶次、控制顶点的排列及其截面线的曲率梳、斑马线和高斯曲率图颜色变化等方面着手。相比基本曲面来说,其要求相对低些,所占比重也低,所以只给出了 35% 的权重。

如果基本曲面和过渡曲面构造得准确,那么基本曲面和过渡曲面的连续性评价只用曲率梳、斑马线和高斯曲率图来评价即可,所以其占的比重最低,仅有 15%。

需要特别指出的是,无论是基本曲面还是过渡曲面,造成其质量好坏的根本原因是曲面控制顶点的排列,而斑马线、曲率梳和高斯评价则是其表象,所以在评价体系中增加了基本曲面控制顶点排列的权重。

表 5-3 给出了各项评价内容的评价标准和权重。

表 5-3　A 级曲面评价标准及权重

评价内容		评价标准	权重	
基本曲面	基本曲面内部质量	曲面在 u、v 两个参数方向是单片体,控制顶点小于等于 6 排。	10%	50%
		控制顶点在曲面的同侧,排列均匀或变化均匀,并按照点云走势排列,易于满足后续拼接的连续条件。	15%	
		曲面任意截面线的曲率梳形状一致,或者变化呈规律性; 斑马线间隔均匀或变化均匀; 高斯曲率图颜色均匀自然,或者变化自然。	5%	
	基本曲面之间的连续性	相拼接的曲面控制顶点对齐,满足拼接的连续条件。	10%	
		拼接处两曲面任意截面线曲率梳外缘高度相等,且光滑连接; 斑马线对齐,且没有尖角,呈光滑连接; 高斯曲率图颜色均匀自然,或者变化自然。	5%	
		曲面拼接最大误差 $G^0 < 0.002mm, G^1 < 0.02°, G^2 < 0.2mm^{-1}$。	5%	
过渡曲面	过渡曲面内部质量	曲面在 u、v 两个参数方向是单片体,控制顶点小于等于 6 排,极少数曲面在和基面拼接边的方向可以在 8 排内。	5%	35%
		控制顶点在曲面的同侧,排列均匀或变化均匀,易于满足拼接连续条件。	5%	
		曲面任意截面线的曲率梳形状一致,或者变化呈规律性; 斑马线间隔均匀或变化均匀; 高斯曲率图颜色均匀自然,或者变化自然。	5%	
	过渡曲面之间的连续性	相拼接的过渡曲面控制顶点对齐,满足拼接的连续条件。	10%	
		拼接处两过渡曲面任意截面线曲率梳外缘高度相等,且光滑连接;斑马线对齐,且没有尖角,呈光滑连接; 高斯曲率图颜色均匀自然,没有突变。	5%	
		曲面拼接最大误差 $G^0 < 0.002mm, G^1 < 0.02°, G^2 < 0.5mm^{-1}$。	5%	

(续)

评价内容	评价标准	权重	
基本曲面与过渡曲面的连续性	拼接处两过渡曲面任意截面线曲率梳外缘高度相等,最好光滑连接; 斑马线对齐,且没有尖角,呈光滑连接; 高斯曲率图颜色均匀自然,没有突变。	10%	15%
	曲面拼接最大误差 $G^0<0.002$mm, $G^1<0.02°$, $G^2<0.5^{-1}$。	5%	

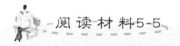

车身曲面质量的评价指标

随着对计算机图形学研究的逐步深化,先进的CAD软件和计算机硬件的飞速发展使得车身曲面的设计、车身曲面质量的评价可以全部在计算机中完成。传统的车身曲面质量评价往往依赖于用三维数据加工出来的1:1树脂模型,或者是对快速成形样件等实物模型的评价,使车身开发的周期长,开发成本高。因此,综合分析研究影响车身曲面质量的各方面的指标,对于建立基于CAD软件平台的车身曲面质量评价方法、评价流程有着重要的意义。

高质量的车身曲面首先必须具备精确性、光顺性及连续性;其次曲面还应很好地符合造型设计师的设计意图,符合美学的基本要求;最后,好的车身曲面还必须同车身的结构设计、车身制造工艺相结合。这里对车身曲面质量评价的5个指标,即曲面的设计精度、曲面的内部质量、曲面的连续性、曲面整体协调性、曲面是否满足车身结构设计及车身制造要求。

1. 曲面的设计精度

曲面的设计精度是指两个相邻曲面片之间在边界上的距离误差和角度误差,在确定曲面设计精度时不仅要考虑CAD软件的设计精度,同时要考虑车身曲面零部件的制造精度。

通常要求车身外表面及内饰中仪表板相邻曲面间距离误差在0.025mm以内,角度误差在0.5°以内。车身内部曲面距离误差在0.025mm以内,角度误差在1°以内。但是,当面片很小或曲面的内弯曲半径很小时,为防止消耗大量时间调整误差,曲面的要求可适当放宽:曲面内弯曲半径在3~5mm时,相邻曲面角度误差可放宽到1°;曲面内弯曲半径小于3mm时,相邻曲面相切角度可放宽到2°。

2. 曲面内部质量

曲面的内部质量是指构成车身的各曲面,尤其是构成车身的各大主曲面(如前围、侧围、后围及顶盖等曲面)的光顺性。由于主曲面是构成车身曲面的最主要的元素,因此对各大主曲面的质量分析至关重要。

对于曲面的光顺评价,通常是通过检验曲面上的 u、v 方向的参数曲线、曲面与一组等间距的平行平面的相交截面线、曲面创建时的网格线等关键曲线的光顺性,以及曲面的主曲率、高斯曲率、平均曲率的变化是否均匀等方法建立。评价曲面光顺性的准则具体归纳为以下几点。

(1) 曲面的 u、v 等参线达到光顺。
(2) 构造曲面时的网格线达到光顺。
(3) 曲面与某一组等间距且平行的平面的相交截线达到光顺。
(4) 曲面的高斯曲率变化均匀。
(5) 二次曲面的主曲率在结点处的左、右曲率差的跃度和尽量小。

一般说来，车身主曲面的变化会引起几个相邻曲面的变化。因此应仔细考虑曲面的缺陷在哪。

3. 曲面的连续性

高质量的曲面都是由高质量的曲线构成的，通常曲面质量的好坏取决于曲线质量的好坏。曲面的连续性与曲线的连续性非常相似，下面首先对曲线的连续性进行说明。

曲线之间的连续关系有 4 种：曲线不连续、曲线点连续（G^0）、曲线相切连续（G^1）及曲线曲率连续（G^2），可以用两条曲线的曲率梳的相互关系说明 4 种连续的本质区别。

相邻两个曲面与某一组等间距且平行的平面的相交截线对于质量要求最高的车身 A 级曲面应该达到曲率连续，车身 B 级曲面要求达到曲线相切连续，对于车身 C 级曲面允许点连续，曲线不连续在实际设计中不允许存在。

同曲线的连续性相对应，两个相邻曲面之间的连续关系也有 4 种。

(1) 不连续，这种情况通常不允许存在。
(2) 点连续（G^0），两个曲面的相接边界的距离误差为零，这种情况在车身 C 级曲面（如车身内部结构件表面）中允许存在。
(3) 相切连续（G^1），两个曲面在相接边界上相切连续，这种情况通常在车身 B 级曲面（如外表面中的低可见区域及内饰的大部分曲面）中允许存在。
(4) 曲率连续（G^2），两个曲面在相接边界上曲率连续，这通常是车身 A 级曲面的基本要求。

两个主曲面之间的倒角过渡曲面需要进行曲面连续性质量分析。

4. 曲面的整体协调性

在很多情况下单个的车身主曲面质量没有问题，相邻曲面之间的连续性可能也没有问题，但曲面间反映造型的特征线的过渡及曲面整体的变化趋势是否符合造型师的设计意图，从美学的观点看是否达到完美，这些是曲面整体协调性要考虑的内容。

曲面的整体性评价关注的是车身曲面整体的光顺性、协调性、一致性，而不是局部、单个曲面。曲面的整体协调性评审的不是单个零部件的曲面质量，而是多个零部件之间的相互关系。在曲面的整体协调性评价中还要考虑相关多个部件曲面之间的面差、缝差的美观性。

曲面的整体协调性在 CAD 软件平台中，通常用下列方法进行评价。

(1) 用等距截面线的曲率梳进行检测，通常要求各截面线的曲率梳的趋势均匀变化。
(2) 曲面的高光线分析法，在 CATIA V5 软件平台上，该方法在曲面上沿切线和法线生成可显示的曲线。通过曲线的光顺性判定曲面的协调性。
(3) 斑马线分析法，通过观察条纹在曲面上的反射曲线的光顺性来判定曲面的质量。

在实际的曲面质量评价中必须综合运用以上方法，期望用一种分析方法就找出曲面的瑕疵是不现实的。

5. 曲面满足车身结构设计、车身制造的要求

1) 满足国家标准、行业标准及企业的相关标准、法规

为了达到高标准的车身曲面质量应避免重复劳动。在曲面创建的过程中对相关的标准、法规应该进行同步校核。准备发布、冻结的车身曲面一般应该满足以下相关的标准法规。

(1) 与汽车灯光有关的国家标准、企业标准。

(2) 与汽车视野有关的标准(汽车前方视野、后方视野、前支柱障碍角)。

(3) 与人体工程学有关的相关标准(如仪表盲区校核)。

2) 满足车身结构设计的相关要求

确保曲面零部件的可制造性、易装配性是曲面设计的一个细节问题,它是一个很花时间的工作。尽管这些细节部分仅仅只占曲面设计工作内容的 10%~20%,但却要消耗 80%~90% 的工作精力。下面列出的是要求在车身曲面创建过程中必须进行校核、验证的内容。

(1) 车身结构实现的可行性检查。为保证车身结构设计人员设计出来的产品达到造型设计师的最初设想,车身所有零部件之间的间隙、面差等的公差必须确定处于工程上可以实现的范围内。在开发过程中,车身结构设计师与 A 面创建工程师就这方面应该进行互动交流,使最终发布的车身曲面既能保证车身结构设计要求,又能达到造型设计师的要求。

(2) 结构设计的基本要求。为保证车身结构设计的要求,对即将发布的车身曲面还有以下审核:要求曲面有加厚特性,以便生成实体;曲面应可进行有规则的延长(延长部分不会产生不规则的扭曲),以便使将来结构设计人员方便地生成实体模型的扩展部分;曲面在创建时要超出曲面的边界,车身主曲面要求创建到理论的交线上,超出部分可以作为备份曲面予以保留。

(3) 曲面的完整性。曲面的完整性主要检查曲面是否有未经过修剪、相邻曲面之间有重叠的部分,是否还有缺面、漏面的情况,曲面之间是否还有未倒角情况等。

3) 满足车身制造工艺的要求

为保证车身零部件能够方便地制造,在车身曲面的设计过程中对于钣金冲压件必须考虑冲压方向、脱模角度,对于塑料件也要考虑脱模方向及脱模角度。只有对这些基本要求在设计过程中进行了充分的校核后才能保证车身曲面零部件在将来的制造过程中不会出现质量问题。

6. 结束语

对于车身曲面的质量评价指标,曲面的设计精度考核的是曲面的精确度;曲面的内部质量考核的是曲面的光顺性,尤其是针对车身主曲面的光顺性;曲面的连续性考核的是相邻曲面间光顺过渡的连续性;曲面的整体协调性则关注的是曲面能否反映造型设计师的设计意图、是否符合美学的要求;最后,高质量的车身曲面还必须满足车身结构设计、车身制造的基本要求。

对于车身曲面质量评审应该由一个评审小组来完成,小组成员应该包含经验丰富的曲面创建工程师、车身造型设计师,以及车身结构设计师。曲面创建工程师主要负责对曲面的精确度、曲面的光顺性进行评价,造型设计师主要负责曲面的整体协调性及与美学有关的相关评价,车身结构设计师主要负责曲面的结构设计可行性、制造可行性的评价。

➡ 资料来源:夏卫群. 车身曲面质量的评价指标研究. 汽车科技,2005(5).

5.6 汽车车身零部件的划分

汽车车身曲面必须整体光顺，即将整个车身光顺完成并检查无误后才可以进行其零部件的边界划分。在5.3节中某汽车后备门和后挡风玻璃的光顺进行了简单的介绍，曲面光顺后即划分零件只是为了说明光顺的过程，实际上在光顺时要完整地光顺后再划分零部件的边界。

之所以要这样做是因为光顺时整个车身是一个整体，如果一个一个地对零件进行光顺，最后拼凑起来的车身曲面没有整体性，影响车身曲面的光顺质量和效率。

下面以光顺好的某车身外表面为例，给出其零部件边界的划分方法。

光顺好的某汽车外表面及其点云如图5.99所示。

利用点云上已有的特征找出零部件的边界曲线，对光顺后的曲面进行剪切即可得到车身的零部件边界。这里仍以后备箱盖为例进行说明。

首先总体地研究一下后备箱盖的边界曲线的光顺。后备箱盖边界大概有6条，分别如图5.100所示。每条边界曲线处理好后，曲线之间用光滑圆角过渡。其中边界1、2、3和5可以分别用

图5.99 某汽车光顺后的车身表面与点云

一条曲线拟合，而边界4和6由于小的特征存在，每个边界需要分成几段来处理，然后各段之间也用光滑的圆角进行过渡。需要注意的是，边界3、4和边界5、6是关于汽车坐标系XOZ面对称的，所以在光顺时可以仅光顺一侧，另一侧则用对称获得。待整个边界处理好后，可以用光顺好的边界曲线对光顺的曲面裁剪以得到后备箱盖，在此基础上可对后备箱盖进行结构设计。另外，在处理每条边界曲线时还要注意周边零部件的等距问题。

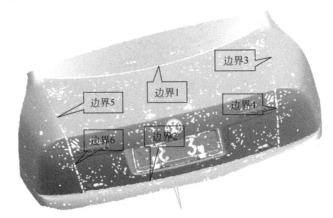

图5.100 后备箱盖边界曲线光顺的总体考虑

先光顺与后挡风玻璃交界处的后备箱盖边界(即边界1处的边界曲线)，光顺该条边界曲线可以用插入样条曲线的方式。注意：插入的样条曲线取单段(即Bézier曲线)，曲线的

次数要尽量低(如2~3次即可)。次数低可以方便调整,而且曲线也不会出现振荡现象。待曲线插值调整后可以查看曲线与点云上后备箱盖边缘的贴合程度,如果有差距,可以进行调整,同时开启曲线的曲率梳以从俯视图和后视图方向观察曲线曲率梳是否符合车身造型的要求。

图5.101给出了这两个方向的曲线曲率梳检查情况,可见曲线有较好的品质,并且曲线和后备箱盖的贴合程度很好。

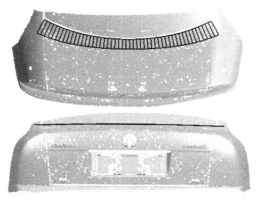

图5.101　后备箱前端边界曲线的插值与两个垂直方向的曲率梳检查
(上图:俯视方向边界曲线曲率梳检查;下图:后视方向边界曲线曲率梳检查)

众所周知,后备箱是一个对称件,虽然现在构建的边界曲线看上去基本对称,但在光顺或者设计时应保证其理论上绝对对称,所以接下来就要对该边界线进行对称处理。

曲线的对称和曲面的对称道理相同。首先将调整后的边界线升阶,使其控制顶点数为双数。如这里的边界线是4次(5个控制顶点),可将曲线升阶到5次(6个控制顶点)。

将曲线的控制顶点处产生相应的点,将曲线对称面一侧(如右侧)的点删除,然后将左侧的点对称(复制)到右侧,并将边界曲线右侧的3个控制顶点定位在对应的点上,这样该边界曲线就是左右对称的,如图5.102所示。

用同样的方法可以光顺出与保险杠相接(边界2)处的边界曲线。

后备箱盖两侧的边界曲线可以仅光顺一侧,另一侧的边界曲线可以用对称的方法获得。这里以左侧的边界曲线(即边界5和6)为例说明。

边界5也用插值的办法获得边界曲线。边界6则要分成3段处理,然后各段之间用光滑的圆角连接,再用光顺好的边界线对曲面进行划分即可。

图5.102　边界曲线的对称

1. 思考题

(1) 用ATOS对车身进行测绘有哪些注意事项?

(2) 车身点云要进行哪些处理？
(3) 简要说明汽车车身坐标系是怎样建立的。轿车和货车的坐标系在绘图时有什么不同。
(4) 简要说明在点云上如何寻找汽车坐标系。如何将汽车坐标系对正到系统坐标系。
(5) 汽车车身有哪几种曲面？各有什么要求？
(6) 汽车车身曲面的基本曲面在光顺时有什么要求？
(7) UG 软件中提供了哪些过渡曲面构造方法？它们的连续性是怎样的？
(8) 试阐述基本曲面理论交线在过渡曲面构建中的作用。
(9) 对称曲面如何构造？特征消失如何处理？
(10) UG 软件中提供了哪些评价曲面质量的工具？如何利用这些工具评价曲面的品质？
(11) 什么是参数连续？什么是几何连续？曲线相切连续的几何条件是什么？
(12) 如何利用曲面的评价工具评价其连续性？

2. 操作题

(1) 试将图 5.103 所示的点云进行三角化处理，并对其进行简化、圈选等操作。
(2) 试着将处理好的图 5.103 所示点云导入 UG 中，并将其后行李厢盖光顺并划分出边界。
(3) 建立图 5.104 所示轮包的曲面。

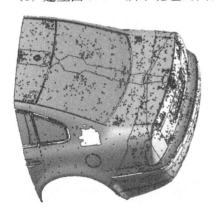
图 5.103　点云图

图 5.104　轮包

(4) 找一个整车的点云，试着找出其坐标系，并将车身坐标系和系统坐标系对正。

第 6 章
汽车车身反求设计实例

本章学习目标

★ 了解汽车车身覆盖件冲压成形技术；
★ 掌握车身表面反求与零部件的划分；
★ 汽车零部件的结构设计。

本章教学要点

知识要点	能力要求	相关知识
汽车车身覆盖件冲压成形技术	了解汽车车身覆盖件冲压成形技术	车身覆盖件质量要求、结构特征和冲压成形的变形特点，覆盖件拉深方向的设计原则
车身表面反求与零部件划分	掌握车身表面反求与零部件划分	某轻卡驾驶室反求与零部件划分
车身零部件结构设计	掌握零部件结构的设计方法	车门设计方法、仪表板设计方法

本章学习方法

本章学习时，首先了解汽车车身及其附件的冲压成形技术，如质量要求、结构特征、变形特点和拉深方向的设计原则。在此基础上，选取某些车身或附件的点云进行反求，反求时注意所建模型符合其制造工艺要求、车身结构的功能要求和人机工程学要求，同时兼顾美观。

导入案例

图 6.1 所示是某轻卡驾驶室点云图，图 6.2 左图所示是设计好的车门外板，右图是车门内板、玻璃升降器及门锁装配图。

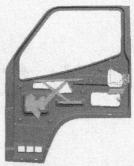

图 6.1　某轻卡驾驶室点云数据　　图 6.2　车门外板与内板、玻璃升降器、门锁装配图

在学习了曲面的光顺与评价方法后就可以对汽车车身曲面进行逆向设计，但仅有这些还不够，还要以此为基础进行车身零部件、内外饰件的设计，这包括表面反求，根据反求后的表面并结合车形的要求进行结构设计，进行人机工程学校核，对某些运动件进行运动校核等。

本章将用某卡车车身及其附件的实例来说明车身的计算机辅助设计方法。

资料来源：王婷婷，宋涛. 山东理工大学毕业设计资料，2010年．

6.1　汽车车身覆盖件冲压成形技术简介

汽车覆盖件大都是空间的曲面结构，而且形状也很复杂，所以在冲压变形中变形复杂，规律不易掌握，出现的质量问题也多。在车身结构设计时要多掌握些冲压成形方面的知识，以便提高设计水平。

6.1.1　汽车覆盖件质量要求

一般来说，汽车覆盖件应满足这样的一些要求。

（1）尺寸精度要求高（包括轮廓尺寸、孔位尺寸、局部形状等各种尺寸），保证装焊的准确性，也保证外观形状的统一和美观。

（2）形状精度要求高，使其符合造型师的造型要求，否则脱离主模型，不能体现造型风格。

（3）表面质量不允许有起皱、凹痕、擦伤等缺陷，棱线清晰，曲线过渡应该圆滑均匀。

（4）有较好的刚性，也就是材料要有足够的塑性变形。同时汽车行驶中受振时不能有较大的噪声。

(5) 所设计的车身结构要有良好的工艺性,即在一定的生产条件下能够较容易地安排工艺和模具设计,并且要经济、安全和稳定地保证产品质量。

6.1.2 汽车覆盖件的结构特征

在进行车身结构设计时,如果能知道车身结构形状和尺寸对其在冲压过程中各部位变形特点的影响,将可以对一些关键性问题在设计阶段进行考虑,并采取一定的措施,从而可以在一定程度上提高设计水平,也能解决生产中出现的质量问题。

为了分析冲压中出现质量问题的根本原因,首先要分析组成汽车覆盖件的结构特征,然后在此基础上分析其变形特点。

在板料成形理论和技术中,对直壁轴对称形状零件、直壁椭圆形状零件、曲面轴对称形状零件、圆锥体形状零件及盒形零件等在冲压成形中的变形特点,主要冲压工艺参数的确定等已经基本可以定量化计算,冲压条件、模具、板材冲压性能等因素对这些零件冲压成形的影响规律也已基本比较明确。所以,可以将复杂的汽车覆盖件结构分解为若干个基本形状。

这些基本形状有:直壁轴对称形状(含直壁椭圆形状)、曲面轴对称形状、圆锥体形状和盒形状等。每种形状又可以分解成法兰形状、轮廓形状、侧壁形状、底部形状等结构特征元素。

对汽车覆盖件结构进行分解可确定基本形状和结构特征元素的主要变形特点,然后将相邻的基本形状之间的影响综合考虑,在设计时对成形重点难点制定防止对策。表 6-1 列出了汽车覆盖件的不同特征结构元素。

表 6-1 汽车覆盖件的结构特征元素

部位	部位形状	图例	主要受力情况
法兰形状	平面法兰	平面法兰	法兰上的毛坯径向受拉应力作用,$\sigma_r>0$;外凸形轮廓及邻区的质变部分的 $\sigma_\theta<0$,内凹形轮廓及邻区的直边部分的 $\sigma_\theta>0$。
	上凸形法兰	上凸形法兰	法兰上,$\sigma_r>0$,上凸部分在压边时就有 $\sigma_\theta>0$;成形时会有剪应力存在。
	下凹形法兰	下凹形法兰	法兰上,$\sigma_r>0$,下凹部分在压边时就有 $\sigma_\theta>0$;成形时有 $\sigma_\theta<0$,并有剪应力存在。

(续)

部位	部位形状	图例	主要受力情况
法兰形状	多平面法兰	平面法兰、斜平面法兰、平面法兰	斜平面法兰上 $\sigma_r>0$，较低处 $\sigma_\theta<0$，较高处 $\sigma_\theta>0$。
	综合性法兰	下凹法兰、上凹法兰、平面法兰	不同部位的应力状态不同，可分为上凸部分、下凹部分及平面部分等。
轮廓形状	圆形轮廓	r	法兰部分为变形区，变形区内 $\sigma_r>0$，$\sigma_\theta<0$。
	椭圆形轮廓		法兰部分为变形区，变形区内 $\sigma_r>0$，$\sigma_\theta<0$，但分布不均匀，曲率小的部分 σ_r 较小，曲率大的部分 σ_r 较大。
	长圆形轮廓		直边部分以弯曲变形为主，$\sigma_r>0$，圆弧部分以拉深变形为主，$\sigma_r>0$，$\sigma_\theta<0$。
	矩形轮廓		直边部分以弯曲变形为主，$\sigma_r>0$，圆弧部分以拉深变形为主，$\sigma_r>0$，$\sigma_\theta<0$。
	局部内凹形轮廓	内凹法兰	在内凹法兰部分，毛坯径向和切向均受拉应力 $\sigma_r>0$，$\sigma_\theta>0$。

(续)

部位	部位形状	图例	主要受力情况
侧壁形状	直壁	直壁	直壁为传力区,受力状态为 $\sigma_r>0$,$\sigma_\theta>0$。
侧壁形状	斜面侧壁	斜面侧壁	既是变形区变形的传力区,本身也是变形区,靠近底部的受力状态为 $\sigma_r>0$,$\sigma_\theta>0$;靠近凹模口部的受力状态为 $\sigma_r>0$,$\sigma_\theta<0$。
侧壁形状	台阶侧壁	台阶侧壁	该部分形状成形初期为斜面侧壁,成形后期成形出台阶形状,受力状态为 $\sigma_r>0$,$\sigma_\theta<0$。
底部形状	平面底部	平面底部 法兰	底部胀形成形时,受力状态为 $\sigma_r>0$,$\sigma_\theta>0$。
底部形状	局部成形底部	局部成形底部 法兰	该部分产生胀形变形,受力状态为 $\sigma_r>0$,$\sigma_\theta>0$。
底部形状	外凸形曲面底部		该部分在拉深成形初期就产生变形,受力状态为 $\sigma_r>0$,$\sigma_\theta>0$。
底部形状	内凹形曲面底部		该部分在拉深成形后期产生变形,受力状态为 $\sigma_r>0$,$\sigma_\theta>0$。
底部形状	台阶形底部		深度深的部分在拉深成形初期就产生变形,受力状态为 $\sigma_r>0$,$\sigma_\theta>0$。深度浅的部分在拉深成形后期产生变形,受力状态为 $\sigma_r>0$,$\sigma_\theta>0$。

6.1.3 汽车覆盖件冲压成形的变形特点

汽车覆盖件冲压成形中,结构特点是决定变形和冲压难易的主要因素。为避免毛坯变形中出现问题,现在分析表6-1中汽车覆盖件结构特征元素的变形特点。

1. 法兰形状

平面法兰在冲压成形过程中的毛坯流动速度、变形量、变形分布等根据轮廓的变化而变化。对外凸轮廓部分,法兰毛坯的变形以拉深为主,是压缩类变形;内凸轮廓部分法兰毛坯变形以胀形为主,是伸长类变形。

有上凸部分的法兰零件在冲压过程中冲模上也相应地有上凸形状,这可能在冲压过程中产生多余材料而形成折皱,而且压料面上的材料在凹模内的流动速度不均匀,该部分材料可能产生一定的切向拉应力。

与上凸形法兰相比,下凹形法兰在冲压成形时压料面形状对凹模内部分毛坯产生的效果在总体上是相同的,但法兰上下凹部分材料会产生切向压应力。

多平面法兰是指冲压件的法兰由多个平面组成。倾斜的平面法兰毛坯比水平的平面法兰毛坯受到模具压料面的阻力要小,材料容易流入凹模,但是不易产生塑性变形,对高平面法兰部分的材料有带动流动作用,材料内产生剪应力和剪应变。在两平面相交呈现下凹交界处,毛坯在变形过程中产生多余材料,而在两平面相交的上凸处材料变薄。

对于综合性法兰则是由多平面与曲面组合而成的,其变形特点和毛坯流动可参照上述几种情况进行分析。

2. 冲压件的轮廓形状

对于圆形轮廓,如果法兰的底部均为平面形状,且侧壁为轴对称,在同一圆周上变形是均匀分布的,法兰上毛坯产生拉深变形。如果法兰形状为非平面,那么变形根据法兰的变化而变化。

椭圆形轮廓法兰上毛坯的变形为拉深变形,但是变形量和变形比沿着轮廓形状作相应的变化。曲率越大的部分,毛坯塑性变形量越大,曲率越小的部分,毛坯塑性变形量越小。

长圆形轮廓法兰的圆形部分以拉深变形为主,直边部分以弯曲变形为主,两部分交界处有剪切变形。

矩形轮廓冲压件在成形时直边部分法兰上毛坯以弯曲变形为主,转角部分法兰上毛坯以拉深变形为主,直边和转角之间的流动速度有差别,故在两部分相交区域产生剪切变形。

局部内凹轮廓法兰在成形过程中局部内凹轮廓部分的变形为两向伸长变形,而其他部位为拉深变形。

3. 侧壁形状

直壁毛坯上的材料进入凹模后成为冲压件的侧壁,其主要作用是向变形区传递变形力,通常不产生塑性变形。

冲压件的侧壁为斜面时,在冲压过程中侧壁悬空,直到成形时才贴模。在成形时这种零件侧壁的不同部位变形特点不同,侧壁部分在径向受拉应力作用,从而产生伸长变形;靠近中央部位毛坯切向受拉应力,产生伸长变形,该部位属胀形成形;靠近凹模口部分毛坯切向受压应力,产生压缩变形,该部位变形属拉深成形,所以斜面侧壁成形属拉深-胀形复合成形。

对于台阶侧壁冲压件,在成形时侧壁部位先是被径向拉深形成斜面侧壁,在成形最后阶段才完成冲压件形状,该部位一般先胀形,以利于提高零件表面质量。

4. 底部形状

对于平面底部,在拉深成形时该部位通常不产生塑性变形,刚性较差,这样表面形状的精度不易保证。如果胀形成形,则会产生双向伸长变形。

局部成形部位一般产生胀形变形。

外凸曲面底部在成形时通常从开始就产生一定程度的胀形变形。

内凹曲面底部在成形时通常在最后阶段产生一定程度的胀形变形。

台阶形状底部在成形开始时有极度不均匀的变形分布,在台阶变化部分的侧壁容易存在诱发切应力,产生剪切变形,甚至形成折皱或材料堆积。

由于汽车覆盖件在冲压成形时的变形非常复杂,这就要求在设计时从结构上和工艺上采取措施,使其向有利的方向转变。

冲压件的结构尺寸是决定毛坯变形方式和变形性质的主要因素,所以在进行结构设计时要充分考虑其冲压工艺性。在冲压过程中,车身结构的尖角、小圆角、曲率剧烈变化的轮廓、深度变化太大的形状等在冲压成形时使得毛坯的变形分布非常不均匀,变形集中严重,很难控制变形的趋势。因此在设计时要避免尖角,对最小圆角作出限制,如最小圆角半径不小于3mm(当然这与设计的结构具体情况有关),深度变化尽量小等。如果由于功能需要使得冲压件工艺不良,则通过设计合理的工艺补充和压料面来改善形状尺寸。

其他改善覆盖件冲压成形的措施还有改变工艺流程顺序,改变压料面作用力的大小及分布,改变毛坯的贴模过程和改变冲压成形条件等,可以根据具体的情况采取适当的措施。

6.1.4 车身覆盖件拉深方向的设计原则

在汽车覆盖件设计过程中要确定拉深方向,即确定零件在模具中的3个坐标位置;拉深方向选择得是否合理直接影响到拉伸件的质量和模具结构的复杂程度。拉深方向不合理会使得拉深过程无法进行,故确定拉深方向是设计过程中一项十分重要的工作。

汽车覆盖件拉深成形时,所选择的拉深冲压方向会影响到凸模是否进入凹模、毛坯的最大变形程度、是否能最大限度地减小拉深件各部分的深度差、是否能使各部分毛坯之间的流动方向和流动速度差比较小、变形是否均匀、是否能充分发挥材料的塑性变形能力、是否有利于防止劈裂和起皱等质量问题。

在进行车身结构设计时,选择拉深方向的原则有这样的几条。

(1) 将拉深件的所有空间形状一次拉深出来,没有凸模不能进入的"死区",即要凸模能全部进入凹模。这主要表现在冲压件的某部或局部呈凹形或需要反方向成形的情形,为保证凸模能够完全进入凹模,要特别注意在设计时使拉深方向满足于凹形或反方向成形的要求。如图6.3左图所示,若选择冲压方向 A,则凸模不能全部进入凹模,造成零件右下部的 $α$ 区域(阴影区域)成为"死区",不能成形出所要求的形状。选择冲压方向 B 后,则可以使凸模全部进入凹模，使零件的全部形状成形。图 6.3 右图表示按拉深件底部的反成形部分最有利于成形而确定的拉深方向，如果改变拉深方向，就不能保证 90°角。

图 6.3　拉深方向确定

（2）尽量减小拉深深度差，使材料流动和变形分布的不均匀性减小。图 6.4(a) 所示深度差大，材料流动性差；而按图 6.4(a) 中所示的点划线改变拉深方向后成为图 6.4(b)，使两侧的深度相差较小，材料流动和变形差减小，有利于成形。图 6.4(c) 所示是对一些左右件利用对称拉深一次成形两件，便于确定合理的拉深方向，使进料阻力均匀。

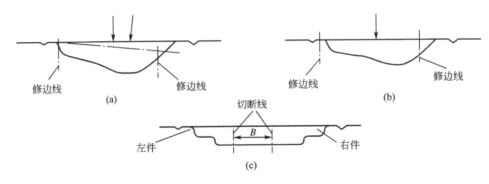

图 6.4　拉深方向与拉深深度的确定

（3）凸模和毛坯的初始接触状态良好，以使得毛坯与凸模之间的相对滑动减少，从而提高冲压件的表面质量。

点接触或线接触容易造成局部材料胀形太大，从而发生冲压破裂。为避免出现这种情况，在车身结构设计时，可使得凸模与毛坯的接触面积尽量大，如图 6.5(a) 所示。

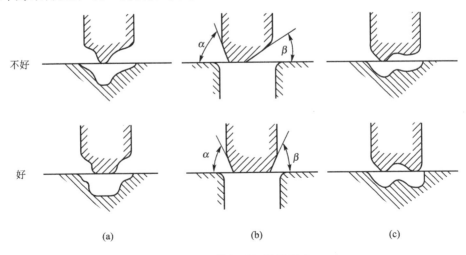

图 6.5　凸模与毛坯接触状态

在凸模两侧的包容角尽可能相等（α＝β），即凸模的接触点邻近冲模的中心，而不是向一侧偏离，这有利于拉深过程中法兰上各部位材料较均匀地流入凹模内，如图 6.5(b)所示。

凸模与毛坯的接触点要多而且分散，并尽可能使得接触点均匀分布，这可以防止局部变形过大，引起毛坯与凸模表面产生相对滑动，如图 6.5(c)所示。

(4) 有利于防止表面缺陷。对一些表面件，为了保证其表面质量，在选择拉深方向时对重要的部分要保证拉深时不产生偏移线、颤动线等表面缺陷。

阅读材料6-1

汽车车身冲压工艺仿真及发展趋势

车身覆盖件冲压仿真经过了多年的发展已经进入工业实用阶段，在提高产品质量，降低制造成本，缩短开发周期方面发挥了越来越大的作用。今后需要继续深入地开展研究工作，最终建立应用于覆盖件冲压成形仿真分析的成熟技术方法和系统，为覆盖件成形工艺规划和冲压模具的设计制造提供指导，进而降低成本，缩短生产周期，提高产品竞争力。

今后冲压工艺仿真发展趋势如下。

(1) 继续完善回弹算法，提高回弹的计算精度，继而研究减少回弹量、补偿回弹量的有效方法。

(2) 进行完整工序的仿真，对拉深工序后可能出现的缺陷进行预报，便于研究成形过程对车身覆盖件抗凹性和抗疲劳性的影响。

(3) 研究合理而准确的仿真建模方法。

(4) 建立覆盖件冲压成形数据库，该数据库应包含冲压成形类型、材料参数、摩擦润滑参数、压力机设置参数等内容。建立这样的数据库可以有效地指导冲压生产。

(5) 拉深筋阻力模型也是当今车身覆盖件冲压仿真领域的一个研究热点。

(6) 开发功能较强的优化系统，根据有限元仿真发现的缺陷有效地对加工成形工艺或模具进行修改，这也是目前冲压仿真领域的主要研究方向。

▶ 资料来源：李福禄，田福祥．汽车覆盖件冲压工艺及其仿真软件的现状与发展．汽车工艺与材料，2005(7)．

6.2 汽车车身表面反求与零部件划分

本节通过某卡车驾驶室点云反求出其外表面，在逆向的基础上对内部结构进行正向设计，以此来讨论利用 UG 软件进行车身设计的方法。

6.2.1 驾驶室外表面的反求

在得到驾驶室的点云后，首先要将点云对正到汽车坐标系下（可参见 5.2 节），以便于后续处理。坐标对正后不要急于开始拟合曲面，而是先对其有一个整体的特征分块。

图 6.6 所示为某轻卡驾驶室三角化后的点云。首先驾驶室应该分成前围、侧围、后

围、顶盖等几部分并分别进行反求，在反求各部分的同时必须考虑各部分之间的过渡连接问题，特别要注意角域(顶盖4个角与前围、侧围、后围的角域)的处理。另外车门等开闭件在反求时要和所在的位置其他曲面统一处理，等大面处理好以后再根据点云提取边界曲线，以裁剪出车门外形，并据此进行内部结构设计。在这个过程中必须在反求开始就计划好曲面构建的先后顺序，并熟悉反求的重点和难点所在，这有利于保证曲面的光顺质量和效率，完成之后即可将驾驶室各部分进行反求。

下面看侧围的反求。图 6.7 所示为某驾驶室侧围点云，下面分析一下侧围点云的特征。驾驶室的侧围由车门、门框和后侧围外板组成，但是在侧围外表面反求时不能分开来反求，而应该作为一个整体，按照其曲面特征反求，同时不要考虑局部特征。如图中所示可以将曲面分成 3 个大的基本曲面，然后在曲面之间进行连接。

图 6.6 某驾驶室三角化后的点云

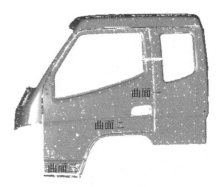

图 6.7 侧围点云

在基本曲面反求时，一般先将点云利用【分析】|【形状】|【截面分析】命令产生截面线。执行该命令，弹出图 6.8 所示的对话框。在对话框的上方栅格的类型可以根据需要选择合适的类型。接下来是面或小平面体的选择，再下面是截面规格。接下来是截面间距，即在水平(H)和竖直(V)两个方向上剖切面之间的间距，这两个间距可以根据曲面点云的大小和复杂程度设置并锁定。再下面是锚点，也即剖切面的起始位置。再下面是截面分析，可以将剖线的曲率梳打开，以便观察剖线的性质，从而了解曲面或点云的品质。当然这里运用其来产生剖面线，所以在设置好上面的各项后可以得到图 6.9 所示的对驾驶室侧面点云进行剖切的准备情况。图中左下角为锚点，拖动锚点可以改变分析线的位置。此外还有 3 个方向，分别为水平方向(H)、竖直方向(V)和法向(N)，拖动某方向的箭头可以使得分析线沿着该方向移动；在这 3 个方向之间还存在可以使得分析线进行旋转的小球，拖动任意两轴之间的小球，则分析线绕着第三轴旋转。操作这些选项，使得分析线在合适的位置。

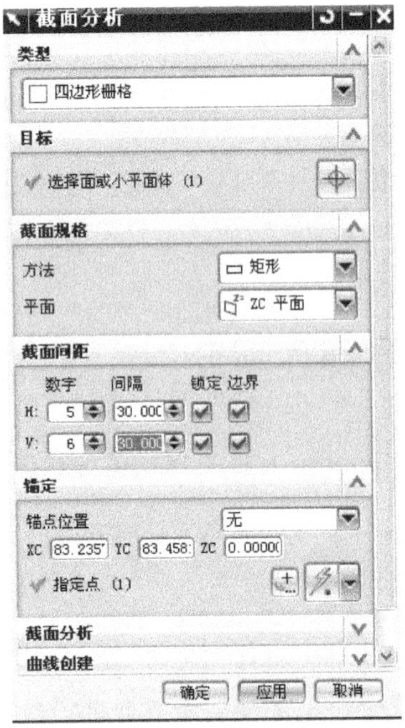

图 6.8 【截面分析】对话框

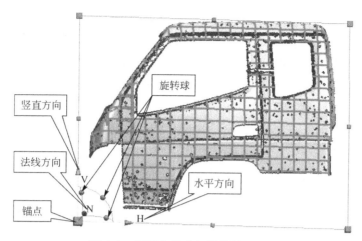

图 6.9　侧围点云分析线的构建准备

单击最下面的【创建剖面曲线】按钮，单击【确定】或【应用】按钮即可在点云上产生分析线，并在分析线处产生曲线。将分析线删除，仅剩下曲线，该曲线是由点云产生的曲线，可以认为代表了点云所在的位置。

用【插入】|【曲面】|【四点曲面】命令插入曲面，利用【分析】|【形状】|【截面分析】命令在新建曲面上创建分析线（与截切点云使用同一组分析线），利用【X 成形】命令对曲面进行控制顶点的调整，使新建曲面的分析线和点云上对应的曲线逐渐逼近，同时在调整时注意曲面的整体光顺性，即随时检查曲面的斑马线或曲率梳是否满足要求。

图 6.10 所示为某侧围的一曲面控制顶点的调整情况。图中浅颜色网格线为所做曲面的分析线，在调整曲面时该网格线随曲面的变化而变化，深颜色的网格线为截切点云时产生的实际曲线。当两者之间最大的偏差在可以接受的误差范围内时可以认为该基本曲面光顺完成。

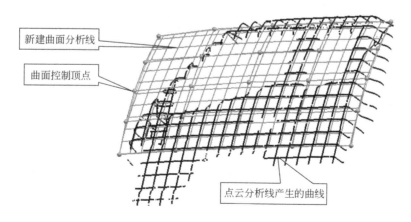

图 6.10　侧围曲面一控制顶点的调整

对于外表面来说，既要满足造型要求和光顺要求，也要满足与点云贴合的精度要求。在贴合精度可接受的前提下尽量地光顺出符合特征的反求曲面。

用同样的方法将曲面二和曲面三反求出来后，下一步进行局部特征的反求。如横穿侧

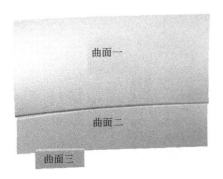

图 6.11 光顺好的侧围大面

围前后的筋和曲面二和曲面三之间的台阶。最后对基本曲面之间进行圆角过渡，得到的侧围曲面如图 6.11 所示。

对于驾驶室的前围，也是先对曲面进行分块分析，如图 6.12 所示。从点云可以看出，前围非常复杂。但是在反求前围时先不要考虑挡风玻璃处的局部特征，而将前围分成两个大的曲面，一是过两个风窗侧立柱和风窗上部做一个大面（曲面四），下部做一个曲面（曲面五）。光顺好的曲面如图 6.13 所示。所做前围大面要左右对称。

将左侧围根据驾驶室左右对称面进行对称，对称后与前围反求过渡曲面。图 6.14 所示为反求前围和侧围过渡曲面前的准备。在反求前要检验前围和侧围大面的交线品质，可以开启交线曲率梳进行评价。如果有问题，则检查前围和侧围大面的控制顶点排列是否有序，每排（列）控制顶点是否按照点云在该方向的曲率变化排列，排与列之间的间距是否均匀或变化均匀，并对控制顶点进行调整，直到交线的品质良好再反求过渡曲面。过渡曲面的构建方法可见 5.3.3 节。

这里需要注意的是，选择的过渡曲面方法必须使得曲面之间几何连续性能达到曲率或以上连续。求出过渡曲面并将大面裁剪后的数字模型如图 6.15 所示。

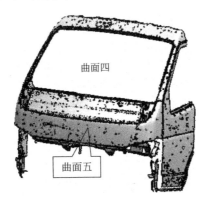

图 6.12 驾驶室前围点云分析

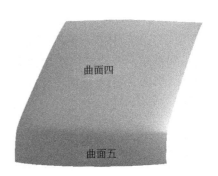

图 6.13 光顺后的前围大面

图 6.14 反求前围和侧围过渡曲面前的准备

图 6.15 前围和侧围及其过渡曲面

在将前围、侧围连同过渡曲面做好后再来反求前围的局部特征，然后用相关的曲面对大面进行裁剪，得到图 6.16 所示的前围和侧围模型。

用同样的方法光顺出后围和顶盖等大面，并将基本曲面间的过渡曲面光顺好，得到整个驾驶室的外表面数字模型。光顺后的外表面数字模型如图 6.17 所示。

图 6.16 反求出局部特征的前围数模

图 6.17 反求后的驾驶室外表面数字模型

6.2.2 驾驶室零部件的划分

在完成了驾驶室外表面的光顺后对驾驶室的各部分进行划分，并以此为基础进行零部件的结构设计。在设计时一是注意各个零件之间的连接；二是注意冲压工艺性，特别是预先确定冲压方向；三是要注意结构合理，增加刚度强度，减小用料。

车身零部件的划分是在点云上插值零部件分缝线，然后对表面进行裁剪得到的。裁剪时需要特别注意的是，每一条平坦的曲线最好用 3 个控制顶点（两次）的 Bézier 曲线插值，这样得到的曲线是单凸的，便于边界的控制。如侧围车门外板玻璃框的边界可以分别在比较平坦的位置拟合 Bézier 曲线，每条曲线都是 3 个控制顶点，如图 6.18 所示，这样可以保证每条曲线都单凸。

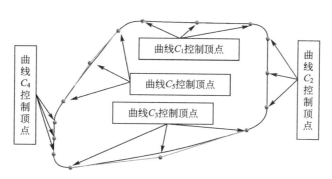

图 6.18 车门外板玻璃框边界的拟合

图 6.19 所示是车门外板玻璃框边界较平坦部分的曲线曲率梳。由图可见，每条曲线的曲率梳都在外侧，说明每条线都是单凸的。

在各条曲线之间需要桥接，桥接的几何连续性分成两种情况：一是相切连续，二是曲率连续。对于外表面一般要求其几何连续性为曲率或者以上连续。桥接曲线的方法可参见 4.6 节，连续性的检查可参见 5.5.2 节。

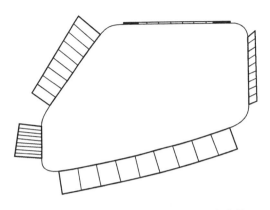

图 6.19　车门外板玻璃框边界曲线曲率梳

在划分车身外表面的分缝线时要注意通常缝隙是等距的，这在车身（特别是轿车）制造时有很高的要求，所以在逆向设计时必须在理论上保证分缝线等距。这里以车门与门框之间的分缝线为例加以说明。

图 6.20 所示为某驾驶室侧围车门与门框之间的分缝情况。首先按照前面的方法将车门的分缝边界给出。要获得门框的分缝线，可以利用车门的分缝线边界在曲面上求出与该线等距的曲线。UG 中给出的该操作命令为【插入】|【来自曲线集的曲线】|【在面上偏置】，执行该命令，得到图 6.20 左边的对话框。

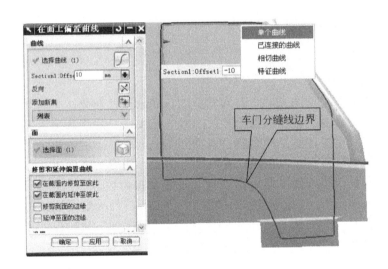

图 6.20　驾驶室侧围车门与门框分缝

对话框的上部是选择步骤：第一步选择要偏置的曲线，即选择步骤的第二项；第二步选择曲线所在的曲面。

选择曲线时注意，选择一条曲线后，软件自动地将与该曲线相切连续的连接曲线全部选取，并且自动选择曲线偏置所在的曲面，而且自动跳到选择步骤的第一项（选择曲面项）。如果这时有的曲线不在该曲面上，那么向下的操作不能进行，可以单击第一项（选择曲线项），并将鼠标放在曲线处右击，出现图中右上角的选项，读者可以根据情况选择"单个曲线"、"已连接的曲线"、"相切曲线"或者"特征曲线"等。

对话框中选择步骤的下面则是偏置的一些偏置参数、参数值和表达式等，之前的选择在这里有所显示。再下面是偏置方式：弦、圆弧长、测量的、相切的，可以根据情况选择，这里选取"弦"方式即可。再下面是修剪和延伸偏置曲线的设置，可以根据实际情况选择。最下面是预览的启用，偏置曲线与曲面和原曲线的关联性等的设置，以及公差的预设置等。

这里设置的偏置距离可以是正值，也可以是负值。正值表示偏置的方向与箭头方向一致，负值则表示与箭头所示方向相反。

需要注意的是，如果过渡圆角部分是向圆弧外偏置的，偏置值越大，圆弧半径会越大，这不存在什么问题；如果是向圆弧内偏置的，偏置的值越大，其半径会越小，偏置过大会出现畸变。图 6.21 所示为某过渡圆角向内偏置的数值过大使得曲线过渡部分出现的畸变。出现这种情况可能是设计出现了问题。如果不是设计有问题，则必须对畸变情况进行处理。可以将过渡部分裁剪或者分割掉，然后重新桥接曲线。

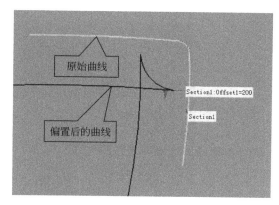

图 6.21 向圆弧内偏置值过大导致畸变

另外，曲线偏置后不在同一个曲面上的曲线之间也需要桥接，桥接的时候注意一般是曲率连续的。车门和门框分缝线偏置并桥接后的曲线如图 6.22 所示。

用同样的方法将这些分缝线找出来，并将各个零件外表面进行划分，得到的驾驶室外表面如图 6.23 所示。

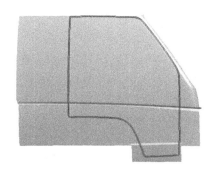

图 6.22 偏置与桥接后的车门与门框分缝线

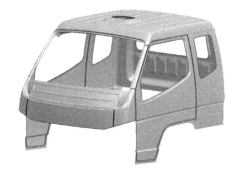

图 6.23 外表面零件划分后的驾驶室模型

划分好零部件边界后便可以进行零部件的结构设计。

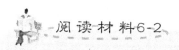

白 车 身

白车身(Body in White)是指完成焊接但未涂装之前的车身，不包括车门、引擎盖等运动件。白车身加上内外饰(包括仪表板、方向管柱、座椅、前后挡风玻璃、后视镜、翼子板、水箱、大灯、地毯、内饰护板等)及车门、引擎盖、行李厢盖和电子电器系统就组成真正意义上的车身，行内称为 trimmed body，意即装好的车身，在此基础上再加上底盘(包括发动机、变速箱、传动系统、制动系统、悬架系统、排气系统等)就组成了整车。图 6.24 所示为某轿车白车身。

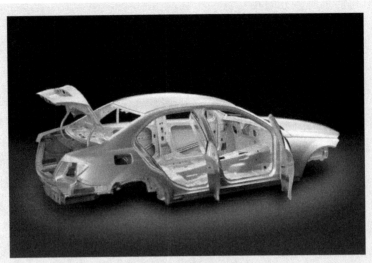

图 6.24　某轿车白车身

6.3　汽车车身零部件的结构设计

在将车身驾驶室表面光顺并划分出零部件的分缝线后便可以进行驾驶室零部件的结构设计。车身结构应满足功能要求，同时要有足够的刚度和强度，还要满足加工工艺的要求，所以车身零部件的结构设计是一项复杂的工作。

本节以车门为例讨论在外表面给出的基础上进行车身零部件结构设计的方法，以仪表板为例说明车身内饰件的设计方法。

6.3.1　汽车车门设计

1. 车门的功能要求和组成

车门是汽车车身设计中的一个相对独立的零部件，也是一个开闭件。在车门设计中其安全性尤为重要，它必须保证在车辆发生碰撞时尽可能地减少对行人和乘员造成的伤害，因此要求车门外覆盖件表面光洁、有韧性。门锁、门铰链，以及车门门体必须能够按照 A 柱－B 柱－C 柱的路线传递碰撞冲击力；碰撞后的车门必须能够轻松地不借助于任何辅助工具用手打开。鉴于侧面碰撞对乘员造成的危险性，在设计车门时注意将车门的变形限制在一定范围内，为乘员提供一个有效的生存空间，这要求车门必须具备足够的强度和刚度。另一方面，车门开关及上下车的方便性又是车门结构要满足的要求，而车门结构自身的视野性、安全性、密封降噪性等性能又对整个车身结构性能影响较大，也是车门功能要求的重要部分。

车门是车身结构中一个较复杂的总成，熟悉车门结构的功能要求和较常见的结构处理方法是车门结构设计的基础；另外，在具体的结构设计过程中，正确的方法、步骤是实现合理设计的关键，如车门总体结构的确定、附件的布置及运动的校核，结构的统一协调和强度、刚度、可靠性等方面都有一定的规律和要求。

车门可分为车门本体和附件两部分。车门本体属白车身范畴，指作为一个整体涂漆、未装备状态的钣金焊接总成，包括车门内外板、加强板和窗框等，是实现车门整体造型效果、强度、刚度及附件安装的基础框架。车门的功能要求如表6-2所示。

表6-2 车门的功能要求

功能	要 求
使用方便性	（1）开关方便性：灵活、轻便、自如，有最大、中间两档开度，并可靠限位。 （2）上下车方便性：开度应足够，一般不低于60°，或者开度不小于650mm。
视野性	（1）车门窗口及玻璃尺寸尽量大。 （2）三角窗位置、大小和形状合理。
可靠性、安全性	（1）足够的强度、刚度。不因变形和下沉影响车门开关可靠性；开关车门时没有振动噪声。 （2）部件性能可靠、不干涉。 （3）撞翻车时不自行开门，以确保乘员安全。 （4）满足侧撞时对乘员的保护要求。
密封性	雨、雪、尘不能进入车内，应具备良好的气密封性。
工艺性、维修性	（1）易于生产制造。 （2）拆装方便。

车门附件是为满足车门的各项功能要求，在白车身上装配的零件及总成，其中包括车门锁、铰链、限位器、玻璃、拉手、操纵钮、出风口、密封件及内外装饰件等，另外还有在车门上装备的其他一些附件，如烟灰盒、扬声器、放物袋、限位块和行程开关等。

车门铰链与门锁是车门承力件，开门时两铰链受力，关门时两铰链和门锁3点受力。因此，铰链、门锁的强度和刚度要求较重要，车门限位器虽然不直接承受车门重力，但起开关限位作用，与门锁和铰链在寿命、可靠性方面要求应一致。另外，玻璃升降器、锁操纵手柄、按钮等的可靠性、耐久性也不可忽视。其他附件的结构和功能一般应与主要附件的要求相适应。车门附件结构形式及功能要求如表6-3所示。

表6-3 车门附件形式及功能要求

车门附件	结构形式	功能要求
车门锁	（1）机械门锁（舌簧锁、钩簧锁、卡板锁）——手动开闭锁。 （2）中控门锁：利用控制按钮或点火锁，由驾驶员集中控制开闭的门锁。 （3）防盗门锁：根据声、光、电、磁等原理，在强行开门时以蜂鸣器或灯光报警。	（1）车内外开闭锁功能及防误锁功能，有全锁和半锁两档位置，在锁止状态下，内外手柄打不开车门，开锁时车内用按钮，车外用钥匙，有的也设有保险锁。 （2）开闭耐久性为10×10^5次。 （3）承受纵横向载荷能力，全锁时纵向11110N，横向8890N；半锁时纵向、横向都为4450N。 （4）互开率：1000种不同钥匙牙花数以上。 （5）耐惯性力：全锁状态承受30g加速度作用。

(续)

车门附件	结构形式	功能要求
玻璃升降器	(1) 臂杆式,其中单臂式、交叉式、四杆式较常用。 (2) 绳轮式 (无论臂杆式、绳轮式都有电动和手动两种形式)。	(1) 操作方便,摇手柄力矩不大于 2N·m。 (2) 结构可靠,制动力矩足够,在臂杆滚轮处沿玻璃切线方向加 300N 反力无逆转,上升行程任意位置,玻璃下沉量在 5mm 内。 (3) 强度:在上止点时,手柄上加 150N 负荷,各部位不扭曲,运动自如。 (4) 寿命:4×10^5 次耐久试验,无异常。
铰链	(1) 铰链有明铰链和暗铰链,暗铰链常用,且有内让和外让两种运动方式。 (2) 铰链具体结构形式很多,主体采用冲压件的较多。	(1) 运动范围阻力矩小于 2.45N·m。 (2) 处于关闭角度时余留角 3°以上。 (3) 载荷能力:纵向 11110N,横向 8890N。 (4) 垂直刚度:距回转中心 1000mm,加载荷 980N 持续时间 1min 永久变形在 0.5mm 内,且开关无异常。 (5) 耐久性:1×10^6 次,无异常。
限位器	有些铰链带有限位功能,也有独立安装的限位器,限位器应有两个档位,以实现全开和半开两个限位。	(1) 耐久性:5×10^5 次,试验后限位力矩不小于初始值的 50%(3×10^5 次后测量)。 (2) 限位器承受 180N·m 力矩不损坏。

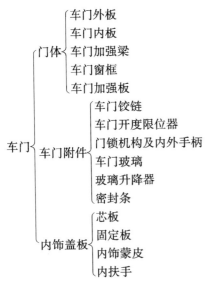

图 6.25 车门主要零部件

车门主要零部件如图 6.25 所示。

2. 车门内外板与周边零部件的配合

前面讲过,车门的外板和侧围有统一的趋势,所以光顺时将车门外板和侧围一起处理。在处理后利用点云的边界曲线将车门划分开来,见 6.2 节。

在划分好车门边界后便可以根据外表面的信息进行车门内部的正向设计。首先要清楚车门内外板之间、内外板与周边零部件之间的配合关系。

车身主断面是车身设计的基准,它表达了车身主要零部件的主断面形状特征、相关的尺寸,零件之间的装配、焊接关系。与车门设计有关的主要断面有:车门上、下铰链位置断面(断面与车门铰链轴线垂直,主要表示车门铰链、A 柱下部、车门前部之间的关系),A 柱断面(断面与侧围车门分缝线垂直,主要表示前风窗、侧围、车门前上部之间的关系),顶盖侧围断面(断面与侧围车门分缝线垂直,主要表示顶盖、侧围、车门上部之间的关系),B 柱上部断面(断面与车门分缝线垂直,主要表示车门后上部滚压件、B 柱上部、密封条之间的关系)、车门锁环位置断面(断面与车门分缝线垂直,主要表示车门锁、B 柱下部之间的关系),门槛位置断面(断面与车身 X 轴线垂直,主要表示车门与侧围门槛之间的关系),水条位置断面(断面与车身 X 轴线垂直,主要表示门内外板、内外加强板、内外挡水条、门玻璃之间的关系)。这些关系的确定必须考虑下面的原则。

(1) 满足车门与侧围之间的密封要求,保证相配合的断面能使密封条沿周边压缩量均匀一致。

(2) 保证铰链在前立柱和车门上的装配,并保证车门开关运动不干涉。

(3) 保证门锁与后立柱上的锁环配合及门锁的开关运动不干涉。

这些要求是车门结构设计的依据,也是侧围结构件设计的技术条件,只有同时满足了这些要求才能保证车门的功能和使用要求。

3. 车门内板的设计

在明确了车门与周边、车门内外板之间的配合关系之后便可以进行内板的设计。车门内板是车门的主要零件,内板冲压有各种形状的窝穴、孔洞和加强筋,其目的是为了增加车门的刚度,也是为了安装门锁、玻璃升降器、铰链和限位器等附件,而且在安装完成这些附件后还要用内饰板将其遮盖。根据需要还可以在内板上焊接加强板和支架等,以将局部的集中载荷传递到内板较大的垂直面上。

同时,内板与外板形成一个空间,在这个空间中要有足够的空间以进行玻璃升降器和门锁的运动。在进行内板设计时可以参考同类车的数据。

因为内板设计是在外表面模型的基础上进行的,所以要以外表面为依据,综合与周边配合、预留玻璃升降器和门锁等附件的安装和运动空间等信息进行设计。

在进行车门内板的具体设计时,首要的工作就是对车门内板进行合理的划分,这将直接影响后期车门设计的质量和工作进展的难易,所以是非常关键的。划分的原则:将车门划分为几个比较简单、容易输入和处理的曲面块,然后根据相关信息在计算机中生成曲面,并根据实际要求进行拼接装配,最后完成车门内板设计。针对这里的车门,设计时参考现有的几款货车车门,将车门内板划分为3大块,首先是车门窗部分,基本距离车门外板30～35mm左右,主要车门体距离外板70～90mm之间,中间为门框和门体的过渡曲面,过渡曲面可在完成裁剪后桥接生成,其与外板距离均匀变化,内板的划分如图6.26所示。

划分好内板的3个大面后,将窗框的曲面和内板本体的曲面构建出来,并在合适的位置裁剪两个曲面,然后在两个大面之间给出过渡曲面,过渡曲面与上下两个大面之间的连续性要在曲率连续或者以上。得到的内板曲面如图6.27所示。

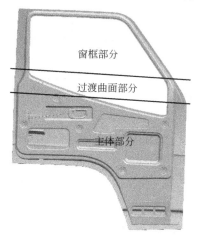

图 6.26　车门内板的划分

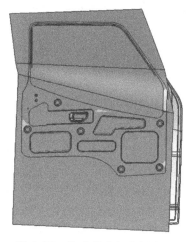

图 6.27　构建的车门内板大面

得到内板曲面后,根据外板边界、车门周边配合等信息对内板进行裁剪。首先根据这些信息得到内板的裁剪边界,同时将窗框的裁剪边界一并给出,得到图 6.28 所示的两条裁剪边界。

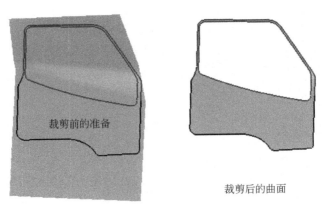

图 6.28　车门内板边界及其裁剪后的内板曲面

将内板主体裁剪出来后必须将内外板连接起来。我们知道,车门的外板将内板包起来,其截面结构如图 6.29 所示。所以可以将外板向内偏置 3 个料厚的尺寸,曲面的偏置方法可见 4.6.2 节。

偏置曲面之后,将曲面多余的部分裁剪掉。一般外板包内板大约 10mm,可以利用外板边界线在外板曲面上向内偏置 10mm,形成封闭的曲线,然后将多余的部分裁剪掉。图 6.30 给出了裁剪前的偏置曲面和偏置后的裁剪曲线,利用裁剪曲线将内部的曲面裁剪掉即可得到包裹内板的外板。然后将车门外板的外边界与相应包边的外边界用网格曲面的 2×0 方法构建曲面将两部分连接起来,并倒圆角即可。

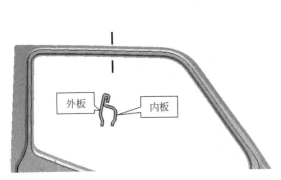

图 6.29　车门内外板的连接

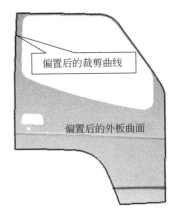

图 6.30　偏置后的外板曲面和偏置后的裁剪曲线

用曲面偏置方法同样可以得到包边处的内板,偏置的量为两个料厚,图 6.31 给出的是包边处内板的内外边界。包边处内板的外边界用车门外板外边界线偏置后的曲线裁剪。包边处的内边界则需要利用内板主体的边界求得。将内板主体的边界线采用规律延伸的方法向外延伸出曲面,这些曲面与偏置后包边内板相交,用交线将内部的曲面裁剪去,即得到包边处的内板。

当然，在利用规律延伸时，内板的上边、左边和右上部位好处理。比较麻烦的是下面和右下部位，因为从提高刚度，以及与周边配合的角度来考虑这里出现了一些台阶。这些台阶要分别处理好，等这些处理好后，与上边、左边及右上边部位形成统一的内板主体，然后一起利用规律延伸。规律延伸的操作可见 4.6.2 节。

另外这里还有两处属于特征消失的情况，特征消失的构建方法也见 5.3.5 节。

内外板形成了一个整体，接下来就要进行玻璃升降器、门锁和铰链等附件的布置与安装。

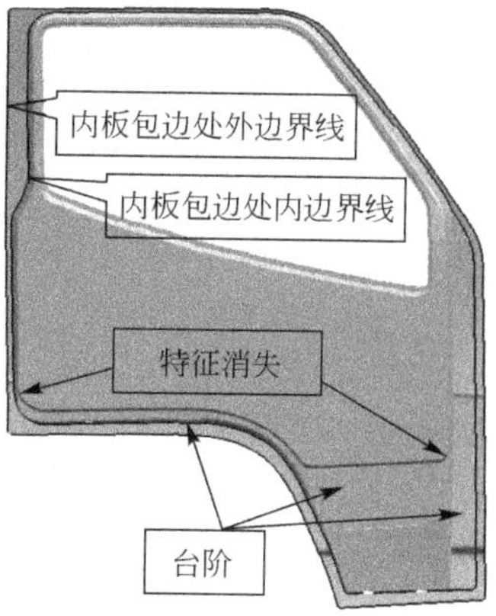

图 6.31　内板包边处的边界线

4. 玻璃升降器的布置与安装

玻璃升降器的布置和安装是车门设计的难点内容，因为这涉及窗框和导槽的结构、玻璃形状、玻璃升降器和玻璃的运动等相关信息。

窗框的结构和车门结构密切相关，车门的结构形式不同，相应的窗框结构也不同，因此应根据车门结构形式确定窗框结构。

玻璃形状是根据窗框结构来确定的。目前玻璃形状有平面、柱面和圆环面等形状，这要根据车身的外形来确定使用哪种形状。一般来说卡车的外形比较平直，可以考虑采用平面或者柱面，而轿车外形在两个方向上曲率变化较大，所以一般采用圆环面。

规则的圆柱面可以充分满足玻璃升降的要求，但规则柱面仅适用于运动方向为曲线的单曲率玻璃。为寻求双曲率玻璃曲面的一种规范化拟合方法，采用柱面的变形曲面——圆环面作为玻璃形面，如同将规则的圆柱面以一定的半径 R 弯曲为一个圆环，如图 6.32 所示，圆环的外表面即为玻璃面，确定玻璃边界后就可裁剪得到最终的玻璃。

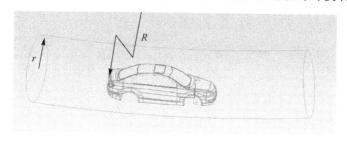

图 6.32　圆环面玻璃的设计思想

圆环面的数学方程为

$$x^2+y^2+z^2+R^2-r^2=4R^2(x^2+z^2)$$

圆环方程的基本参数如图 6.33 所示。当 R 足够大且圆环半径 $r \ll R$ 时，从圆环面上截取的玻璃曲面仍近似为柱面。玻璃的运动可以认为是一种绕圆环面中心引导线的旋转运动，其运动轨迹是与引导线成一定夹角的圆环截面线的一部分。建立的模型如图 6.34 所示。

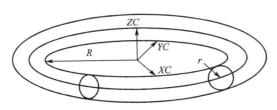
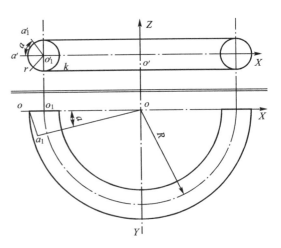

图 6.33　圆环面的基本参数　　　　图 6.34　基于参数方程的圆环面数学模型

半径为 r 的圆 K 沿圆的法向以半径 R 作旋转运动得到的曲面即为一圆环面，圆 K 为母线，圆 R 为导动线。圆环面的几何参数方程为

$$\begin{cases} x=(R+r\cos\theta)\cos\alpha \\ y=(R+r\cos\theta)\sin\alpha \\ z=r\sin\theta \end{cases}$$

式中，$0\leqslant\alpha\leqslant2\pi$，$0\leqslant\theta\leqslant2\pi$。

当圆环面上的母线圆 K 上任意点 a 绕圆 K 的圆心 O_1 等角速度旋转角度 θ 时，圆 K 绕与其共面的轴 OZ 等角速度旋转角度 α。

所以说车门玻璃形状和整车的造型形状相关，应以逼近外形，保证玻璃沿着导轨顺利地升降为原则。所谓逼近外形是指玻璃的大小、形状和车身造型所要求的窗口一致，同时使得玻璃外表面与车身外表面贴近。

图 6.35 给出了某车门的具体结构处理。截面 A-A 绘出了玻璃中心线和车门外表面

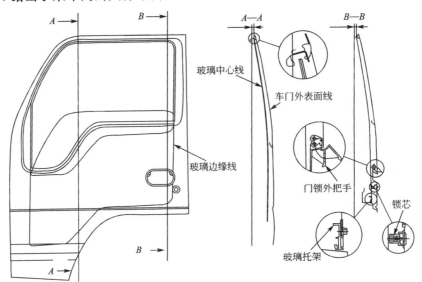

图 6.35　玻璃和窗框结构的确定

线，可以看出，为了使得玻璃和外表面逼近，玻璃中心线的曲率和变化趋势与外表面线近似，同时必须保证玻璃能够顺利地上下运动。对于卡车，通过这两个断面的玻璃中心线的位置就可以确定玻璃中心面的位置。

在布置的过程中还应该确定玻璃升降的上下极限位置，同时使窗框部分实现玻璃顺利升降，且玻璃与门锁、外手柄等不发生干涉。

对于玻璃升降器还要解决玻璃圆弧运动与升降臂直线运动之间的矛盾，该问题的解决是通过支架连接实现的。图 6.36 给出了玻璃托架和升降器臂杆的连接，其接触面采用球面，可以靠球面滚轮在槽内转动补偿两者倾斜角的差异；对于 Y 方向的窜动，可将升降器杆臂上的滚轮设计成轴向窜动，也可靠杆臂的变形实现。当然，Y 方向的窜动量和变形要尽量小，以使升降器的安装面和玻璃中心线圆弧的弦向一致，并布置在弦和弧顶中间，使变形量两侧分开。

玻璃升降器的布置应该满足玻璃上下行程的要求，同时使得受力点尽量在玻璃质心位置附近，如此才能使玻璃升降平稳。玻璃升降时，其前后导轨平行，而且应有足够的导向段，且两导轨曲率保持不变。

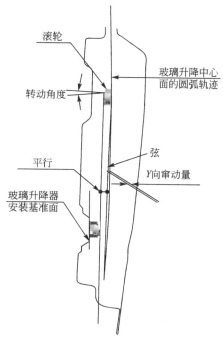

图 6.36 玻璃升降器工作示意图

根据前述的相关信息选择合适的玻璃升降器。以前玻璃升降器大多是手动升降器，升降平顺，工作可靠，无冲击和阻滞现象，无碾轧声，操纵轻便省力，具有防止手压玻璃时升降器发生逆转的制动机构。随着社会的进步，现在很多轿车上采用电动或液压等方式驱动玻璃升降器。

由于这里是某轻卡车门设计，所以选择臂式玻璃升降器。臂式玻璃升降器又分为 3 种结构：①单臂式，当玻璃前后两边平行时可以采用；②双臂，又称为交叉臂式，当玻璃前后两边不平行且前部导向段较短时采用；③四杆臂式，当玻璃前后不平行且下部形状不利于将升降器支撑点布置在玻璃质心附近时采用的形式。图 6.37 给出了这 3 种臂式玻璃升降器的示意图。

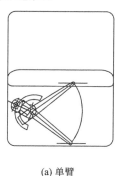 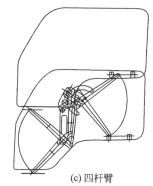

(a) 单臂　　　　　　　　(b) 双臂(交叉臂)　　　　　　　　(c) 四杆臂

图 6.37 臂式玻璃升降器的形式

考虑到实际情况,这里采用交叉臂式玻璃升降器,其典型部件和作用原理简述如下。

制动机构,通常采用弹簧涨圈式摩擦原理,一般由制动鼓、传动轴和联动盘等元件组成。

平衡机构,主要元件是一个扁平的螺旋扭簧,当摇动手柄使玻璃下降时,弹簧被旋紧,储存玻璃下降的势能。当再摇动手柄使玻璃举起时,弹簧放出能量,起平衡玻璃部分质量的作用,使举升玻璃轻便。

传动机构,包括小齿轮、扇形齿轮和传动臂。齿数和传动臂的长度等参数决定了传动机构的传动比,因而影响摇动手柄的圈数和玻璃升程之间的关系,以及操纵手柄所需的力矩大小。

图 6.38 给出了交叉臂式玻璃升降器的各个组成部件、平面位置和上下行程的极限位置。

选好玻璃升降器后,将玻璃升降器每个零部件分别进行建模。在车门内板上将安放玻璃升降器的孔洞及安装位置分别给出,然后将建好的数字模型安装上去,安装好的玻璃升降器与玻璃如图 6.39 所示。

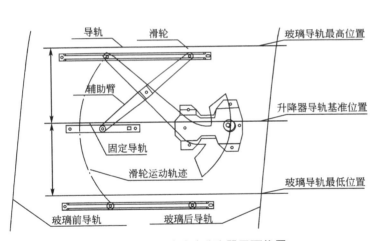

图 6.38 交叉臂玻璃升降器平面位置

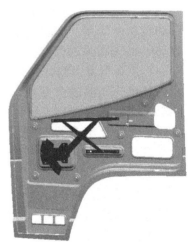

图 6.39 安装好的玻璃升降器和玻璃

玻璃升降器和玻璃安装后要进行运动校核,可以利用 UG 软件的运动校核命令进行校核,也可以利用其他软件(如 Adams)进行仿真。

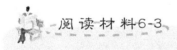

阅读材料6-3

ADAMS 仿真软件

ADAMS,即机械系统动力学自动分析(Automatic Dynamic Analysis of Mechanical Systems),该软件是美国 MDI 公司(Mechanical Dynamics Inc.)开发的虚拟样机分析软件。目前,ADAMS 已经被全世界各行各业的数百家主要制造商采用。根据1999年机械系统动态仿真分析软件国际市场份额的统计资料,ADAMS 软件销售总额近八千万美元,占据了 51% 的份额,现已经并入美国 MSC 公司。Adams 是全球运用最为广泛的机械系统仿真软件,用户可以利用 Adams 在计算机上建立和测试虚拟样机,实现事实再现仿真,了解复杂机械系统设计的运动性能。

MD Adams(MD 代表多学科)在企业级 MSC SimEnterprise 仿真环境中与 MD Nastran 相互补充，提供了对于复杂的高级工程分析的完整仿真环境，SimEnterprise 是当今最为完整的集成仿真和分析技术。

MD Adams 的发布完全支持运动—结构耦合仿真，与 MD Nastran 的双向集成可以十分便利地将 Adams 的模型输出到 Nastran 以进行更为详细的 NVH 分析或应力恢复，继而进行寿命/损伤计算。

MD Adams/Car：应用 MD Adams/Car，技术团队可以快速建立和测试整车和子系统的功能化虚拟样车。这可以帮助在车辆研发过程中节省时间，降低费用和风险，提升新车设计的品质。通过 MD Adams/Car 的仿真环境，汽车工程师们可以在虚拟环境中对于不同的路面、不同的实际条件反复测试他们的设计，从而得到满意的结果。

MD Adams/Car 包含许多的功能模块以用于多学科仿真，多学科的价值在于大大地拓广了数字分析的能力，MSC 的 MD 技术是优化的涵盖跨学科/多学科的集成，可以充分利用现有的高性能计算技术解决大量大规模的问题。多学科技术聚焦于提升仿真效率，保证设计初期设计的有效性，提升品质，加速产品投放市场。

5. 门锁和铰链的布置

门锁和铰链是车门实现开关运动、承受车门重力的主要附件。

门锁设计要满足的功能要求有：操纵内外手柄时车门能轻便地打开，关闭时门锁装置能对车门运动进行导向和定位；具有全锁紧和半锁紧两档锁紧装置，以防止汽车行驶时车门突然打开，起安全保险作用；设有锁止机构，具有防误锁作用，具有一定强度要求。

门锁按其结构大致可分为舌式、棘轮式和凸轮式。对轻卡货车设计时采用的是棘轮式门锁，其特点是锁内部有一套由锁勾(棘爪)和棘轮组成的制楔机构。在设计门锁装置的联动结构时要明确各杆的尺寸，校核其位移量，保证各操纵手柄的位移在合适的范围内，同时避免各杆件在运动时发生干涉。

在安装时，门锁一般安装在车门内板的后端(与铰链对应)，其安装高度一般希望安装在车门中间，门锁的装配位置还与车门外手柄位置有关，且外手柄高度应满足使用和整车外形要求。

在实际安装时，将选好的门锁各个零部件建模，然后根据数字模型，利用 UG 软件的 3 点拟合将其安装到位。3 点拟合的方法见 5.2.3 节。安装好的车门门锁如图 6.40 所示。

车门铰链包括固定部分、活动部分和轴。固定部分安装在门框上，活动部分安装在车门上。现代汽车一般采用暗铰链，以减小空气阻力。

车门铰链有臂式和合页式两种。臂式铰链轴安装在门柱内，故要求门柱粗大，这种铰链可以使车门开启时外移，车门不易干涉。合页

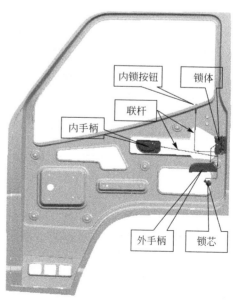

图 6.40 安装好的门锁机构

式铰链在门柱外，质量轻，刚度高，结构紧凑，装配关系也较简单，所以应用广泛。

铰链与车门和侧围采用的连接方式有3种：与车门和侧围采用螺栓连接；与车门采用焊接，与侧围采用螺栓连接；与车门和侧围都采用螺栓连接。由于焊接会引起较大的变形，现代汽车多采用螺栓连接。

铰链的布置要求上下铰链轴应该在同一条直线上，该线称为铰链中心线。铰链中心线垂直于地面或者向车内倾斜一定的角度（一般1°～3°），后者能使车门有自动关门的趋势，前或后倾角1°～1.5°。

车门或门框与铰链连接刚度不足时会出现车门下沉，所以要在车门和门柱安装铰链处设置加强板，同时车门上下铰链之间的距离要尽量加大，但受车身外形限制，间距不可能无限大，一般要求车门上下铰链中心之间的距离不小于300mm，推荐330mm以上。

车门的最大开度通常在65°～70°，这要根据上下车的方便性、上车关门后的方便性，以及车门与车身不干涉等条件确定。为了防止车门外板和车体相碰，必须对车门的最大开度进行限制，要限制车门最大开度必须使用限位器。限位器除了限制车门的最大开度外，还能够使车门在半开和全开状态时能停驻，防止自动关闭车门。

图6.41所示是一个拉带式车门限位器，图示位置显示的车门在半开状态，由于弹簧将滚轮压住拉带，没有大的开、关力车门就停驻在该位置。车门继续用力开启，滚轮克服弹簧力越过拉带凸起达到最大位置，由于橡胶限位块的限制，车门达到最大开启位置，避免与车体相碰。

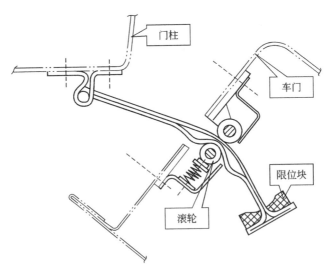

图6.41　车门拉带式限位器

6. 车门密封

车门密封包括车门与车身之间的密封和窗玻璃的密封。车门与车身之间的密封是用密封条将间隙填充，以防止水和灰尘进入车内，同时在开关车门时起缓冲作用，防止行驶时车门的振动与噪声。

密封条所用材料一般用有合成橡胶护膜的海绵橡胶，也有用硬质橡胶或SBR海绵的。材料要求弹性好，永久变形小，有良好的耐磨、耐老化，低温下不发硬，吸水率低，便于成形。密封条的截面形状有弯曲型、压缩型、复合型和空心压缩型，目前广泛采用空心压缩型。

车门玻璃升起时，门窗应有良好的密封性。门窗玻璃的密封靠玻璃导槽和横向密封条来实现。虽然有密封，但仍有少量雨水进入车门内腔，所以车门内板粘接密封膜，在车门内板下部设有 2~3 处流水槽，以防雨水和灰尘在底部沉积。

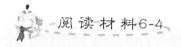

车门设计硬点

设计硬点是总布置设计过程中为保证零部件之间的协调和装配，以及造型风格要求所确定的控制点（或坐标）、控制线、控制面及控制结构的总称。这是汽车零部件设计和选型、附件及车身设计最重要的尺度和设计原则，能使项目组分而不乱，是并行设计的重要方法，一旦确定后不要轻易调整。开始粗定的硬点随着开发逐步深化变得更加"硬"起来，越接近设计终结硬点越"硬"，不要轻易改动。设计硬点是所有设计的灵魂。车身结构主断面是对车身结构方案的具体描述，分布在车身各个位置以决定车身结构设计。

车门设计总的设计原则是由外而内、先外板再内板、先断面再数模、先周边再内部的过程。主要设计硬点有外板曲面、分缝线、门锁结构、内板结构、密封间隙、铰链中心线长度姿态、玻璃升降器位置和玻璃曲面等。

6.3.2 仪表板设计

汽车仪表板是各种仪表、信号和操作开关的集成处，也是汽车的一个操纵中心。好的仪表板设计能使驾驶员感到赏心悦目，得心应手地操作，反之则可能使操作不便，甚至影响到驾驶员、乘员的生命财产安全。所以仪表板是汽车内饰件中的一个重要的部件，在设计时应给予足够的重视。

1. 仪表板设计考虑的因素

仪表板的整体设计包括安全性和舒适性两方面的内容，安全性又分为预前安全性和预后安全性，预前安全性主要从视野性和操纵性两方面来考虑。

就仪表板视野方面，如图 6.42 所示，在设计时要求仪表不能被方向盘遮挡，即仪表的可视程度应该得到满足；通常过仪表平面中心点和眼椭圆中心的连线，且仪表平面在 90°附近，看仪表中心时的视线与水平线之间的视角不能大于 30°，仪表平面与竖直面之间的夹角在 10°左右；根据美国 Henry Dreyfns 标准，仪表板的视距最大 711mm，550mm 最好，也可根据英国默雷尔给出的计算公式来计算：$D=(1.2~1.5)L$，式中 D 为仪表板最佳视距，L 为仪表板轮廓长度。

当然在实际布置时，相关尺寸要相互协调，并进行综合平衡，给出合适的结果。

仪表板上的仪表直径和数字要合适，圆形仪表的直径和视距的关系见表 6-4，刻度线高度和视距关系见表 6-5。

另外，汽车仪表板反射的光要避免与驾驶员眼椭圆相交，以避免造成驾驶员眩目；仪表板的最高点应在整车下视角界限之外，除霜口的布置应该对称、均匀外，长度也要满足除霜要求；仪表板附件不得眩目，表面最好使反射光线漫反射。

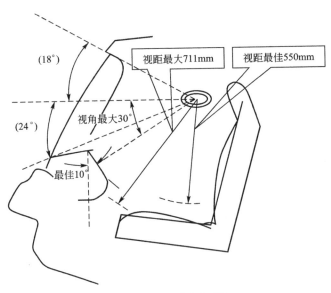

图 6.42 仪表板视野

表 6-4 圆形仪表直径和视距的关系

D \ I \ L	5	9	19	38	50	70	100	150	200	250	300	350
0.5	—	—	—	—	—	2.5	3.6	5.4	7.2	8.9	10.7	12.5
0.9	—	—	—	2.5	3.2	—	6.4	9.6	12.9	16.1	19.3	22.5
1.8	—	—	2.5	—	6.4	—	12.9	19.3	25.7	32.2	38.6	45.0
3.6	—	2.5	—	—	12.9	—	25.7	38.6	51.4	64.2	77.2	90.0
6.0	2.5	—	—	—	21.4	—	42.9	64.3	85.7	107.2	128.6	150.0

注：表中 I 为刻度显示最大数值，D 为圆形仪表直径(mm)，L 为目视距离(m)。

表 6-5 视距与文字、刻度线高度的关系

目视距离/m	文字(数字)高度/mm	刻度线高度/mm		
		最长线	中位线	最短线
0.5 以下	2.3	4.4	4.0	2.3
0.5～0.9	4.3	10.0	7.0	4.3
0.9～1.8	8.5	19.5	14.0	8.5
1.8～3.6	17.0	39.2	28.0	17.0
3.6～6	27.0	68.5	46.8	27.0

仪表板设计还应该考虑其与操纵性的关系。仪表板应使综合开关操纵手柄的操纵方便；仪表板与方向盘的最小间距应大于 80mm；旋钮的凸出长度、顶端圆弧半径、行程、操作力和旋钮间的距离应便于操作。

对于预后安全性，主要考虑这样 3 点：驾驶员的进出方便性、仪表板的软化和杂物箱的位置。要使驾驶员进出方便，就要使仪表板下端和底板之间有足够的距离，该距离一般在 500mm 以上。另外仪表板与座椅之间也要有足够的距离，并保证在紧急情况下驾驶员能顺利跳出车外。软化的仪表板在撞车时能吸收能量，可以减小损伤。杂物箱则布置在仪表板的下部，盖最好倾斜，以防撞车时杂物箱盖开启而撞到驾驶员的胸部和腹部，杂物箱的锁也要安全可靠。

2. 仪表板的正逆向设计

这里以某仪表板上部点云为依据进行仪表板正逆向设计方法的讨论。

对于汽车仪表板，获取的点云数据只有仪表板上部点云数据，因此需要采用正、逆向相互结合的办法来完成产品的设计，下面给出具体的设计流程。

1）数据获取

对仪表板前围部分使用 ATOS 进行扫描，再输入到 Imageware 软件中进行数据预处理。最后将预处理的数据以 *.stl 格式导入到 UG 软件中，导入的点云数据如图 6.43 上图所示。

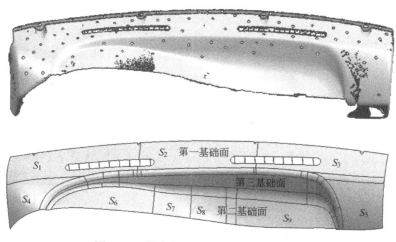

图 6.43 仪表板点云数据及曲面分块图

2）曲面片的分块

根据导入的仪表板点云和实物分析，对仪表板曲面片进行合理的分块。由分析可知，仪表板的上部和轻卡前围玻璃相配合的面（此处取名为第一基础面）较为平顺，曲面整体趋势是中间高两边低，从整个点云的曲面变化可知，此面的整体变化趋势较为平缓，易于着手初步建模，所以将此面作为设计的出发点。根据点云的变化趋势，可以将这个基础面分成 3 个相互拼接的曲面，它们是 S_1、S_2 和 S_3。另外在这个基础面上，还有 S_4 和 S_5 两个曲面，虽然它们分别与 S_1 和 S_3 之间有比较大的曲率（曲率半径小）过渡，但是在后续建模过程中，这些面一起与第三基础面求过渡曲面（图 6.43 下图），所以第一基础面包含 $S_1 \sim S_5$ 及其之间的过渡曲面。

第二基础面包含 $S_6 \sim S_9$ 4 个曲面，在第一基础面和第二基础面之间的为第三基础面。第二基础面的曲率变化非常大，所以需要进行多个分块，分块过程中按照曲率变化较小或者曲率变化较均匀的地方作为一小块进行曲面建模，最后在建面过程中进行如图 6.43 所示的分块。第三基础面的左右两端曲率变化也比较大，所以也将其分成几个曲面通过拼接组成。

3) 汽车仪表板前围设计

汽车仪表板的前部结构包括仪表板的壳体，以及安装其上的一些附件，主要的包括仪表盘、杂物箱、自然通风口、转向装置安装孔、烟灰盒、导航器、收音机及电子按钮板等。一些仪表板的烟灰盒、导航器、收音机及电子按钮板等安装在中部，仪表板的前部结构采用整体式的构造，即将仪表板前部做成一体，使仪表板的结构简练化，形体整体化，这也是现代汽车仪表板造型的发展趋势。

在规划出设计的仪表板造型之后、重构曲面之前，首先要做的是从实际生产的角度出发定义仪表板的拔模方向。正确定义产品的拔模方向是进行具体设计之前关键的一步，如果产品的拔模方向定义得不合理，不能保证所创建曲面的拔模角度，那么在后期冲压成形工艺方面将会浪费大量的人力物力。

在定义好拔模方向后，可根据拔模方向开始数模的创建。如图 6.44 所示，首先按照设计的整体造型创建出各个基本面。在创建基本曲面时要注意：为了保证仪表板的整体性及美观性，在创建曲面时应尽量保持它们的对称性和统一性，特别是靠近挡风玻璃的位置是左右对称的。如图 6.44 所示，虽然前面的几个大面被中间突起一分为二，但依然将它们建成一个面，并且同时保证它们的对称性，之后再对其进行修剪。

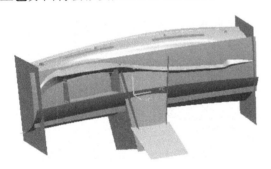

图 6.44　建立的仪表板基础面

对于此类复杂曲面的修剪要特别注意：由于 UG 软件中的【修剪】命令总是保留一部分，去掉另一部分，所以对于曲面中间要裁剪一部分，同时留下一部分的情况要特别注意。图 6.45 给出了这种情况的一个例子，左图是裁剪前的情况，由图中可知大圆外的部分和小圆内的部分保留，而大小圆之间的部分要裁剪去，右图则是裁剪后的情形。对于这种情况，处理方法为：将所要修剪的对象额外复制一个，然后对其分别修剪，在修剪的时候只要注意保留或舍弃的部分就可以了。复制的方法有多种，可以直接通过【编辑】菜单中的【复制】与【粘贴】命令，或者通过【编辑】菜单中的各种变换方法，选择复制方法来生成。

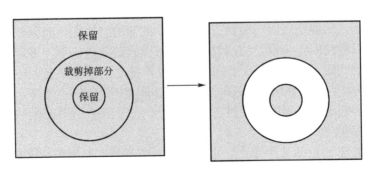

图 6.45　曲面的裁剪示例

创建好所有基本曲面后,创建过渡曲面。这里的过渡曲面都是复杂过渡曲面,通常运用样式圆角方法在第一和第三两组基础面之间构建过渡曲面,在第二和第三基础面之间构建过渡曲面。由于分别在两组之间构建过渡曲面,所以每组曲面之间必须有很好的品质,这些品质有:单个曲面的控制顶点排列规则有序,曲面之间是曲率或以上连续,位置连续最好小于0.005mm,相切连续在0.05°之内,两组曲面的交线符合仪表板在此处的特征,其曲率梳有良好的品质。

如果3组基础面有良好的品质,那么构建时通过调整过渡曲面的参数(如圆角大小、弦高等),可以得到高品质的过渡曲面,而且过渡曲面与点云逼近的精度非常高。但是,如果由于各种原因,基本曲面的品质不是很理想,那么过渡曲面有时很难构建,或者构建的过渡曲面品质不理想。如果出现这种情况,最好检查基本曲面的情况,使其有良好的品质,然后重新构建过渡曲面。

当然,有时因为各种原因(如时间结点限制)而无法重新调整基本曲面,这时可以将构建得到的过渡曲面边界提取出来,并将该边界曲线光顺好,用光顺好的边界曲线将多余的曲面裁剪掉,然后用艺术曲面来重新构建过渡曲面。图6.46所示是仪表板前围第二和第三基本曲面连接处过渡曲面的创建,由于基本曲面创建得比较仓促,品质不理想,所以提取出过渡曲面的边界并进行光顺,光顺后的边界曲线裁剪基础曲面后,可以利用艺术曲面构建。

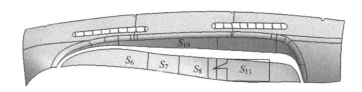

图6.46　用光顺后的边界曲线裁剪第二第三基础曲面

在构建时需要注意的是,两组曲面并不都是边界对齐的,如图6.46中的曲面S_{10}边界与曲面S_{11}、S_7、S_8及S_6的部分边界对齐,那么在构建过渡曲面时就要将曲面S_{10}的边界根据这些曲面的边界情况分成相应的多段,以使构建的过渡曲面是规则的四边形,这样得到的过渡曲面才会有好的品质,构造后的曲面如图6.47所示。

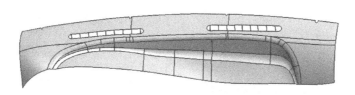

图6.47　用艺术曲面构建的过渡曲面

在对基本曲面做过渡圆角和细节特征处理时,并不是将所有的部分都做处理,因为要考虑到整个仪表板的连续性,即已创建的部分和未创建部分的连续性。例如,仪表板前部突起和副仪表板的棱角需要倒圆角,为了保证整体性和连续性,应该在副仪表板创建后对其一起倒圆。创建后的仪表板前围如图6.48所示,图中的过渡曲面都是较为规则的四边形。

4）仪表板附件的设计

（1）杂物箱：杂物箱用于放置各种杂物。比如装备手册、检车证件、使用说明书、地图、CD、书籍等，因此其箱体面积应设计得稍大。杂物箱有3种结构：箱体和箱盖分别安装；箱体和箱盖的内侧整体成形；框架和箱体整体成形外另加箱盖。为了避免汽车碰撞时因载物箱打开使乘员受到伤害，故将其设计在仪表板的下部。设计过程如图6.49所示。

图 6.48　初步处理后的数模

（2）自然通风口：仪表板的附设通风口是保持车内空气新鲜、氧气充足的主要部件之一。一般通风口的数量为4～6个。一般为圆形或方形的格栅，可以根据需要，在上下、左右调整进风方向。同样考虑到整个仪表板的协调性，如图6.50所示，左侧的通风口设计成同附近圆角相同的形状，而右侧的则设计成矩形。

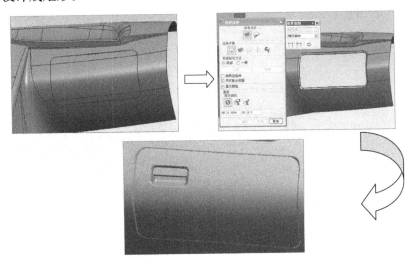

图 6.49　杂物箱的创建

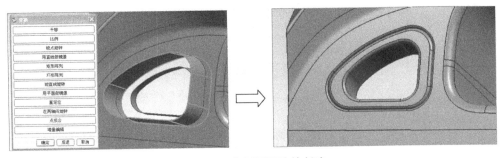

图 6.50　左侧通风孔的创建

对于此类同心的结构，可以使用【变换】对话框中的【比例】选项来进行复制，如图6.50所示，既能保证同心的结构，又提高了速度。而对于通气孔里边的格栅也可以通过【变换】对话框中的【平移】选项来复制完成，如图6.51示。对于仪表板顶部的两通气孔亦是如此，如图6.52和图6.53所示。

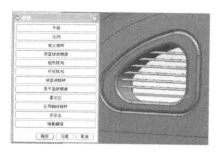
图 6.51 通风孔格栅的创建

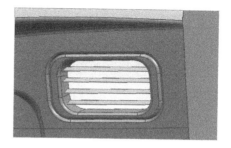
图 6.52 右侧通风孔创建

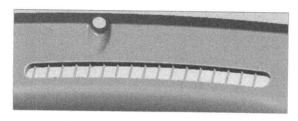
图 6.53 顶部通风孔格栅的创建

（3）导航器与收音机：现代的轿车越来越多地都装上了导航系统，大大增加了仪表板的功能性。创建过程如图 6.54 所示。

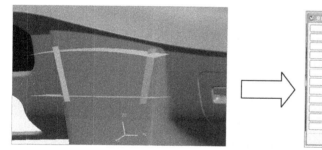

图 6.54 导航器的创建

对于导航器控制按钮设计，可以采用将曲面分割的方法制作，但等参数分割的曲面边界必须是有参数的，否则不能对其分割。将分割后的曲面使用【扩大】命令将参数缩小后，拉伸生成按钮体，接着可以对其进行边倒圆，如图 6.55 所示。对于收音机的控制旋钮可使用同样的方法建立。

图 6.55 收音机的创建

(4) 烟灰盒：烟灰盒供乘员吸烟时存放烟灰所用。虽然其结构简单，但如果布局不合理，令烟灰飞出，很容易引起火灾。烟灰盒应置于不影响驾驶员驾驶，并且方便使用处。另外通风口处有风进入，因此应避免装在其附近。创建后的烟灰盒如图 6.56 所示。

图 6.57 所示的是完整的仪表板主体总成。

图 6.56　烟灰盒的创建

图 6.57　仪表板主体总成

5) 汽车仪表板副仪表板的结构设计

汽车仪表板副仪表板的功能是遮挡司机旁侧通道上的换挡杆和制动手柄，副仪表板左右各有侧护板，起保护作用。副仪表板上还装有空调、后出风口等，后部是可以当扶手使用的带盖杂物箱。

完成了仪表板前围和附件的重构以后，就可以进行副仪表板的结构设计。仪表板正向设计要结合逆向设计的建模过程，按照产品建模原则进行设计，其中骨架设计应使骨架既满足一定的装配要求，又有一定的刚度，以保证仪表板不变形。创建后的副仪表板如图 6.58 所示。

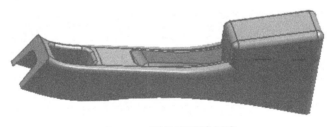

图 6.58　副仪表板的创建

前围和副仪表板创建完成，对基本曲面进行修剪和细节特征处理，完成最终仪表板整体设计。图 6.59 所示是已完成的仪表板的数模。

6) 仪表板色彩设计

汽车的色彩设计既要讲究统一又要讲究对比。统一是对大体色调的把握，对比是在统一基础上的变化，适度的对比可起到画龙点睛的作用。但颜色一般不超过 3 种，色彩越少，越醒目，整体感越强。且几种颜色之间不应采取过强的对比，而是在明度、纯度上拉开距离，以突出它的对比效果。

对于汽车内饰，营造驾驶室内舒适的环境有利于提高驾驶员观察的清晰度和对操纵装置的辨认。

图 6.59　仪表板的三维数模

在噪声及复杂的环境中，驾驶员的集中力和辨别力都会降低，对颜色的知觉也会发生变化。所以车内的色彩显得尤为重要。

色彩上分为总体色和焦点色。如图6.60所示，本仪表板的总体色彩采用明度适中的复合灰。这是为了不至与外界环境产生强烈对比，干扰驾驶员的注意力。焦点色应用于其他附件，采用了与总体色调一致且深度加深的深灰色。这些小面积的色彩点缀其间，使整体色调和谐又有变化，既有总体色调的舒适与温馨，又有焦点色的醒目，使驾驶员在生理和心理上得到调节，不至于由于长时间驾驶引起单调和疲劳的感觉。图6.60所示为色彩渲染后的仪表板设计效果图。

图6.60　色彩渲染后的仪表板数模

7) 曲面的光顺性检查

曲面质量评价的一个重要标准就是光顺，即数学上的光滑和视觉上的顺眼。相连曲面之间达到曲率连续时，数学上称为光滑。而顺眼的概念完全是主观视觉感受上的，由于光滑表面的映射作用，非常容易反映出制造上的缺陷，表面上的问题可以夸张地表现出来，出现扭曲变形。而表面光顺的效果在曲面之间的曲率连续下还要曲率变化均匀，反映影像光滑平顺。

光顺性分析主要考虑以下几点：满足精度要求；曲率主方向尽可能一致；曲率要大于将做圆角过渡的半径值。在构造曲面时要随时检查所建曲面的状况，注意检查曲面是否光顺，是否扭曲，曲率变化情况等，以便及时修改。可以利用等高线进行分析，检查曲面是否光顺。如果曲面的等高线光顺，且疏密变化比较均匀，则曲面比较光顺；等高线不光顺，疏密变化不均匀，则曲面不光顺。

曲面品质分析工具有：曲率分析、反射线法、等照度线法、高光线法和斑马线法等。利用UG对片体进行反射分析，以检查片体的光顺性、连续性等，通过分析能够非常直观地将曲面效果表示出来，其分析效果如图6.61所示。

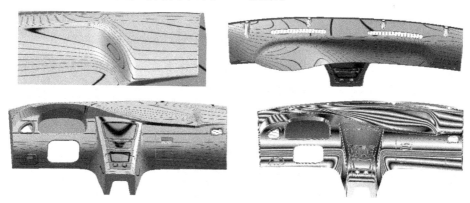

图6.61　曲面品质分析

8) 工艺性检查

对于汽车覆盖件模具、模塑零件，沿拔模方向的侧面都需要一个正向的拔模斜度，如果斜度不够或者甚至出现反向的拔模斜度，那么所设计的曲面就是不合理的，曲面的拔模角分析工具通过一定的方式来得到一个合理的拔模方向,使得反向拔模斜度最小,从而能够准确地判断是否合适于进行曲面的拔模构造等。

UG 软件提供了检测拔模角的工具——【拔模分析】按钮。系统用不同的颜色来识别不同的面拔模角类型,绿色面为正拔模面,红色面为负拔模面,深橙色和浅橙色为正负过渡面,两者的交界线一般为分型线。通过拖动相应的滑块可以改变面分类角度的大小,直观上看就是零件表面的颜色发生变化。还可以通过选择【显示等斜线】复选项来显示等斜度线。

图 6.62 所示是利用 UG 来检测仪表板前围部分的拔模角。在该命令中,首先给定一拔模方向,软件默认为 z 轴,可以旋转控制点来改变拔模方向。设定好拔模方向后可以调整拔模角的最小限制角度,图中设置的是 3°。大于等于该角度的在颜色上显示为绿色,如图所示,前围部分拔摸面全部显示为绿色,说明仪表板每一部分的拔模角均大于等于 3°,可知前围部分不存在倒扣现象(即拔模角为负角),即工艺性良好。如发现有倒扣现象,应对曲面的控制线进行修改或重构曲面。这一点往往被忽略,然而却是非常重要的。

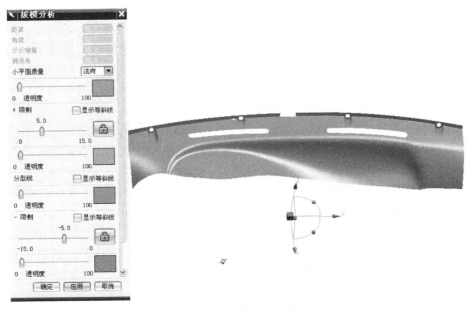

图 6.62 拔模角度分析

这里给出一些拔模斜度的设计经验:一般来说,外表面光面小胶件拔模斜度大于等于 1°,大胶件拔模斜度大于等于 3°;外表面蚀纹面 $Ra<6.2$,拔模斜度大于等于 3°,$Ra \geqslant 6.2$,拔模斜度大于等于 4°;外表面火花纹面 $Ra<3.1$,拔模斜度大于等于 3°,$Ra \geqslant 3.1$,拔模斜度大于等于 4°。

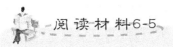

仪表板制造工艺

针对不同的仪表板,涉及的工艺及流程也有较大的差异,可粗略归纳为以下几种。

(1) 硬塑仪表板:注塑(仪表板-本体等零件)→焊接(主要零件,如需要)→装配(相关零件)。

(2) 半硬泡仪表板：注塑/压制（仪表板骨架）→吸塑（表皮与骨架）→切割（孔及边）→装配（相关零件）。

(3) 半硬泡仪表板：注塑（仪表板骨架等零件）→真空成形/搪塑（表皮）→发泡（泡沫层）→切割（边、孔等）→焊接（主要零件，如需要）→装配（相关零件）。

具体工艺如下。

注塑：是将干燥后塑料粒子在注塑机中通过螺杆剪切和料桶加热熔融后注入模具中冷却成形的工艺，也是仪表板制造中应用最广泛的加工工艺，用来制造硬塑仪表板本体、吸塑和软质仪表板的骨架及其他大部分相关零件。经过在设备、模具上的不断增加、改造、选装不同用途的设备，注塑工艺形成了多种分工艺，如气铺注塑、顺序阀注塑、复合注塑、嵌件注塑、双色注塑、二次注塑等。

真空热成形工艺：是将表皮片材加热到玻璃点软化温度后，在密闭的型腔内加注气体，使其得到一定拉伸强度，进而以真空吸附于有温控模具冷却，从而得到产品的工艺方法，主要用于仪表板表皮和外观要求高的零件生产。

搪塑工艺：是将粉末原料均匀地撒布于加热的模具表面，使其熔融并保持一定时间，使此间的物理、化学双重反应充分进行后冷却定性，得到模具形状的产品。不同的加热方式对产品质量、模具寿命等起决定作用，加热方式主要有风加热、油加热和砂加热等方式。该工艺主要用于高档车仪表板等手感、视觉效果要求高的产品。

发泡工艺：是将聚醚和异氰酸酯充分混合后注入模具中的表皮与骨架中间，交联固化，在其间形成具有要求形状泡沫的加工工艺。该泡沫既连接了表皮与骨架，又大大改善零件的手感。该工艺是软质仪表板生产的必需工艺。仪表板中的发泡分开模浇注和闭模浇注。

仪表板的生产中针对不同的零件和要求还有很多工艺门类，如水转印、吹塑、植绒、电镀等。这些工艺在仪表板的制造中也起着不可或缺的作用。随着现有工艺经验的不断积累，各工艺门类日臻完善；科学技术的发展给新工艺的产生创造了无限机会。两者的结合为仪表板工艺的发展描绘了美好蓝图，同时也将给整车添色，满足消费者多元化和高性价比的要求。

▶ 资料来源：武文光. 汽车仪表板及其制造工艺. 塑胶工业，2004(5).

综合练习

1. 思考题

(1) 在冲压时，汽车覆盖件有哪些要求？

(2) 汽车覆盖件结构的基本形状有哪些？每种形状又可分为哪些结构特征元素？

(3) 车身覆盖件拉深方向设计的原则有哪些？

(4) 如何分析光顺曲面和点云之间的精度偏差？

(5) 车身零部件边界划分时，曲线有什么要求？

(6) 车门设计时，其功能有什么要求？

(7) 车门有哪些附件？功能上有什么要求？

(8) 仪表板设计时要考虑哪些因素？

(9) 如何进行仪表板的设计？

2. 操作题

(1) 将图 6.63(a)所示的轻卡驾驶室外表面进行逆向，光顺出其外表面，并根据点云划分零部件的分缝线。

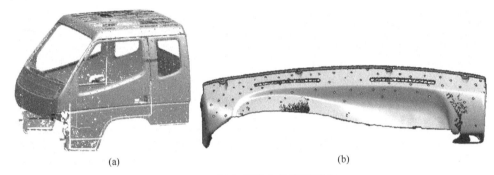

图 6.63　轻卡驾驶室外表面逆向

(2) 利用划分后的车门外表面，参考已有的车门，正逆向结合设计一个车门。

(3) 根据图 6.63(b)所示的仪表板上部点云，正逆向结合设计一款轻卡仪表板。

参 考 文 献

[1] 黄天泽，黄金陵. 汽车车身结构与设计 [M]. 北京：机械工业出版社，1997.
[2] 黄金陵. 汽车车身设计 [M]. 北京：机械工业出版社，2007.
[3] 黄剑鸣，徐磊，陈旭. 数字样机开发的关键技术 [J]. 重庆理工大学学报：自然科学，2010，24(7)：60 - 65.
[4] 吕淑艳，孙朝晖，王永飞. 冲压 CAE 分析技术在外板设计中的应用 [J]. Die and Mould Technology，2010(2)：48 - 50.
[5] 宋武. 世界现代汽车内饰设计解析 [J]. 美苑，2004(6).
[6] 王宏雁，陈君毅. 汽车车身设计基础 [M]. 北京：北京大学出版社 2009.
[7] 蔡颖. 计算机辅助设计与制造 [M]. 北京：高等教育出版社，2007.
[8] 王明强. 计算机辅助设计技术 [M]. 北京：科学出版社，2002.
[9] 文福安. 最新计算机辅助设计 [M]. 北京：北京邮电大学出版社，2000.
[10] 张方瑞. UGNX 入门精解与实战技巧 [M]. 北京：电子工业出版社，2003.
[11] 曾洪江，黄聪. CATIA V5 机械设计从入门到精通 [M]. 北京：中国青年出版社，2004.
[12] 文熙. Pro/ENGINEER 野火版 4.0 宝典 [M]. 北京：电子工业出版社，2008.
[13] 朱凯，李晓武. UG NX 中文版机械设计基础教程 [M]. 北京：人民邮电出版社，2006.
[14] Unigraphics Solutions Inc. UG 设计应用培训教程 [M]. 丁炜，郧建国，译. 北京：清华大学出版社，2002.
[15] 施法中. 计算机辅助几何设计与非均匀有理 B 样条 [M]. 北京：北京航空航天大学出版社，1994.
[16] 长春汽车研究所，中国机械工业局. QC/T - 490(2000)汽车车身制图 [M]. 北京：中国标准出版社，2000.
[17] 刁宝成，焦永和. 计算机图形学 [M]. 北京：高等教育出版社，1999.
[18] 徐家川，雷雨成，洪英武. 汽车车身 A 级曲面光顺方法 [J]. 汽车技术，2008(2)：17 - 20.
[19] 徐家川，雷雨成. 汽车车身曲面光顺中过渡圆角曲面的构建 [J]. 山东理工大学学报：自然科学版，2007，21(3)：7 - 11.
[20] 徐家川，李迪，高尚鹏. 基于 UG 的汽车车身复杂过渡曲面光顺方法 [J]. 汽车技术，2009(7)：51 - 55.
[21] 徐家川，雷雨成，洪英武. 逆向工程中车身 A 级曲面的评价方法 [J]. 汽车技术，2007(4)：4 - 8.
[22] 崔令江. 汽车覆盖件冲压成形技术 [M]. 北京：机械工业出版社，2003.
[23] 姜连勃，王绍春. 汽车车门设计(一) [J]. 汽车技术，1999(4)：15 - 19.
[24] 姜连勃，王绍春. 汽车车门设计(二) [J]. 汽车技术，1999(5)：10 - 13.
[25] 雷雨成，张平，陈寿昌. 双曲率车门玻璃的圆环面拟合法 [J]. 汽车工程，2005，27(5)：623 - 625.
[26] 阎光寿. 汽车仪表板设计 [J]. 汽车技术，1986(9)：23 - 29.
[27] 王国瑾，王振武，寿华好. 样条曲面在严格约束状态下的光顺拟合 [J]. 软件学报，1998，9(9)：696 - 698.
[28] Frey WH, Field DA. Designing Bezier conic segments with monotone curvature [J]. Computer Aided Geometric Design, 2000, 17: 457 - 483.
[29] 王咏梅，张瑞萍，胡家宏. UG NX6 工业造型曲面设计案例解析 [M]. 北京：清华大学出版社，2010.

[30] 单言,周文学,罗晓晔. UG NX 6.0 立体词典:产品建模 [M]. 杭州:浙江大学出版社,2010.
[31] 马正元,李中海. 逆向工程中自由曲面拟合方法的分类与比较 [J]. 机械,2005(32):39-41.
[32] 李福禄,田福祥. 汽车覆盖件冲压工艺及其仿真软件的现状与发展 [J]. 汽车工艺与材料,2005(7):5-7.
[33] 武文光. 汽车仪表板及其制造工艺 [J]. 塑胶工业,2004(5):32-33.
[34] 徐家川,雷雨成,王玉林. Bézier 曲面拼接误差影响因素 [J]. 汽车技术,2007(9):48-52.
[35] 夏卫群. 车身曲面质量的评价指标研究 [J]. 汽车科技,2005(5):9-11.
[36] 田波,方遂. 汽车车身外形设计方法综述 [J]. 湖南工业大学学报,2007,21(3):5-7.
[37] 唐黎标. 科学与美学的结晶—漫话汽车外形设计 [J]. 科学24小时,2004(3):17-18.
[38] 张德超,胡朝峰,乐玉汉. 汽车造型计算机辅助设计 [J]. 天津汽车,2006(6):21-23.
[39] 刘湘晨,戴静君,林顺英. UG 与其他应用软件的数据交换 [J]. 中国制造业信息化,2004,33(6):81-82.
[40] 周恕毅,王杰,王玫. 基于 UG 的汽车发动机缸体三维建模的研究 [J]. 机械制造与自动化,2008(5):17-19.
[41] 朱栋. 塑料注射模分型面的确定 [J]. 机械制造与自动化,2003(3):26-28.